Y. 5545
Z. a. o. 5.

Ⓒ

Yf 4686

THÉATRE COMPLET

DE M.

EUGÈNE SCRIBE.

IMPRIMERIE DE H. FOURNIER,
RUE DE SEINE, N. 14.

THÉATRE COMPLET

DE M.

EUGÈNE SCRIBE.

Seconde Édition,

ORNÉE

D'UNE VIGNETTE POUR CHAQUE PIÈCE.

TOME CINQUIÈME.

PARIS,

AIMÉ ANDRÉ, LIBRAIRE-ÉDITEUR,

RUE CHRISTINE, N. 1.

M DCCC XXXIV.

LE PARRAIN,

COMÉDIE EN UN ACTE ET EN PROSE,

Représentée, pour la première fois, sur le théâtre du Gymnase dramatique, le 23 avril 1821.

EN SOCIÉTÉ AVEC MM. POIRSON ET MÉLESVILLE.

PERSONNAGES.

M. GODARD, marchand rubanier.
M. DURAND, rentier.
M. LE COMTE DE HOLDEN.
MADAME DE SAINT-ANGE, femme d'un banquier.
MADAME BENOIST, belle-mère de M. Godard.
MADAME PRUDENT, sage-femme.
MADAME RENARD,
MADAME DUROZEAU, } voisines.
DUBOIS, chasseur de madame de Saint-Ange.
UN VALET du comte de Holden.
UNE FEMME DE CHAMBRE.

Le théâtre représente l'arrière-magasin de M. Godard. A travers les vitrages, qui sont au fond, on aperçoit la boutique, et par suite la rue. Une porte à droite, une porte à gauche.

M. DURAND,

...QUI EST-CE QUI VEUT SE CHARGER DE CET ENFANT LÀ ET M'EN DÉBARRASSER?

(Le Parrain, Sc. XIX.)

LE PARRAIN.

SCÈNE PREMIÈRE.

(Au lever du rideau, M. Godard est devant une table, et écrit. Mesdames Benoist, Renard et Durozeau sont assises à gauche, et travaillent à la layette en causant.)

M. GODARD, ÉCRIVANT.

« M. Godard, marchand rubanier, rue Saint-Denis, « a l'honneur de vous faire part que madame Godard, « son épouse, vient d'accoucher heureusement d'un « garçon.
« La mère et l'enfant se portent bien. »
Voilà le cent soixante-treizième; j'en ai la main fatiguée.

MADAME BENOIST.

C'est comme je vous le dis, ma chère madame Renard, ce petit garçon-là me ressemble à s'y méprendre. Ce n'est pas parce que je suis sa grand' mère; mais c'est tout mon portrait.

M. GODARD.

Laissez donc, il a tout mon profil.

MADAME RENARD.

C'est-à-dire celui de votre femme; ou plutôt voulez-vous que je vous dise à qui il ressemble ? à M. Durand, ce vieux garçon qui demeure ici dans la maison, au premier.

M. GODARD, se levant.

Qu'est-ce que vous dites là, madame Renard? Point de pareilles plaisanteries, s'il vous plaît.

MADAME RENARD.

Je le dis, parce que c'est frappant.

M. GODARD.

C'est ce qui vous trompe, entendez-vous? Mon fils me ressemble, et il doit me ressembler, parce qu'enfin... Je sais ce que je dis; et ce n'est pas après douze ans de mariage...

MADAME BENOIST.

Allons, n'allez-vous pas vous fâcher, mon cher Godard?

M. GODARD.

Non, c'est qu'on sait combien j'ai d'affaires aujourd'hui. Mes billets de faire part qui ne sont pas finis; le parrain de mon fils qui n'est pas encore trouvé; l'accouchée qui veut que je lui fasse un cadeau; une lettre de change à payer ce matin; et l'enfant qui ne tette pas. Et c'est au milieu de ces tracas de toute espèce qu'on vient me rompre la tête de M. Durand; M. Durand, que nous connaissons à peine, qui a quelquefois salué ma femme sur l'escalier, et qui n'a jamais fait que la regarder.

MADAME RENARD.

Eh bien! c'est ce que je voulais dire, un regard.

TOUTES LES FEMMES.

Sans doute, c'est un regard.

MADAME BENOIST.

Eh! oui, mon gendre, cela se voit tous les jours. Il

n'y a rien de plus raisonnable et de plus tranquillisant que les regards. Demandez à ces dames. Mais vous voilà toujours affairé, toujours effrayé du moindre embarras, et vous donnant toujours beaucoup de mal sur place, sans faire un pas pour en sortir. Voyons le plus pressé. Vous occupez-vous du parrain?

M. GODARD.

Eh non, puisque voilà trois de mes parens et amis intimes qui ont refusé tout net. Vous ne pouvez pas vous imaginer combien cet enfant-là me donne de peine. Un enfant frais et vermeil qui est tout mon portrait.

MADAME BENOIST.

Eh! il s'agit bien de cela. Quant à la marraine, elle ne sera pas difficile à trouver. On sait que pour le premier enfant, c'est toujours la grand'mère; c'est de droit.

M. GODARD.

Du tout, du tout; le choix est déjà fixé, la proposition a été faite et acceptée.

MADAME BENOIST.

Voilà, par exemple, ce que je ne souffrirai point, n'est-il pas vrai, mesdames?

M. GODARD.

Allons, n'allez-vous pas encore me mettre un nouvel embarras sur les bras? Vouloir que je fasse un affront à madame de Saint-Ange, la femme d'un banquier! un banquier de la rue du Mont-Blanc! ma meilleure pratique! Certainement, mesdames, quand la Chaussée-d'Antin est assez bonne pour venir rue Saint-Denis, on doit s'estimer trop heureux.

MADAME BENOIST.

Oui, une femme à équipage qui sera marraine de votre fils! Et dieu sait comme on va jaser! parce que vous sentez bien que les grandes dames... Si je vous racontais à ce sujet l'histoire que nous a dite hier madame Prudent la sage-femme...

TOUTES LES FEMMES, se levant et écoutant.

Une histoire!

SCÈNE II.

Les précédens ; madame PRUDENT.

MADAME PRUDENT.

Monsieur Godard! monsieur Godard!

MADAME BENOIST.

Eh! tenez, voilà madame Prudent qui va vous la raconter elle-même.

MADAME PRUDENT.

Ah! mon histoire du beau jeune homme inconnu; je vous la dirai tout à l'heure. Mais je viens avant tout annoncer une bonne nouvelle à M. Godard : son fils sera baptisé.

M. GODARD.

Comment, madame Prudent, vous auriez trouvé un parrain?

MADAME PRUDENT.

Où en seriez-vous sans moi? mais quand j'entreprends quelque chose... Ah! mesdames, quel état que celui de sage-femme! Un état continuel de silence et de discrétion, la consolation de l'humanité, l'espoir des familles et la providence des nourrices!...

M. GODARD.

Vous dites donc que vous avez...

MADAME PRUDENT.

Un parrain magnifique, un garçon riche, aimable, galant, et que vous avez sous la main; car il demeure dans la maison, au premier; en un mot, c'est M. Durand.

TOUS.

Comment! M. Durand?

MADAME PRUDENT.

Oui; je viens d'arranger cela avec sa gouvernante, mademoiselle Babet, que je connais de longue main, et qui s'est chargée de la négociation. C'est une affaire faite, parce qu'un vieux garçon ne peut pas avoir d'autre avis que celui de sa gouvernante.

M. GODARD.

Hum! hum! je vous avouerai que M. Durand...

MADAME PRUDENT.

Vous ne pouvez pas mieux choisir. Un homme seul, tranquille, qui n'a ni enfant ni famille, et qui peut un jour adopter votre fils, ou le coucher sur son testament: avec les gens riches il y a toujours de la ressource; c'est comme mon bel inconnu dont je vous parlais tout à l'heure. Croiriez-vous qu'il m'a donné vingt-cinq louis pour être venu me réveiller avant-hier à minuit, et m'avoir mené dans une belle voiture, dans un bel hôtel, où une jeune dame venait de mettre au monde une petite fille charmante. Je vous raconterai tout cela en détail; et quoique M. Durand n'ait ni équipage, ni bel hôtel, savez-vous qu'il a douze mille livres de rentes ?

TOUT LE MONDE.

Douze mille livres de rentes !

M. GODARD.

Oui ; mais ce que disait tout à l'heure madame Renard, ça peut faire jaser.

MADAME BENOIST.

On ressemble à qui on peut. S'il fallait s'inquiéter de cela.

M. GODARD.

Vous croyez ? Il me semble alors qu'en qualité de père de l'enfant, je dois me présenter moi-même au parrain, et lui faire une visite.

TOUTES.

Mais il n'y a pas de doute.

M. GODARD.

Encore une chose à faire. Je vous dis que j'en perdrai la tête. Eh vite, madame Prudent, mes gants; et puis il faudra envoyer quelqu'un chez madame de Saint-Ange, la marraine, rue du Mont-Blanc, pour la prévenir des noms et du choix du parrain. (S'impatientant.) Eh bien, madame Prudent, mes gants, mon chapeau. Il est sûr que M. Durand s'attend à ma visite.

MADAME PRUDENT.

Eh tenez, le voici lui-même qui vient vous déclarer qu'il accepte.

M. GODARD, aux femmes.

Ah ! mon Dieu ! ôtez donc ces langes et ces brassières qui sont sur tous les fauteuils ; ça n'est pas décent.

SCÈNE III.

Les précédens ; M. DURAND.

M. GODARD.

Mon cher voisin, je me rendais chez vous pour vous remercier de l'honneur que vous nous faites.

MADAME BENOIST.

C'est un bonheur pour toute la famille.

M. DURAND.

Monsieur, madame, certainement, je suis bien sensible à votre politesse ; aussi, je suis descendu moi-même, afin de vous dire...

M. GODARD, l'interrompant vivement, ainsi que dans tout le reste de la scène.

C'est ce que je ne me pardonnerai jamais. C'était à moi de vous prévenir ; mais un jour comme celui-ci on a tant d'embarras, mon bon, mon cher Durand, combien (lui prenant la main.) je suis heureux qu'une pareille cérémonie resserre encore les liaisons de voisinage et d'amitié qui nous unissaient déjà.

M. DURAND.

Mais comme c'est la première fois que nous nous parlons...

M. GODARD.

C'est égal, vous êtes de la famille.

M. DURAND.

Mille fois trop de bontés ; mais comme je venais pour vous dire...

MADAME PRUDENT.

J'espère que vous m'en remercierez. C'est moi qui ai arrangé tout cela avec mademoiselle Babet; et jugez donc quel bonheur, quel avantage, vous qui n'avez jamais eu d'enfans, d'en trouver un qui ne vous coûte rien, qui vous apportera un bouquet à votre fête.

MADAME BENOIST.

Et un compliment au jour de l'an.

M. GODARD.

Et les petites étrennes; c'est charmant. Vous aurez tous les avantages de la paternité, et vous n'en aurez point comme nous les soins, les soucis, les tracas. Ah çà, mon cher, point de gêne, point de façons, tout est désormais commun entre nous. Voilà comme je suis; et surtout, je vous en prie, point de folie. Pour la marraine, vous ferez ce que vous voudrez.

M. DURAND, impatienté.

Mais, monsieur...

M. GODARD.

Mais pour ma femme, rien, je vous en prie, que les bonbons, les bagatelles d'usage.

M. DURAND.

Mais daignez m'écouter, monsieur, je vous déclare que je ne veux pas...

M. GODARD.

Et moi je le veux, ou sans cela nous nous fâcherons.

SCÈNE IV.

M. DURAND.

Mais encore une fois...

M. GODARD.

C'est arrangé comme cela, n'en parlons plus. Eh vite, ma belle-mère, mesdames, voyez si l'on peut faire une visite à ma femme, à madame Godard. (Elles sortent.) Oh! vous allez embrasser l'accouchée, et votre filleul donc. Madame Prudent, voyez si le petit est présentable. Ah, mon Dieu! et moi qui oubliais... voilà la clef de l'armoire pour prendre le pot de gelée de groseilles que ma femme a demandé. Pardon, mon cher compère; mais j'ai tant de choses dans la tête! Quant à votre commère, je ne vous en parle pas, parce que je veux vous surprendre. La plus jolie marraine... Mais je vous devais ça pour la bonté, la grace avec laquelle vous avez daigné accepter. Adieu, mon cher ami, mon cher compère. Je cours à ma toilette. (L'embrassant.) Madame Prudent avait raison, notre parrain est un homme charmant.

SCÈNE IV.

M. DURAND, seul.

C'est décidé, c'est une conspiration. Impossible de leur faire entendre que je refuse. De quoi diable aussi va se mêler madame Prudent la sage-femme? Vouloir que je sois parrain, moi qui ne l'ai été de ma vie, qui tremble à l'idée du moindre embarras. Je n'ai jamais demandé de places de peur des occupations, ce qui fait que je ne suis rien; je n'ai jamais acheté de propriétés de peur de procès, ce qui fait que je suis rentier. Je n'ai jamais pris de femme de peur des inconvéniens, ce qui fait que je suis célibataire. J'ai douze mille livres de rentes en portefeuille ou sur le grand-livre. Je vais chez tout le monde sans que personne vienne chez moi, parce qu'un garçon n'est pas obligé de recevoir. Du reste, je suis bon citoyen. Je paie mon impôt de portes et fenêtres; je monte ma garde ou je la fais monter, ce qui revient au même; et je n'ai pas manqué une seule souscription volontaire, toutes les fois que j'y ai été forcé, ce n'est pas que je sois avare, il s'en faut; je mange généreusement mon revenu, mais je me ferais un scrupule de dépenser un liard pour toute autre satisfaction que la mienne. Je loge seul, je dîne seul, je dors seul, et c'est en moi seul que j'ai concentré mes plus chères affections. On dira que c'est de l'égoïsme. Du tout, c'est de la reconnaissance; et jusqu'à ce que j'aie rencontré quelqu'un qui ait pour moi l'amitié que je me porte, on me permettra de me donner la préférence. Ainsi je m'en vais écrire à tous les Godards, puisqu'avec eux il n'y a pas moyen de s'expliquer. C'est qu'ils sont capables de me relancer encore, et j'aurais peut-être aussitôt fait d'accepter. J'en serai quitte pour quelques cornets de bonbons. Ma foi, non; la peine d'aller à l'église, mon filleul à tenir, madame Godard à embrasser; en outre des fiacres à payer; qu'est-ce qui m'en reviendrait? Avec cela j'ai des courses à faire ce matin; ces trente mille francs que je voudrais placer avantageusement.

SCÈNE V.

M. DURAND, madame DE SAINT-ANGE; deux domestiques en livrée.

MADAME DE SAINT-ANGE.

C'est bien ; attendez, ainsi que la voiture, j'aurai besoin de vous.

(*Elle donne quelques ordres à l'un de ses valets.*)

M. DURAND.

Eh mais ! je ne me trompe pas, c'est madame de Saint-Ange, la femme de ce fameux banquier qui s'est chargé du nouvel emprunt. Belle opération ! S'il voulait me céder quelques actions, ce serait bien mon affaire.

MADAME DE SAINT-ANGE, *achevant de donner ses ordres.*

Tâchez de parler à M. le comte de Holden lui-même, s'il n'est pas encore parti. Dites-lui que nous savons tout, et que mon mari et moi lui offrons nos services et notre médiation, et revenez sur-le-champ, vous entendez. (*Redescendant le théâtre, et apercevant M. Durand qui la salue.*) Et le voilà, ce cher M. Durand ! Je m'attendais bien à le trouver ici. Mais en parrain galant, vous deviez me donner la main pour descendre de voiture.

M. DURAND.

Comment, madame, vous seriez?...

MADAME DE SAINT-ANGE.

Eh ! oui, j'avais promis à Godard, mon marchand,

d'être la marraine de son enfant. Ce n'est pas que j'eusse grande envie de tenir ma parole; mais on vient de m'écrire que vous deviez être de la partie, et cela m'a décidée.

M. DURAND.

Madame, je suis mille fois trop heureux ; (A part.) ne négligeons pas cette bonne occasion. (Haut.) Oserais-je vous demander comment se porte M. de Saint-Ange ?

MADAME DE SAINT-ANGE.

Mais je ne sais pas trop; je ne le vois plus; il ne sort pas de ses bureaux.

M. DURAND.

Je conçois. Ce nouvel emprunt l'occupe beaucoup; une belle affaire qu'il a faite là ! Je comptais incessamment lui rendre ma visite, ainsi qu'à vous, madame.

MADAME DE SAINT-ANGE.

Voilà une idée admirable. Mais il faut dîner avec nous, c'est le seul moyen de trouver mon mari; et tenez, aujourd'hui même, après la cérémonie, je vous emmène. Oh! il faut vous résigner. Vous voilà mon chevalier pour toute la journée.

M. DURAND.

Je n'ai garde de refuser une pareille bonne fortune.

MADAME DE SAINT-ANGE.

Parlons un peu de notre baptême. Connaissez-vous la famille Godard? Non, vous ne vous en souciez pas beaucoup, ni moi non plus; mais je suis folle des baptêmes; j'aime cette pompe bourgeoise, l'importance du bedeau, l'empressement du mari, la gravité de la nourrice, l'air de fête répandu sur toutes les physionomies : c'est bien plus gai qu'un mariage. D'abord l'acteur principal n'a aucune inquiétude sur le rôle qu'il va remplir; et si le père ou quelque parent s'avise de penser pour lui à l'avenir, il se le représente toujours paré des plus riantes couleurs. Cet enfant-là sera peut-être un jour un poète, un héros; qui sait même? un notaire, un agent de change. Qu'est-ce que cela coûte? il n'y a pas de charge à payer. Tandis qu'un jour de noces, on n'a que deux chances à prévoir : sera-t-on heureux? ne le sera-t-on pas? et bien souvent on peut parier à coup sûr. Oh! je préfère les baptêmes; et, pour ma part, j'aime mieux être marraine dix fois que mariée une seule.

M. DURAND.

C'est exactement comme moi.

MADAME DE SAINT-ANGE.

Oh! mais vous, je vous devine; vous allez faire des extravagances. Les vieux garçons d'abord sont toujours trop généreux; vous surtout qui êtes riche : mais je viens exprès vous empêcher de faire des folies.

M. DURAND.

Rassurez-vous, ce n'est nullement mon intention; mais je vous avoue que, n'ayant jamais été parrain, j'ignore totalement les usages.

MADAME DE SAINT-ANGE.

C'est bien; ne vous mêlez pas de cela, vous feriez tout de travers. Je me charge de vous guider. (Ouvrant un riche agenda.) J'ai déjà fait une petite note des choses indispensables.

M. DURAND.

Que de bontés !

MADAME DE SAINT-ANGE.

D'abord rien pour moi, je vous en prie; ce n'est qu'à cette condition-là que je consens à être marraine. Oh! non, je vous le déclare, je ne veux absolument rien que ce qui est de rigueur, la petite corbeille, le sultan. N'allez pas surtout vous aviser d'en prendre un de 1000 francs, c'est une duperie; ceux de 500 produisent autant d'effet et vous feront autant d'honneur; car vous sentez que c'est pour vous.

M. DURAND.

Qu'est-ce que vous me dites là ?

MADAME DE SAINT-ANGE, froidement.

Oh! vous pouvez vous en rapporter à moi. Ainsi, nous mettons 500 francs. Quant à l'accouchée, c'est différent; avec elle vous ne pouvez vous dispenser de faire un cadeau.

M. DURAND.

Oui, la petite timbale...

MADAME DE SAINT-ANGE.

En vermeil. Les six tasses pareilles, la cafetière, la crémière, la théière, le sucrier; cela fera un fort joli déjeûner, et nous trouverons cela presque pour rien chez Mellério, à la Couronne de fer.

M. DURAND.

Ah, mon Dieu !

SCÈNE V.

Mme DE SAINT-ANGE.

Nous prendrons les bonbons rue Vivienne, les gants chez madame Irlande, et les flacons chez Laurençot, Palais royal. Je n'ai pas mis dans mon budget les étrennes à la garde, à la nourrice, aux domestiques de la maison, au bedeau, au sacristain et au sonneur, des pièces de 20 fr. parce que tout cela est de rigueur, et que cela va sans dire.

M. DURAND, à part.

Miséricorde! (Haut.) Certainement, madame, tout cela me paraît fort convenable.

Mme DE SAINT-ANGE, d'un air de satisfaction.

Oui, n'est-ce pas? ce sera bien.

M. DURAND.

J'approuverais très volontiers votre petit budget, comme vous dites, si le baptême se faisait demain; mais c'est pour aujourd'hui, dans une heure, et il est impossible que tout cela puisse être prêt.

Mme DE SAINT-ANGE.

N'est-ce que cela? Soyez tranquille. (Appelant.) Dubois!

DUBOIS, entrant.

Madame, M. le comte de Holden n'est plus à Paris, on assure qu'il est parti pour la Belgique.

Mme DE SAINT-ANGE.

J'en suis désolée; (à Durand) un ami à nous qui est engagé dans une fort mauvaise affaire, et à qui j'aurais voulu rendre service; mais il n'est plus temps. Tenez, prenez cette liste, montez dans ma voiture qui est restée à la porte, et faites les différens achats qui sont indiqués; rue Vivienne, Palais royal; rue Saint-Honoré; tout cela est dans le même quartier. A Paris, c'est charmant, en moins d'une heure, on a tout ce qu'on veut, on paye un peu plus cher, et voilà tout... Ah! Dubois, vous porterez les mémoires chez monsieur, justement il loge dans la maison.

(Dubois sort.)

M. DURAND.

Oui, cela se rencontre à merveille. (A part.) Ah! mon Dieu, il y va.

Mme DE SAINT-ANGE.

Eh bien, qu'avez-vous donc?

M. DURAND.

Rien, c'est qu'il me semble que M. Godard tarde bien, et vous croyez que le... Je veux dire le... montant des mémoires.

Mme DE SAINT-ANGE.

Ah! le petit total? ça ne passera pas mille écus, c'est tout ce qu'il y a de plus modeste. Baptême de seconde classe.

M. DURAND.

Où me suis-je fourré! trois mois de mon revenu pour la famille Godard! maudite sage-femme!

SCÈNE VI.

Les précédens ; GODARD.

M. GODARD.

Je vois le parrain et la marraine qui sont réunis. Me sera-t-il permis, madame, de vous présenter mes respects ?

Mme DE SAINT-ANGE.

Bonjour, mon cher Godard, comment va votre femme ?

M. GODARD.

Elle attend, madame, l'honneur de votre visite.

Mme DE SAINT-ANGE.

C'est bien ; (à Durand.) pour quelle heure avez-vous commandé les voitures ?

M. DURAND, étonné.

Comment, madame, les voitures ?

Mme DE SAINT-ANGE.

Eh ! oui, ne savez-vous pas qu'il en faut ? vous aviez raison, vous ne vous doutez pas des usages, et vous êtes bien heureux de m'avoir. (Appelant.) Holà ! quelqu'un.

M. GODARD.

Gervais, Gervais ; c'est mon garçon de boutique, un gaillard fort intelligent.

Mme DE SAINT-ANGE.

Il faut à l'instant même courir chez le premier loueur de voitures, et demander six remises, entendez-vous? six grandes berlines. Vous les prendrez à la journée, et que dans un instant elles soient à la porte.

M. DURAND.

Mais permettez donc? il me semble que l'église étant à deux pas, nos équipages seront tout-à-fait inutiles.

Mme DE SAINT-ANGE.

D'accord, on ne s'en servira pas, mais il faut qu'on les voie dans la rue; c'est de rigueur.

M. DURAND.

Ah! c'est de rigueur. (A part.) Six berlines! Moi qui vais toujours à pied. Ah! la maudite sage-femme; elle me le payera.

M. GODARD, se frottant les mains.

Six voitures dans la rue, quel bonheur! Ça ira jusqu'à la boutique du bonnetier, qui ne peut pas me souffrir.

Mme DE SAINT-ANGE.

Oh! monsieur Durand fait bien les choses; mais ce n'est rien encore, vous verrez son cadeau à l'accouchée. (Bas à Godard.) Un superbe déjeuner en vermeil. Oh! à votre place je ne serais pas tranquille. (A Durand.) Allons, donnez-moi la main, et venez voir cette pauvre petite femme; (bas.) nous allons trouver la nourrice, la garde, les grands parens, un monde et une chaleur, c'est affreux! je ne peux pas souffrir les chambres d'accouchées.

M. GODARD.

Mille pardons si je ne vous conduis pas; quelques

affaires indispensables, cette robe de baptême, la toilette de l'enfant... Je suis à vous, madame.

(Durand et madame Saint-Ange entrent dans la chambre voisine.)

SCÈNE VII.

M. GODARD, seul.

Je ne sais pas, moi, ce monsieur Durand ne m'a plus l'air si aimable; je lui trouve une physionomie sournoise et mystérieuse, et puis ce superbe déjeuner en vermeil, que du reste il est impossible de refuser; tout cela me... il ne manquerait plus que cela, être jaloux un jour où j'ai tant d'occupations.

SCÈNE VIII.

M. GODARD; LE COMTE DE HOLDEN.

LE COMTE.

N'est-ce point ici? Monsieur Godard, négociant.

M. GODARD.

Moi-même, monsieur.

LE COMTE.

C'est un effet de quatre mille francs, payable au porteur.

M. GODARD, à part.

Ah! mon Dieu, monsieur Vanberg, le négociant hollandais, qui m'avait promis de ne point le mettre en circulation et d'attendre à demain. (Haut.) Monsieur, certainement vous serez payé, j'ai les fonds, mais dans ce moment cela me gênerait beaucoup, et si vous pouviez attendre seulement à demain matin.

LE COMTE.

C'est avec grand plaisir que j'accéderais à votre demande; mais je suis obligé de partir dans deux heures pour la Belgique, et cet argent m'est nécessaire pour mon voyage.

M. GODARD, à part, dans le plus grand embarras.

Comment faire, et à qui s'adresser? Les négocians mes confrères, il ne faut pas y penser. Eh parbleu! j'ai là le parrain de mon fils; en le tenant sur les fonts baptismaux il contracte l'obligation de le défendre, de le protéger; c'est un second père, et mes intérêts deviennent les siens. (Au comte.) Monsieur, donnez-vous la peine de vous asseoir; (à part) il est riche, il est à son aise, et quand je le prierai de m'avancer cette somme-là pour quelques heures, il ne peut pas me refuser sans manquer à la délicatesse, après tout ce que nous faisons pour lui. (Au comte.) Je suis à vous, et avant un quart d'heure vous aurez votre argent.

(Il sort.)

SCÈNE IX.

LE COMTE, seul.

Ce pauvre homme, cela le gêne; je le vois, mais s'il savait dans quel embarras je me trouve. Obligé de partir dans deux heures, et ne savoir à qui laisser mon enfant, en quelles mains le confier. J'ai couru chez cette madame Prudent qui m'avait déja servi; c'est comme un fait exprès : disparue depuis deux jours, on ne l'avait pas vue chez elle.

SCÈNE X.

LE COMTE; Mme PRUDENT, *sortant de l'appartement à gauche, et ayant l'air de parler à un enfant.*

Mme PRUDENT.

Pauvre petit, comme il dort bien! (se retournant et apercevant le comte.) Ah, mon Dieu! c'est mon jeune homme, mon bel inconnu!

LE COMTE.

Madame Prudent! c'est le ciel qui me l'envoie.

Mme PRUDENT.

Qui vous amène ici?

LE COMTE.

Vous le saurez plus tard. J'ai besoin de vos services, et je puis, je crois, compter sur votre discrétion.

Mme PRUDENT.

Comment donc, monsieur, vous pouvez être sûr... Est-ce que cette jeune et jolie dame serait indisposée? elle avait l'air bien souffrant, mais on ne peut pas tout avoir, la richesse et la santé.

LE COMTE.

Elle se porte très bien; mais les momens sont précieux. Qu'il vous suffise de savoir que je suis étranger; je suis Belge. Un mariage secret contracté avec une jeune personne que j'adorais a irrité contre moi une famille puissante. On m'accuse de séduction, de rapt, et je cours risque d'être arrêté.

Mme PRUDENT.

Serait-il possible !

LE COMTE.

Dans deux heures je pars pour la Belgique, je vais tout avouer à mon père le comte de Holden qui peut seul arranger cette affaire et apaiser les parens de ma femme. Mais je ne peux pas emmener avec moi un enfant de trois jours, et c'est à vous que je veux le confier.

Mme PRUDENT.

A moi, monsieur !

LE COMTE.

Oui, ma chère madame Prudent, jusqu'à mon retour, c'est pour une semaine tout au plus, (lui donnant une bourse) et croyez que vous recevrez encore d'autres marques de ma reconnaissance; mais il n'y a pas de temps à perdre, ma petite fille est avec un domestique de confiance, ici à deux pas dans ma voiture. Vous allez la prendre.

Mme PRUDENT.

J'y vais à l'instant. (Montrant la droite.) Il y a de ce côté une porte qui donne sur la rue, je fais entrer l'enfant par là, je le place dans cet appartement où personne n'a affaire, et dans une heure je l'emporte chez moi où vous le trouverez à votre retour.

SCÈNE XI.

LE COMTE.

A merveille. Ah! encore un mot. La mère désire que son enfant soit baptisé le plus promptement possible, ainsi chargez-vous de tous ces soins-là. Choisissez-moi un parrain; qui vous voudrez, pourvu que ce soit un honnête homme, et que la chose se fasse promptement et sans bruit.

Mme PRUDENT.

Soyez tranquille, j'ai quelqu'un qui demeure ici près, et que je vais prévenir en descendant, le commis de monsieur Godard, un excellent garçon qui vous rendra ce service-là et dont vous serez content, parce que, moi, quand je réponds de quelqu'un... et du reste vous pouvez compter que le zèle et la discrétion... (A part, en s'en allant.) Dieu! quelle journée! Un mariage secret, un enfant que l'on me confie, deux baptêmes, deux parrains et du mystère, voilà-t-il de quoi jaser?

(Elle sort en courant.)

SCÈNE XI.

LE COMTE, seul.

Allons, je respire un peu, me voilà plus tranquille. (Apercevant une plume et de l'encre.) Prévenons ma chère Hippolyte de ce que je viens de faire; je crois que j'ai le temps, car on ne se presse pas beaucoup de m'apporter le montant de ma lettre de change.

(Il se met à la table et écrit.)

SCÈNE XII.

LE COMTE; M. DURAND, *sortant de la chambre de madame Godard, un bouquet à la main.*

M. DURAND.

Je dis que quand une fois on est embourbé, tous les efforts que l'on fait pour sortir d'un mauvais pas ne font que vous y enfoncer encore davantage. Ce Godard, qui s'avise de m'emprunter de l'argent, et madame de Saint-Ange : « Comment donc, c'est trop « naturel! C'est au parrain et à la marraine, cela « nous regarde tous les deux, n'est-ce pas, mon « cher Durand? » Qu'elle parle pour elle, son mari est banquier, il est riche; mais, moi! Malheureusement je ne pouvais pas objecter que je n'avais pas d'argent comptant, puisqu'un instant auparavant je lui avais touché un mot de ces trente mille francs, que je ne sais comment placer. (Contrefaisant une voix de femme.) « Quel plus bel usage pouvez-vous faire de vos capitaux! » Un joli placement, quatre mille francs à fonds perdus sur la tête du petit Godard, mon filleul. Je sais bien que cela me rentrera; mais c'est toujours très désagréable, et je n'ai pas été fâché de venir payer moi-même, afin d'avoir le titre entre les mains. (Regardant autour de lui.) Il me semble que ce doit être ce monsieur qui écrit. (Au comte.) Monsieur, n'êtes vous pas le porteur d'une lettre de change?

SCÈNE XII.

LE COMTE.

De quatre mille francs acceptée par M. Godard; la voici.

(Il remet la lettre de change à Durand, qui la regarde et la met soigneusement dans son portefeuille.)

LE COMTE.

Monsieur, je le vois, est le caissier de M. Godard?

M. DURAND, de mauvaise humeur.

Mais à peu près. (Lui donnant des billets de banque.) Vous voyez que c'est tout comme, ou plutôt j'ignore ce que je ne suis pas dans la maison, car, dieu merci, c'est sur moi que tout retombe. Tel que vous me voyez, monsieur, je suis parrain, et malgré moi encore.

LE COMTE, souriant.

Quoi, monsieur, vous êtes parrain?

M. DURAND.

Eh! oui; c'est madame Prudent, une maudite sage-femme qui est cause de tout cela.

LE COMTE.

Ah! la sage-femme : elle n'a pas perdu de temps. (Prenant la main de Durand.) Je suis enchanté que ce soit vous.

M. DURAND.

Qu'est-ce qu'il a donc, à présent?

LE COMTE.

J'ose dire que vous ne vous en repentirez pas; nous nous reverrons un jour, et quoique je n'aie pas l'honneur de vous connaître, je prends la liberté de vous demander une grace qui vous paraîtra de peu d'importance, et qui en a beaucoup pour moi. Quel nom comptez-vous donner à l'enfant?

M. DURAND.

Quel nom? Ma foi ça m'est bien égal, qu'on l'appelle comme on voudra.

LE COMTE.

A merveille. Eh bien, monsieur, puisque cela ne vous fait rien, je vous prie de vouloir bien l'appeler Rose-Ernestine-Hippolyte.

M. DURAND.

Rose-Ernestine. Y pensez-vous, c'est un garçon?

LE COMTE.

Du tout, monsieur, on ne vous aura pas dit, ou l'on se sera trompé; mais qu'importe, fille ou garçon, je vous prie de l'appeler Rose-Ernestine-Hippolyte.

M. DURAND.

Ah! çà, monsieur, quel diable d'intérêt prenez-vous à tout cela, et qu'est-ce que ça vous fait?

LE COMTE.

J'ai des raisons pour tenir à ces noms-là, des raisons particulières que vous êtes trop galant homme pour me demander.

M. DURAND, à haute voix.

Quel soupçon! Comment? il serait possible?

LE COMTE.

Chut! chut! je vous en conjure, j'ai le plus grand intérêt à ce que l'on ne se doute de rien.

M. DURAND.

Quoi, monsieur, vous seriez?...

LE COMTE.

Silence. (A voix basse.) Eh bien! oui, monsieur, c'est la vérité, cet enfant me touche de très près ; mais puisque madame Prudent s'est adressée à vous, je suppose que vous êtes homme d'honneur, et surtout discret. J'ai de la naissance, quelque crédit, de la fortune, j'aurai peut-être un jour le pouvoir de reconnaître un service, et vous verrez, monsieur, que vous n'avez point obligé un ingrat.

(Il sort en courant.)

SCÈNE XIII.

M. DURAND, *seul*.

Qu'est-ce que je viens d'apprendre ? Quoi ! madame Godard, une simple bourgeoise, qui donne aussi dans les grandes manières. Le mari qui ne se doute de rien, la sage-femme qui est confidente, et moi qui me trouve mêlé dans tout cela, moi, qui ai toujours fui le bruit et le scandale. Comment en sortir à présent ? Il est de fait que ce jeune homme a un air très distingué ; mais s'il est aussi riche qu'il le dit, pourquoi ne paye-t-il pas les lettres de change du mari ? Il me semble que ça le regarde plus que moi, et ensuite pourquoi n'est-il pas le parrain ? Il ne connaît donc pas l'usage.

SCÈNE XIV.

M. DURAND, M. GODARD, Mme DE SAINT-ANGE, Mme BENOIST, Mme RENARD, Mme DUROUZEAU;
PARENS ET PARENTES.

M. GODARD, à la cantonade.

Oui, ma bonne amie, oui, dès qu'il sera baptisé, nous te le rapporterons; mais tiens-toi bien chaudement, je t'en prie.

M. DURAND, à part.

Ce pauvre Godard! il me fait peine. Ce calme, cette tranquillité. Mariez-vous donc? (Haut, lui donnant une poignée de main.) Eh bien, mon pauvre ami!

M. GODARD.

Eh bien, mon cher, tout va bien! J'espère que vous êtes content. Un beau filleul gros et bien portant.

M. DURAND.

C'est donc décidément un garçon?

M. GODARD.

Eh! parbleu, qui est-ce qui en doute?

M. DURAND, à part.

Alors, arrangez-vous. L'un dit une fille, l'autre un garçon. Ces deux messieurs devraient s'entendre.

M. GODARD.

Allons, partons, toutes les voitures sont à la porte.

Mme BENOIST.

Oh, mon Dieu! et le nom de l'enfant?

SCÈNE XIV.

M. GODARD, se frappant le front.

Le nom de l'enfant; c'est pourtant vrai, nous n'y pensions pas. Comment l'appellerons-nous?

Mme DE SAINT-ANGE.

Moi, je n'ai pas d'avis, cela regarde la famille.

Mme DUROUZEAU.

Voulez-vous un joli nom, Théophile, cela n'est pas commun.

M. GODARD.

Du tout; je connais quelqu'un qui porte ce nom-là et qui est borgne. Moi, c'est peut-être une idée, je me suis toujours promis que, si j'avais un fils, il s'appellerait Barnabé.

TOUTES.

Oh! Barnabé! quel vilain nom!

M. GODARD.

Comment, un vilain nom! apprenez que c'est le mien, et que décidément mon fils s'appellera Barnabé.

Mme BENOIST.

Du tout, du tout, j'ai ce qu'il vous faut; le plus joli nom de l'almanach, un nom admirable et sonore, Théodore, et cela ira très bien, parce que voyez-vous, on dira : où est Théodore? qu'est devenu Théodore? qu'on donne le fouet à Théodore.

M. GODARD.

Eh bien, on dira où est Barnabé? qu'est devenu Barnabé? qu'on donne le fouet à Barnabé.

Mme BENOIST.

Jamais mon petit-fils ne s'appellera Barnabé.

M. GODARD.

Et jamais mon fils ne s'appellera Théodore, j'aimerais mieux qu'il ne fût pas baptisé.

Mme BENOIST.

Et moi, qu'il n'eût jamais de nom!

M. GODARD, furieux.

C'est cela, un enfant anonyme! quelle tournure cela aurait-il dans le quartier?

M. DURAND.

Eh mais, calmez-vous; n'y aurait-il pas moyen d'arranger cela, et d'en choisir un tout autre?

M. GODARD.

Au fait, nous n'y pensions pas, combien je vous demande de pardons; c'est monsieur qui est le parrain et c'est à lui de nommer.

TOUT LE MONDE.

C'est trop juste.

M. DURAND.

Eh bien, pour mettre d'accord tous les intéressés et ayant cause, car il paraît que dans cette affaire-ci il y en a plus qu'on ne croit; si nous appelions l'enfant Hippolyte?

Mme BENOIST, avec approbation.

Hippolyte, voilà! j'allais le proposer.

M. GODARD.

Au fait, Hippolyte, c'est justement ce qu'il nous faut. Ça n'est pas trop... et en même temps, c'est assez. Parbleu quand on l'aurait fait exprès... et puis j'ai idée que ma femme m'en parlait l'autre jour. Va donc pour Hippolyte.

Mme DE SAINT-ANGE.

Enfin voilà la discussion terminée, ce n'est pas sans peine. (A Durand.) Allons, mon cher compère, ouvrons la marche et partons.

M. DURAND, mettant ses gants.

Oui, oui, partons vite, et revenons de même pour en être plus tôt débarrassé. (Il se dispose à sortir par la gauche.) Hein! quel est ce bruit, et que nous veut-on?

SCÈNE XV.

Les précédens; Mme RENARD.

Mme RENARD, arrivant tout essoufflée.

Ah! si vous saviez quel spectacle! les dames de la halle qui sont sous la porte cochère avec des bouquets, et qui attendent le parrain.

M. DURAND, à part.

Allons, encore des pièces de 20 francs. (Haut à Godard.) Mon ami, je vous avoue que je n'entends rien au cérémonial usité en pareil cas, et que si je peux esquiver l'ambassade...

M. GODARD, lui montrant le fond.

Eh bien ! passons par la boutique.

Mme DE SAINT-ANGE.

A la bonne heure.

(Ils vont pour sortir par le fond ; on entend un roulement de tambours et un bruit de clarinettes.)

M. GODARD.

Entendez-vous? ce sont les tambours de la garde nationale; comme vous en faites partie...

M. DURAND.

Du tout, je ne monte plus ma garde, qu'ils s'adressent au mercier du coin qui la monte pour moi. (Regardant à travers les carreaux en reboutonnant son habit, comme pour garantir son gousset.) C'est un guet-apens.

Mme BENOIST.

Attendez, attendez, (montrant l'appartement à droite) il y a ici une sortie qui donne sur la rue, presqu'en face de l'église.

(Elle ouvre l'appartement.)

Mme DE SAINT-ANGE.

A merveille, allons, donnez-moi la main et partons. Eh bien! où sont donc la garde et l'enfant.

M. GODARD.

Ah! mon dieu oui. Où est donc l'enfant? où est donc madame Prudent? Comment, au moment de partir pour l'église! Ces malheurs-là n'arrivent qu'à moi. Madame Prudent, madame Prudent! Que diable est-elle allée faire, et où a-t-elle mis l'enfant?

(Grand désordre dans la famille.)

Mme BENOIST, qui est près de la porte à droite, et qui écoute.

J'entends crier; oui, il est là. (Elle entre dans le cabinet.)

Mme DE SAINT-ANGE.

Eh bien! c'est bon, nous allons le prendre en passant; vite, dépêchons-nous. Je passe la première.

(Tout le monde sort par la droite.)

M. GODARD.

Enfin, voilà le baptême qui est en marche.

Mme DUROUZEAU.

Comment, monsieur Godard, vous ne venez pas?

M. GODARD.

Est-ce que je le puis? Qu'est-ce qui restera près de l'accouchée? Est-ce que je n'ai pas toujours affaire?

SCÈNE XVI.

M. GODARD, seul.

Ouf! les voilà partis, ce n'est pas sans peine; que de mal a un père de famille! (Il arrange en parlant du vin et du sucre dans une timbale, et l'avale.) Hein! qui est-ce qui vient là?

SCÈNE XVII.

M. GODARD; UN VALET en livrée étrangère.

M. GODARD, au valet qui le regarde d'un air incertain.

Que voulez-vous, l'ami? que demandez-vous?

LE VALET.

Monsieur, je voudrais parler à une dame qui doit être ici.

M. GODARD.

Une dame!

LE VALET.

Oui, madame Prudent, une sage-femme.

M. GODARD.

Elle n'y est pas, elle est sortie; et Dieu sait où elle est allée. Eh bien! pourquoi cet air étonné? Qu'est-ce qu'il a donc ce garçon-là?

LE VALET.

C'est que je ne sais plus comment faire. Madame

Prudent devait m'indiquer un monsieur pour qui j'ai une lettre, un monsieur dont je ne sais pas le nom, mais qui demeure dans la maison, et qui aujourd'hui doit être parrain.

M. GODARD..

Encore ce Durand! Et savez-vous ce qu'on lui veut?

LE VALET, mystérieusement.

C'est de la part du père de l'enfant.

M. GODARD.

Hein!

LE VALET.

Oui, monsieur est en bas dans la voiture qui l'attend pour l'emporter.

M. GODARD, à part.

L'emporter! quelle trame abominable! C'est bon, mon ami, c'est bon; dites à votre maître d'attendre, je vais remettre la lettre à M. Durand dès qu'il sera revenu de l'église. (Le valet sort.) Quel coup de politique d'avoir intercepté ce billet. Voyons vite :

(Lisant.)

« Mon cher monsieur, et vous madame Prudent,
« je suis plus heureux que je n'aurais osé l'espérer,
« tout est pardonné. Envoyez-moi vite notre cher en-
« fant dès qu'il sera baptisé; son autre famille l'attend
« avec impatience pour le voir et l'embrasser, et je
« veux leur présenter moi-même mon aimable Hip-
« polyte. » Son Hippolyte! c'est bien cela. Quel complot infernal! ma tête s'y perd; impossible d'y rien comprendre, sinon qu'il y a un autre père, une autre famille... que madame Godard, M. Durand, la sage-

femme, s'entendent tous contre moi pour me tromper et m'enlever mon fils, ou plutôt quand je dis mon fils, c'est-à-dire notre fils, car cette parenté-là devient si compliquée... Mais il faut absolument que j'aie une explication avec madame Godard. (Il va pour entrer chez elle et s'arrête.) Voyons, conservons notre sang-froid, s'il est possible, et n'oublions pas que ma femme a sa fièvre de lait. Il faut d'abord que madame Godard m'explique pourquoi mon fils ressemble à M. Durand, parce qu'une fois que nous nous serons entendus là-dessus, nous saurons à quoi nous en tenir sur le déjeuner en vermeil, les déclarations; mais les voici : morbleu, nous allons voir! (A travers les carreaux du fond on voit passer le baptême, qui vient de la droite et entre à gauche.)

SCÈNE XVIII.

M. GODARD, Mme DE SAINT-ANGE, M. DURAND;
GENS DU BAPTÊME.

Mme DE SAINT-ANGE.

On vient de porter le petit Hippolyte dans la chambre de l'accouchée, et tout s'est passé à merveille. La cérémonie était superbe; on aurait dit d'un cortége.

M. DURAND.

Oui, il ne manquait plus que cela. Traverser toute l'église! Les femmes montaient sur les chaises, les curieux se pressaient autour de nous. Voilà le parrain, voilà le parrain! On aurait dit d'une bête curieuse. Et le suisse qui pour faire faire place me donnait des coups de sa hallebarde dans les jambes, et les petites filles qui se jettent au devant de vous pour vous offrir des bouquets, les mendians déguenillés qui vous arrêtent par votre habit : « Et moi, monsieur, et moi. « Lui, il a déja reçu : c'est un mauvais pauvre; moi, « je suis un bon pauvre. » Et dans la rue, pendant qu'on attend les voitures ou qu'on ouvre la portière, la foule qui vous pousse, vous coudoie, vous piétine ou vous éclabousse. (Montrant ses bas qui sont tout noirs.) Payez donc six berlines pour revenir dans cet état-là.

Mme DE SAINT-ANGE.

Oui; mais vous ne comptez pas le plaisir que vous avez eu à tenir votre filleul sur les fonts baptismaux.

M. DURAND.

J'en suis rompu. Le sacristain qui voulait que je répétasse mon *credo* en latin, moi qui ne le sais qu'en français. Ils m'ont laissé pendant une heure les bras tendus. Enfin, n'en parlons plus, c'est fini.

Mme DE SAINT-ANGE.

C'est fini! du tout; c'est maintenant que vous allez recueillir le prix de tous les soins que vous vous êtes donnés; vous le trouverez dans l'attachement, dans l'amitié d'une famille respectable et reconnaissante (Bas à Godard.) Allons donc, Godard, remerciez le cher parrain.

M. GODARD, allant à Durand (d'un ton concentré.)

Ce n'est point ici que nous nous expliquerons monsieur; mais je sais tout, oui, tout. Vous devez m'entendre, et je vous prie de ne plus remettre le pieds chez moi, ou nous verrons.

SCÈNE XIX.

Mᵐᵉ DE SAINT-ANGE ET DURAND.

Qu'est-ce que cela signifie?

SCÈNE XIX.

Les précédens; Mᵐᵉ BENOIST, Mᵐᵉ DUROUZEAU,
ET PLUSIEURS PERSONNES.

Mᵐᵉ BENOIST.

Ah, mon Dieu! quel scandale! quel éclat! Votre fils... Si vous saviez ce qui vient d'arriver. Votre fils...

M. GODARD.

Est-ce qu'il serait enlevé?

Mᵐᵉ BENOIST.

Pire que cela.

M. GODARD.

Il est malade?

Mᵐᵉ BENOIST.

Ce ne serait rien. Apprenez que votre fils... votre fils...

M. GODARD.

Eh bien?

Mᵐᵉ BENOIST.

Est une fille.

Mᵐᵉ DE SAINT-ANGE.

Une fille!

M. DURAND, à part.

J'en étais sûr. C'est l'autre qui avait raison.

M. GODARD, prenant l'enfant.

Qu'est-ce que tout cela veut dire? qu'on me rende mon fils. Je ne veux pas de cet enfant-là.

(Le donnant à madame Durouzeau.)

Mme DUROUZEAU.

Ni moi non plus, je n'en veux pas. (Le donnant à madame Benoist, qui le donne à madame Renard.) Sans doute, il n'est point de la famille.

Mme RENARD, le mettant sur les bras de M. Durand.

Que monsieur s'en charge, puisqu'il l'a baptisé.

M. DURAND, ayant toujours l'enfant sur les bras.

Messieurs, mesdames, qu'est-ce que ça signifie? Eh bien! on me le laisse. Hé!... ah çà, voyons, ne plaisantons pas. Qui est-ce qui veut se charger de cet enfant-là, et m'en débarrasser?

SCÈNE XX.

Les précédens; LE COMTE, *qui est entré avant ces derniers mots.*

LE COMTE.

C'est moi, monsieur, qui depuis un quart d'heure l'attends dans ma voiture; (Il fait un signe à une femme de chambre qui prend l'enfant, et l'emporte.) mais qui ne vous en remercie pas moins pour toutes les peines que vous avez daigné prendre.

Mme DE SAINT-ANGE, l'apercevant.

Que vois-je! Monsieur le comte de Holden!

M. GODARD.

L'homme à la lettre de change.

LE COMTE, à madame de Saint-Ange.

Lui-même, qui est le plus heureux des hommes.

SCÈNE XXI.

Mon mariage est reconnu, mon beau-père a pardonné, et je reste à Paris.

M. GODARD.

Ah çà, monsieur, daignez me dire...

TOUT LE MONDE, vivement.

Oui, daignez nous expliquer.

SCÈNE XXI.

Les précédens ; Mme PRUDENT, *sortant de la chambre de M. Godard.*

Mme PRUDENT.

Eh! silence, silence donc! Vous faites un bruit à fendre la tête de l'accouchée.

M. GODARD.

Ah! vous voilà, madame Prudent, on vous trouve donc enfin?

Mme PRUDENT.

Oui, je n'ai pu assister au baptême. (Montrant le comte.) Monsieur sait bien pourquoi. (Bas, montrant la porte à droite.) Votre enfant est là-dedans, et j'ai couru sur-le-champ chercher la marraine et le parrain, et ce n'est pas sans peine.

LE COMTE.

C'était inutile ; car voilà monsieur (montrant Durand) qui, pendant ce temps, a daigné faire les choses de la meilleure grace du monde.

M. GODARD, à Durand.

Comment! c'est décidément l'enfant de monsieur

que vous avez tenu? La, qu'est-ce que je disais? Mon fils qui n'est pas baptisé, après tout le mal que nous nous sommes donné.

Mme DE SAINT-ANGE.

Il faut avouer que c'est jouer de malheur.

M. GODARD, à Durand.

Je reconnais, mon cher Durand, l'injustice de mes soupçons. Aussi, vous sentez bien que tout cela ne compte pas, et que demain c'est à recommencer.

M. DURAND.

J'en ai assez comme cela, et si jamais l'on m'y rattrape.

M. GODARD.

Encore un parrain qui renonce. Je dis qu'il est impossible que mon fils Godard puisse jamais...

LE COMTE.

C'est ce qui vous trompe, et je me propose pour demain, si toutefois madame de Saint-Ange veut m'accepter pour...

M. GODARD.

Acceptez, madame, acceptez, il ne faut pas que ça vous décourage; nous finirons peut-être par en venir à bout.

M. DURAND, à part, regardant le Comte en soupirant.

Le malheureux! il ne sait pas à quoi il s'expose. Mais ce maudit Godard... (Haut.) Allons, décidément il faut que je me marie; car je commence à voir que les enfans des autres nous coûtent plus cher que les nôtres.

SCÈNE XXI.

M. GODARD.

Comment! mon cher voisin, vous vous mariez?

M. DURAND, avec un regard de colère.

Oui, mon cher Godard, je me marie, et vous serez le parrain de mon premier.

FIN DU PARRAIN.

RODOLPHE,

ou

FRÈRE ET SOEUR,

DRAME EN UN ACTE,

Représenté pour la première fois, à Paris, sur le théâtre de Madame, le 20 novembre 1823.

EN SOCIÉTÉ AVEC M. MÉLESVILLE.

PERSONNAGES.

RODOLPHE, ancien marin, négociant.
ANTOINE, son associé.
THÉRÈSE, sœur de Rodolphe.
LOUISE, sœur d'Antoine.

La scène se passe à Dantzick.

Le théâtre représente un salon ; porte au fond, deux portes latérales. Sur le devant, à la droite du spectateur, une table de bureau chargée de cartons et de papiers ; plus loin, du même côté, un secrétaire.

ANTOINE,

JE SUIS DONC PLUS HEUREUX QUE TU N'ÉTAIS, CAR JE PEUX LA DONNER À MON A

(Rodolphe, Sc. XVI.)

RODOLPHE,

ou

FRÈRE ET SOEUR.

SCÈNE PREMIÈRE.

RODOLPHE, *seul, assis devant une table, et tenant une lettre à la main.*

Ma sœur ! Il me demande ma sœur en mariage ! le moyen de refuser un aussi riche parti ! Moi, Rodolphe, capitaine corsaire, et rien de plus. D'un autre côté, je ne peux pas me jouer d'un galant homme ; il faut donc lui avouer la vérité, morbleu ! (Il se lève.) Le jour où j'ai enlevé à l'abordage le pavillon ennemi, j'ai eu moins de peine qu'aujourd'hui en composant cette épître.

(Il lit.)

« Monsieur, vous m'offrez votre fortune et votre « main pour ma sœur Thérèse ; ce n'est pas à moi qu'il « faut vous adresser pour cela, car Thérèse ne m'ap- « partient pas ; Thérèse n'est pas ma sœur. C'est un « secret que ni elle ni personne au monde ne soup- « çonnait jusqu'ici ; mais la démarche que vous faites « aujourd'hui me force, pour la première fois, à « rompre le silence, et à vous confier les principaux « événemens de ma vie. » (S'interrompant.) Oui, je le dois, ne fût-ce que pour Thérèse. (Continuant.) « Il y a qua-

« torze ans, j'en avais seize alors, j'étais simple ma-
« telot, et le plus mauvais sujet peut-être de toute la
« marine. Mal vu par mes chefs, à cause de mon indis-
« cipline; redouté de mes camarades, avec qui je me
« battais à chaque instant, j'allais sans doute être mis
« à l'écart, lorsqu'un jour nous abordons des flibus-
« tiers chargés de riches dépouilles; le combat fut
« long et terrible. La victoire nous resta; et, tandis
« que mes camarades couraient au pillage, j'aperçois
« une femme mourante, tenant dans ses bras une
« petite fille de trois ou quatre ans. — Qui êtes-vous?
« me dit-elle d'une voix faible.—Rodolphe, un simple
« matelot. — Rodolphe, je vous donne ma fille, cette
« pauvre orpheline; que ce soit votre part du butin.
« Soyez son protecteur, son frère, et n'oubliez pas
« qu'un jour je vous en demanderai compte. »

(S'interrompant.)

Oui, je la vois encore. J'ignore ce qui se passa en
moi; mais cette mère expirante qui me léguait sa
fille, et qui, de là-haut sans doute, allait toujours
veiller sur mes actions; cette idée seule changea tout
mon être, toutes mes habitudes. Plus de vin, plus d'in-
discipline, plus de querelles; je devins le meilleur
sujet de l'équipage; et maintenant encore, n'est-ce
pas à son souvenir que je dois mon état, mon bien-
être, ma fortune? Eh bien! où en étais-je donc?

(Reprenant la lettre, et lisant.) « J'acceptai la succession. Je
« débarquai, tenant dans mes bras ma petite Thérèse
« que j'appelai ma sœur; et pendant dix années, tout
« ce que je gagnai dans mes courses sur mer fut

« sacré à son éducation et à son établissement. Elle
« avait quatorze ans, et moi vingt-six, quand nous
« vînmes nous fixer ici, à Dantzick, auprès du brave
« Antoine, mon associé. » (S'interrompant.) Ah! je le sens
bien, c'était alors que j'aurais dû apprendre à nos
amis, et à Thérèse elle-même, qu'elle n'était pas ma
sœur; mais il m'en coûtait de renoncer à ce nom, et
puis il aurait peut-être fallu la quitter, nous séparer,
et cela m'était déja impossible ; j'avais pris l'habitude
de l'avoir près de moi. Enfin, ses soins et son affection
étaient nécessaires à mon bonheur. Qu'ai-je fait? et
qu'en est-il arrivé? que Thérèse n'a jamais vu en moi
que son frère, et n'aura jamais qu'une amitié de
sœur; tandis que moi, je l'aime comme un insensé,
comme un furieux : la vue d'un amoureux me met au
supplice; et hier, quand j'ai reçu cette lettre, où ce
jeune officier me demandait ma sœur en mariage, j'ai
sauté sur mes pistolets pour aller lui en demander raison. Il faut prendre un parti. (Lisant tout bas.)
Oui, je lui dis là toute la vérité; et tantôt, quand
nous serons seuls, quand tous les ouvriers seront partis, je ferai le même aveu à Thérèse. Il est vrai que
tous les jours je forme ce projet, et que je n'ai pas
encore pu l'exécuter; mais aujourd'hui j'en aurai le
courage. Ah, mon Dieu! la voici.

SCÈNE II.

RODOLPHE, THÉRÈSE.

THÉRÈSE.

Mon frère! mon frère!

RODOLPHE, brusquement.

Qu'est-ce que c'est? Tu viens encore me déranger.

THÉRÈSE.

Là! Ne vas-tu pas me gronder? je viens t'avertir que le déjeûner est prêt.

RODOLPHE, de même.

Je ne puis dans ce moment; je suis à travailler. Mais toi, rien ne t'empêche.

THÉRÈSE.

Non pas; j'aime bien mieux attendre; car je n'ai pas d'appétit quand nous ne déjeûnons pas ensemble.

RODOLPHE.

Vraiment, (S'adoucissant.) Je te demande pardon, Thérèse, de t'avoir brusquée tout à l'heure; j'étais occupé.

THÉRÈSE.

Oh! je le vois bien, et beaucoup; car vous n'avez seulement pas songé à m'embrasser.

RODOLPHE.

Tu crois?

THÉRÈSE.

Sans doute; (Tendant la joue.) et puisque vous êtes pressé, dépêchez-vous. (Rodolphe l'embrasse.) Eh bien! ne semble-t-il pas qu'il me fait une grace?

SCÈNE II.

RODOLPHE, vivement.

Moi! oh! non, certainement; mais vois-tu, Thérèse...

THÉRÈSE, lui faisant signe de la main.

C'est bien, c'est bien, monsieur, que je ne vous dérange pas à votre travail. Tiens, je m'en vais prendre le mien; et pendant que tu écriras, je broderai auprès de toi sans faire de bruit. (Elle va chercher une chaise de l'autre côté du théâtre, et la place auprès de la table où Rodolphe est occupé à écrire.) De sorte que nous serons chacun à notre ouvrage, sans cesser d'être ensemble.

RODOLPHE, à part.

Et comment renoncer à ce bonheur, à cette douce intimité? (Se mettant à écrire sans la regarder.) Qu'est-ce que tu fais là?

THÉRÈSE.

Une cravate brodée pour toi. (Se levant et s'appuyant sur le dos du fauteuil de Rodolphe.) Et vous, monsieur, toujours dans vos livres à parties doubles. Voilà-t-il des colonnes de chiffres!

RODOLPHE.

Oui. J'établis mon compte, et celui de ce bon Antoine, mon associé.

THÉRÈSE.

Mon ami, sommes-nous bien riches?

RODOLPHE.

Juge-s-en toi-même. Nous avons pour notre part plus de cent mille francs : moi qui, il y a quelques années, n'avais pas un sou vaillant; et quand je pense que c'est à Antoine que je dois tout cela!

THÉRÈSE.

Il serait possible!

4.

RODOLPHE.

C'est lui qui, dans l'origine, m'a prêté de l'argent, m'a associé à ses bénéfices; c'est lui qui, par ses soins et sa prudence, a doublé ici nos capitaux, tandis que je les exposais sur mer.

THÉRÈSE.

Oui, tu as toujours été pour les entreprises et les aventures.

RODOLPHE.

Que trop! car il y a quelques années, j'avais voulu, contre ses avis, tenter à moi seul une expédition qui avait complètement échoué ; j'étais ruiné. Antoine vint me trouver, m'apporta sa part, me força d'en prendre la moitié. Il fallut bien accepter, quitte à lui rendre plus tard; et c'est ce que je fais aujourd'hui, à son insu. Mais, excepté cela, tu sens bien que depuis je n'ai rien fait sans le consulter.

THÉRÈSE.

Et tu as bien raison. Ce brave monsieur Antoine! quel excellent cœur! Depuis que je sais cela, je vais l'aimer encore plus qu'auparavant.

RODOLPHE.

Tu l'aimes donc beaucoup?

THÉRÈSE.

Sans doute ; et lui aussi, il me le dit du moins à chaque instant.

RODOLPHE, se levant.

Comment! il te le dit? je ne m'en suis cependant pas aperçu.

THÉRÈSE.

Je crois bien; quand tu es ici, vous ne parlez que

SCÈNE II.

de commerce et de spéculations; mais quand nous sommes tous deux, ou avec Louise, sa sœur; il est si bon et si aimable!

RODOLPHE, à part.

Il se pourrait! lui, Antoine, mon ami! s'il est vrai.

THÉRÈSE.

Eh bien! qu'as-tu donc?

RODOLPHE.

Rien. (A part.) Qu'allais-je faire? soupçonner mon bienfaiteur! Pauvre Antoine! qui n'a pour nous deux qu'une amitié de frère! Il en est d'autres plus redoutables! et cette lettre...

THÉRÈSE.

Rodolphe, d'où vient le trouble où je te vois, et quel est ce papier?

RODOLPHE.

Il vous concerne autant que moi; c'est de M. Muller, ce jeune officier que plusieurs fois nous avons rencontré à la promenade.

THÉRÈSE.

Ah, mon Dieu! celui à qui tu as cherché querelle, et avec qui tu voulais te battre, parce que quelquefois il m'avait regardée.

RODOLPHE, avec amertume.

J'avais peut-être tort. Voilà qu'aujourd'hui il vous demande en mariage.

THÉRÈSE, avec joie.

Moi! en mariage! quel bonheur! je craignais que ce ne fût un cartel. Tu lui répondras, n'est-ce pas, et bien honnêtement.

RODOLPHE.

Que lui dirai-je?

THÉRÈSE.

Qu'il nous fait bien de l'honneur; mais que je ne veux pas me marier; que je veux toujours rester avec toi.

RODOLPHE.

Il serait vrai!

THÉRÈSE.

Eh bien! est-ce que cela t'étonne? Toi qui parles, n'as-tu pas déja refusé plusieurs fois de riches partis? tu ne me l'as pas dit, mais je l'ai su. Eh bien! je veux suivre ton exemple; nous sommes si heureux! pourquoi changer? Un frère et une sœur qui s'aiment bien, il n'y a rien de plus doux au monde. Tous les ménages que je vois ont des querelles, des disputes; nous, jamais, non; ce que veut l'un de nous est toujours ce que l'autre désire; de sorte qu'aucun n'obéit, et pourtant nous commandons tous deux.

RODOLPHE.

Oui, oui, Thérèse, tu as raison, je crois que je suis bien heureux.

THÉRÈSE, avec joie.

Oui, n'est-ce pas, je tiens bien ton ménage? tu es content de moi?

RODOLPHE.

Oui, Thérèse, oui, ma bonne sœur.

THÉRÈSE.

Dame! je mets le plus d'économie que je peux; mais c'est toi qui dépenses toujours; à chaque instant des robes nouvelles, des fichus que tu achètes pour moi; aussi le dimanche, quand tu me donnes le bras, et que nous nous promenons ensemble, en passant près de nous, on dit souvent à voix basse : « Voilà un « joli couple. » Je ne fais pas semblant de comprendre, mais cela me fait plaisir, et je te serre le bras pour te dire : *Entends-tu ?*

RODOLPHE.

Oui, morbleu! je n'entends que trop bien, surtout quand il y a des jeunes gens comme M. Muller. Mais n'en parlons plus; je vais lui envoyer ta réponse, et si tu savais combien elle m'a fait plaisir; si je te disais, Thérèse, pour quelle raison... Hein! qui vient déjà nous déranger?

THÉRÈSE.

C'est notre ami Antoine.

SCÈNE III.

Les précédens; ANTOINE.

ANTOINE.

Oui, mes amis, je viens de faire un tour sur le port, et j'apporte de bonnes nouvelles. Rodolphe, le brick l'*Aventure* est en rade; on l'a signalé ce matin.

RODOLPHE.

En vérité!

ANTOINE.

Il y a là-dessus vingt mille francs de marchandises qui nous appartiennent. Hein, mon garçon, encore quelques voyages comme celui-là, et nous pourrons expédier aussi des navires à notre compte. Quel plaisir! quand nous entendrons dire sur le port : « A qui appartient ce brick, ou ce beau trois-mâts? » et qu'on répondra : « C'est à la maison ANTOINE, RODOLPHE *et Compagnie.* »

RODOLPHE, en riant.

Voyez-vous l'ambition du commerce?

ANTOINE.

Par exemple, il faudra chercher pour notre navire un beau nom. C'est mademoiselle Thérèse qui se chargera de le trouver.

THÉRÈSE.

C'est déja fait, il s'appellera le brick LES DEUX AMIS !

ANTOINE, attendri.

Les deux amis! Oui, elle a raison, il n'y a pas de plus beau nom que celui-là. C'est pourtant bien simple, et bien! il m'aurait fallu un mois pour le trouver. Ah! çà, je ne te dérange pas?

RODOLPHE.

Non, sans doute.

ANTOINE.

C'est que, me trouvant près de chez toi, je me suis dit : Je vais lui faire une petite visite d'amitié. J'ai bien fait, n'est-il pas vrai? (Lui donnant une poignée de main.) Tu ne sais pas? les cotons sont en baisse, les cafés se soutiennent, et on offre des colzas à vingt-cinq florins. Qu'est-ce que tu en penses?

THÉRÈSE.

Il me semble, monsieur Antoine, que vos visites d'amitié ressemblent à des conférences de commerçans.

SCÈNE III.

ANTOINE.

Non, ce que j'en dis, ce n'est pas pour affaires, c'est pour causer, et voilà tout. A propos, j'oubliais. Dites donc, mes amis, je marie ma sœur.

RODOLPHE.

Comment!

THÉRÈSE.

Et c'est aujourd'hui que vous nous l'apprenez?

ANTOINE.

Eh! parbleu, je ne le sais que d'hier. J'étais à faire une addition, et Louise travaillait auprès de moi.

THÉRÈSE, regardant Rodolphe.

Comme nous, ce matin.

ANTOINE.

Quand je m'aperçois qu'elle pleurait. « Louise, « que je lui dis, pourquoi que tu pleures pendant « que je travaille? ça me fait tromper. » Elle me répond : « Ce n'est pas ma faute, c'est que Julien va « partir.—Tu l'aimes donc?—Eh! oui, sans doute. » Julien est un jeune homme, notre voisin, qui est commis chez un marchand. Je laisse là mon addition, je prends mon chapeau, et je vais à la boutique. « Ju- « lien, est-il vrai que vous partez?—Oui, monsieur. « — Et pourquoi? — Pour faire fortune, et revenir « ici m'établir.—Et si je vous donne cinquante mille « francs?—Je refuserai. — Et ma sœur par dessus le « marché?— J'accepterai. » Et déjà il voulait se jeter à mes pieds. Je le reçois dans mes bras, je le mène dans ceux de ma sœur; et, dans une demi-heure tout a été arrangé. C'est aujourd'hui que nous signons le contrat, et que nous faisons le repas des fiançailles. Tu en seras, n'est-ce pas? ainsi que vous, mademoiselle Thérèse?

THÉRÈSE.

Oui, sans doute; mais c'est chez nous qu'on dînera.

RODOLPHE.

Tu as raison, et tu nous commanderas un fameux dîner; entends-tu, Thérèse?

THÉRÈSE.

Sois tranquille.

ANTOINE.

Eh bien! voilà des bêtises, et je ne le veux pas; aller ainsi dépenser de l'argent pour rien.

RODOLPHE.

Ça te convient bien de parler; toi, qui viens de donner cinquante mille francs à ta sœur!

ANTOINE.

Quelle différence! cela, c'est utile, et puis, s'il faut te le dire, c'est à contre-cœur que je fais ce mariage; car j'aurais voulu voir à ma sœur un autre époux que celui-là, quoiqu'il soit bien gentil.

THÉRÈSE.

Et qui donc?

ANTOINE.

Eh! parbleu, mon ami Rodolphe, ici présent. Moi, je n'y entends pas de finesse, j'ai fait tout ce que j'ai pu pour que lui et ma sœur eussent à s'adorer. Ça n'a jamais pris, ça n'est pas de ma faute.

THÉRÈSE, émue.

Eh bien! par exemple, de quoi vous mêliez-vous? et pourquoi les forcer?

SCÈNE IV.

ANTOINE.

Je ne les forçais pas, mais, enfin, si cela avait pu s'arranger?

THÉRÈSE, vivement.

Cela ne se pouvait pas, puisque Louise en aimait un autre. Vous auriez donc voulu la rendre malheureuse?

ANTOINE.

Moi! la rendre malheureuse? (A Rodolphe.) Ah! çà, qu'est-ce qu'elle a donc, ta sœur? je ne l'ai jamais vue comme ça.

RODOLPHE, avec émotion.

Rien; c'est par amitié pour Louise, et par intérêt pour toi-même.

ANTOINE.

A la bonne heure, mais il ne faut pas me rudoyer pour ça. Je voulais que tu fusses mon frère, c'est manqué; n'y pensons plus. (Regardant Thérèse.) Il y aura peut-être quelqu'autre moyen de s'entendre là-dessus.

THÉRÈSE, qui, pendant ce temps, a remonté le théâtre.

Eh! c'est ma chère Louise! c'est la nouvelle mariée!

SCÈNE IV.

Les précédens; LOUISE.

LOUISE.

Eh bien! Antoine, qu'est-ce que tu fais donc! je t'ai cherché partout. Heureusement que, quand tu n'es pas à ton comptoir, tu es toujours ici; alors j'étais sûre de te trouver. Bonjour, monsieur Rodolphe! Bonjour, Thérèse! Vous savez, n'est-ce pas?..

ANTOINE.

Oui, oui, n'en parlons plus, je leur ai tout dit.

LOUISE.

Tant pire, je leur aurais raconté. (A Antoine.) Mais tu es là à causer, et pendant ce temps-là il s'impatiente, il se désespère peut-être.

ANTOINE.

Eh! qui donc?

LOUISE.

Julien qui t'attend chez le notaire : le contrat ne se fera pas tout seul; il faut encore convenir des articles; mais, voilà comme tu es, dès qu'il ne s'agit plus de commerce.

ANTOINE.

Allons, ne vas-tu pas me faire aussi une scène? Je me rends chez ton notaire, et, mieux que cela, je vais lui porter la dot.

LOUISE.

A la bonne heure, mais dépêche-toi; je me figure ce pauvre Julien...

ANTOINE.

N'est-il pas bien à plaindre! Voyons Rodolphe, toi qui es notre caissier, donne-moi des fonds.

RODOLPHE.

Attends, je suis à toi. (Ouvrant un tiroir.) Mais auparavant, comme ami de la famille, permets-nous, à Thérèse et à moi, d'offrir notre cadeau à la mariée.

ANTOINE.

La! encore des bêtises, vois-tu, Rodolphe, je te

SCÈNE IV.

l'ai dit cent fois, tu n'es pas plus né pour le commerce que...

LOUISE.

Dieu! la belle chaîne d'or!

THÉRÈSE, bas à Rodolphe.

Ah! que tu es aimable!

RODOLPHE, de même.

Ce n'est pas moi, c'est toi qui la lui donnes, car c'est pour Thérèse que je l'avais achetée.

(Il va se mettre à sa table, et compte des billets.)

ANTOINE.

Je vous le demande, une chaîne d'or à une petite fille comme celle-là! Qu'est-ce qu'il donnera donc à sa sœur, quand elle se mariera! car voilà un bel exemple, mademoiselle Thérèse, j'espère que vous en profiterez.

LOUISE, mettant la chaîne à son cou.

Oui, oui, il faut vous marier; c'est si gentil... Regardez donc comme ça brille... Et puis, quand vous voudrez, vous ne manquerez pas d'amoureux.

ANTOINE.

Pour ça, j'en réponds; car moi, qui vous parle, j'en connais plus d'un.

RODOLPHE, qui est à la table, et qui a donné plusieurs fois des marques d'impatience.

Viens donc au moins m'aider, je ne sais pas si j'ai là ton compte.

ANTOINE, sans le regarder.

Eh! va toujours, je m'en rapporte à toi. (A Thérèse.) Et ceux dont je vous parle là, mademoiselle Thérèse, ce sont des gens qui vous recherchent pour vous, et non pour les écus de votre frère.

RODOLPHE.

C'est pour toi que je fais ce bordereau; si tu ne viens pas examiner...

ANTOINE.

J'y suis, j'y suis, mon ami : vingt, vingt-cinq, trente; voilà trente mille francs. (A Thérèse.) Vous penserez à ce que je vous ai dit, à vos momens perdus, à votre aise, parce que j'ai pour vous un jeune homme en vue.

LOUISE.

Je gage que je le connais.

ANTOINE.

Je te dis que non.

LOUISE.

Je te dis que si.

ANTOINE.

Eh! je te dis que non.

RODOLPHE, impatienté, les interrompant.

Ah çà, morbleu! finirez-vous? Il me semble que quand il s'agit d'affaires, on doit être à ce que l'on fait.

ANTOINE.

Eh bien! qu'est-ce qu'il te prend donc? j'y suis plus que toi. (Regardant le bordereau.) Quarante mille francs en effet, les voici. Plus, dix mille francs comptant.

RODOLPHE.

Ou c'est tout comme; un billet passé à mon ordre, que je dois toucher aujourd'hui chez Durand, négociant.

SCÈNE V.

ANTOINE.

Eh bien! cours vite les chercher pendant que je vais arrêter les comptes, et signer le reçu.

RODOLPHE.

Ils ont un caissier qui va me tenir un quart d'heure.

LOUISE.

Encore des retards, raison de plus pour se presser. (Prenant le bras de Rodolphe.) J'y vais avec vous.

ANTOINE.

Eh bien! allez vite, allez donc.

LOUISE, en sortant.

Ne vous faites pas attendre, c'est pour midi.

(Elle sort avec Rodolphe.)

SCÈNE V.

ANTOINE, THÉRÈSE.

ANTOINE, les regardant sortir.

C'est ça. J'aime autant qu'ils s'en aillent, parce que, s'il faut vous le dire, mademoiselle Thérèse, je ne suis pas fâché de me trouver seul avec vous.

THÉRÈSE.

Et pourquoi?

ANTOINE.

Oh! pourquoi. Tenez, moi, j'ai un style de négociant, et, dans mes conversations comme dans mes lettres de commerce, je vais droit au fait; voici donc l'affaire en question. Je suis le meilleur ami de votre frère, je suis son associé; tout entier à mon négoce, rien jusqu'ici n'avait manqué à mon bonheur ; mais, depuis quelque tems, ça n'est plus ça, je ne suis plus heureux.

THÉRÈSE.

Vous, monsieur Antoine, il se pourrait?

ANTOINE.

J'étais bien sûr que ça vous ferait du chagrin, parce que vous êtes bonne. Oui, mademoiselle Thérèse, je trouve que ma maison est trop vaste, que mon comptoir est trop grand; il y a toujours là, à côté de moi, quelque chose que je cherche et que je ne trouve pas. Enfin ce qui me manque, c'est une bonne femme, et si vous le voulez, mademoiselle, nous arrangerons cette affaire-là; car c'est de vous que je suis amoureux!

THÉRÈSE.

O ciel! je n'en reviens pas, m'avouer ainsi tout uniment...

ANTOINE, froidement.

Dame je vous le dis comme ça est : j'ai trente-cinq ans, une jolie fortune et une bonne réputation. Vous ne trouverez pas en moi un malin, mais un bon enfant. Vous mènerez tout à votre gré, comme ici, comme chez votre frère, ou plutôt, comme vous l'aimez autant que moi, nous ne nous quitterons pas, nous ferons ménage ensemble. Ce n'est pas quand je vais être heureux, que je veux qu'il cesse d'être mon associé.

THÉRÈSE.

Antoine, que de bonté! que de générosité!..

SCÈNE V.

ANTOINE.

Du tout! ça ne me coûte rien; votre bonheur d'abord! et puis le mien après, si ça se peut sans vous gêner.

THÉRÈSE.

Si vous saviez dans quel embarras je me trouve! Je ne sais comment reconnaître, comment vous répondre. Pourquoi n'avez-vous pas parlé de cela à mon frère?

ANTOINE.

Je m'en serais bien gardé! Rodolphe est mon ami, mon débiteur, puisque j'ai été assez heureux pour lui rendre quelques services, et si je lui avais dit : Frère, j'aime ta sœur, veux-tu me la donner? Il m'aurait répondu sur-le-champ, comme moi ce matin à Julien : Tiens, la voilà; elle est à toi; et peut-être, Thérèse, cela ne vous aurait-il pas convenu; parce qu'il peut y avoir des raisons, des causes que les frères ne connaissent pas; par ainsi je me suis dit : Je vais d'abord en parler à Thérèse, et si elle y consent, le reste ne sera pas long.

THÉRÈSE.

Peut-être vous trompez-vous; car si ma franchise doit égaler la vôtre, je vous avouerai que je n'ai pas l'idée de me marier.

ANTOINE.

Je comprends, vous en aimez un autre.

THÉRÈSE.

Non, et même, si j'avais un choix à faire, c'est vous, Antoine, que je préfèrerais.

ANTOINE.

Il serait possible!

THÉRÈSE.

Mais je vous l'ai dit, je ne vois en vous que l'ami de mon frère, que le mien; je crains de vous fâcher en vous l'avouant, mais je n'ai point d'amour pour vous, je n'ai que mon amitié à vous offrir.

ANTOINE.

Dites-vous vrai? eh bien! morbleu! c'est tout ce que je demande, et puis le reste viendra plus tard. Qu'un joli garçon soit exigeant, rien de mieux. Mais moi, je suis encore trop heureux de ce que vous voulez bien m'accorder. (Lui baisant la main.) Oui, ma petite Thérèse, je vous jure que cet aveu-là suffit à mon bonheur, et que jamais...

SCÈNE VI.

Les précédens; RODOLPHE, *qui est entré avant la fin de la scène.*

RODOLPHE.

Qu'ai-je entendu!

THÉRÈSE.

Ah! mon frère!

ANTOINE.

Eh bien! il arrive à propos, et il va être joliment content. (Allant à lui.) Viens donc mon ami, si tu savais...

RODOLPHE, brusquement.

Laissez-moi.

SCÈNE VI.

ANTOINE.

Eh bien! à qui en as-tu donc? est-ce à moi que tu parles?

RODOLPHE.

A vous-même.

THÉRÈSE.

Mon frère.

RODOLPHE, avec emportement.

Taisez-vous; mêlez-vous de ce qui vous regarde.

ANTOINE.

Ah! je vois ce que c'est : parce que toi, qui es sévère en diable, tu m'as vu lui baiser la main; mais sois tranquille, quand tu connaîtras mes intentions...

RODOLPHE.

Du tout, monsieur, du tout! ce n'est pas cela. Ma sœur... ma sœur est sa maîtresse; qu'on lui fasse la cour, qu'elle prête l'oreille à tous les propos, cela m'est parfaitement indifférent.

THÉRÈSE.

Ah, mon Dieu! qu'est-ce qu'il a donc?

RODOLPHE.

Ce qu'il m'importe, c'est d'avoir un associé qui s'occupe de son état et qui songe à ses affaires. (S'approchant de la table.) J'en étais sûr, le compte n'est pas arrêté, le reçu n'est pas fait; vous aviez apparemment d'autres soins plus importans.

ANTOINE.

Que diable de querelle vient-il me chercher là? Que je le signe à présent ou dans une heure, qu'est-ce que cela fait?

RODOLPHE.

Cela fait... cela fait que chaque jour il en est ainsi, que toutes les affaires sont négligées, et pourquoi? parce qu'au lieu de rester à son comptoir, monsieur est toute la journée hors de chez lui, et c'est sur moi seul que retombe tout le travail.

ANTOINE.

Eh mais! au bout de dix ans, voilà la première fois qu'il s'en plaint.

RODOLPHE, éclatant.

Parce qu'il y a un terme à tout, parce que cela devient insupportable, et que je ne peux plus y tenir.

ANTOINE.

Ah çà, morbleu! tu le prends là sur un ton...

RODOLPHE.

J'en ai le droit; et s'il ne vous convient pas, il y a un moyen de nous mettre d'accord. Dans une heure, vous recevrez l'argent qui vous revient, celui que je vous dois. J'en ai fait le compte ce matin, et désormais nous ne travaillerons plus ensemble.

THÉRÈSE.

Rodolphe, qu'est-ce que tu dis là?

ANTOINE, stupéfait.

Comment!

RODOLPHE.

Il faut que cela finisse; quand on ne s'entend plus, le mieux est de ne pas se voir.

ANTOINE.

Comment! tu me chasses de chez toi! Tu te souviendras que c'est toi.

SCÈNE VI.

THÉRÈSE.

Antoine, Antoine! moi, je vous conjure de rester.

ANTOINE.

Non pas; je suis fier aussi, moi, et si jamais je remets les pieds ici...

RODOLPHE.

A la bonne heure.

ANTOINE.

Après un pareil traitement, il faudrait que je fusse bien lâche. (En sanglotant.) Ne crois pas que je te regrette, au moins.

RODOLPHE.

Et moi donc.

ANTOINE.

Un mauvais caractère.

RODOLPHE.

Un brouillon.

ANTOINE.

Un ingrat.

RODOLPHE.

Un fou.

ANTOINE.

Je trouverai dix amis qui vaudront mieux que toi.

RODOLPHE.

Eh bien! prends-les, et que je n'entende plus parler de toi.

ANTOINE, étouffant.

C'est dit; oui, oui, et je suis enchanté de ne plus te revoir. (A part, en s'en allant.) Ah! mon Dieu, mon Dieu! j'étouffe; j'en mourrai, c'est sûr.

SCÈNE VII.

THÉRÈSE, RODOLPHE.

(Thérèse est assise dans un coin, et pleure; Rodolphe, sans la regarder, se promène avec agitation.)

RODOLPHE.

Comptez donc sur les amis! ils profitent de votre confiance pour vous trahir. Moi, qui tous les jours les laissais ensemble; moi qui, ce matin encore, le vantais à Thérèse, tandis que depuis long-temps j'aurais dû me douter de ses projets! (S'arrêtant devant Thérèse.) Eh bien! vous pleurez, vous êtes désolée de son départ.

THÉRÈSE.

Oui, sans doute; mais plus encore d'avoir vu mon frère injuste et cruel : c'est la première fois.

RODOLPHE.

C'est votre faute, pourquoi m'avez-vous trompé.

THÉRÈSE.

Moi!

RODOLPHE.

Oui, vous n'avez refusé ce matin M. Muller, ce jeune officier, que parce qu'en secret vous aimiez Antoine; non pas, comme je vous l'ai déja dit, que vous ne soyez libre de l'épouser, ce n'est certainement pas moi qui vous en empêcherai, mais j'ai dû être blessé de votre manque de confiance.

THÉRÈSE.

Comment! tu peux supposer que M. Antoine...

SCÈNE VII.

RODOLPHE.

Vous me ferez peut-être accroire que tantôt, ici, il ne vous a pas parlé d'amour?

THÉRÈSE.

Pourquoi le nierai-je? c'est la vérité.

RODOLPHE.

Vous voyez donc bien qu'il voulait vous séduire.

THÉRÈSE.

Il m'a offert son cœur, sa fortune et sa main.

RODOLPHE, à part.

Le perfide! (Haut.) Et je suis arrivé au moment où il vous remerciait.

THÉRÈSE.

Oui, il me remerciait de mon amitié, car c'est la seule chose que je lui aie accordée.

RODOLPHE.

Que dites-vous? Vous lui auriez répondu...

THÉRÈSE.

Que je l'acceptais pour ami, et non pour époux.

RODOLPHE, confondu.

Quoi!

THÉRÈSE.

J'ai ajouté ce que vous saviez déja, que je ne voulais pas me marier, que je voulais toujours rester avec vous; il est vrai qu'alors je vous croyais meilleur : je ne vous avais jamais vu aussi méchant qu'aujourd'hui.

RODOLPHE, à part.

Dieu! qu'ai-je fait? (Haut.) Oui, Thérèse, tu as raison, je suis un malheureux; je suis indigne de votre amitié à tous deux! Pauvre Antoine! comme je l'ai traité! lui, mon ami, mon bienfaiteur!

THÉRÈSE.

Tu as rompu avec lui.

RODOLPHE

Est-ce possible ?

THÉRÈSE.

Tu l'as chassé de chez toi.

RODOLPHE.

Oh! non, non, pour cela je ne le crois pas.

THÉRÈSE.

Et le jour où sa sœur se marie, le jour où il devait venir dîner avec nous en famille.

RODOLPHE.

Je l'ai chassé! mon meilleur ami! mon frère! (A Thérèse.) J'étais donc bien en colère?

THÉRÈSE.

Jamais je ne t'ai vu dans un état pareil; tes traits étaient renversés, ta physionomie n'était pas reconnaissable; bien certainement, Rodolphe, tu souffrais.

RODOLPHE.

Oui, j'éprouvais un mal affreux; ma tête n'était plus à moi; mais cela va mieux, et si je revoyais Antoine, je serais tout-à-fait heureux. Dis-moi, Thérèse, crois-tu qu'il revienne?

THÉRÈSE.

Non, il l'a juré; mais si tu allais chez lui, si tu lui tendais la main.

RODOLPHE.

Tu as raison, mais je n'ose pas; après ce qui s'est passé, j'aurais honte à paraître devant lui, du moins dans ce moment.

SCÈNE VII.

THÉRÈSE.

Eh bien ! j'irai.

RODOLPHE.

Ah ! que tu es bonne !

THÉRÈSE.

Je lui dirai : « Antoine, je viens de la part de mon frère ; embrassons-nous, et que tout soit oublié. »

RODOLPHE.

Ah ! tu l'embrasseras ? Oui, oui, tu as raison, ou plutôt, si tu lui écrivais de venir te parler, et que ce fût ici que notre réconciliation eût lieu.

THÉRÈSE.

Comme tu voudras, j'écrirai.

RODOLPHE.

Adieu, Thérèse, adieu, ma sœur ; j'ai besoin de prendre l'air, cette scène m'a bouleversé ; je vais un moment sur le port. Tu vas écrire, n'est-ce pas ?

THÉRÈSE.

Oui. Tu ne m'en veux donc pas ?

RODOLPHE, revenant et l'embrassant.

Moi, jamais. Adieu, adieu, Thérèse.

(Il sort.)

SCÈNE VIII.

THÉRÈSE, *seule*.

Qu'a-t-il donc? je ne l'ai jamais vu dans un pareil trouble, et moi-même?... Je ne sais pourquoi; mais tout à l'heure, quand il m'a serré dans ses bras, j'étais tout émue, mon cœur battait avec violence; par un mouvement involontaire, je me suis éloignée de lui : quoique heureuse, il me semblait que je faisais mal. (En souriant.) Allons, suis-je folle? où est le mal d'embrasser son frère? Écrivons. Aussi, je vous le demande, ce Rodolphe, qui d'ordinaire est la bonté et la douceur même, aller s'emporter ainsi à l'idée seule de mon mariage. Eh bien! je le conçois presque; car tantôt, lorsqu'Antoine a parlé du projet qu'il avait eu de marier Louise et mon frère, j'ai senti un mouvement de dépit et de colère; peu s'en est fallu que je ne lui cherchasse querelle. Je voudrais bien savoir si toutes les sœurs sont comme cela pour leurs frères; il faudra que je demande... Ah! c'est Louise.

(Se levant et fermant la lettre.)

SCÈNE IX.

THÉRÈSE, LOUISE, *un mouchoir à la main, en costume de mariée.*

LOUISE, pleurant.

Ah! mon Dieu, mon Dieu! qui est-ce qui se serait attendu à cela?

THÉRÈSE.

Qu'as-tu donc, ma chère Louise?

LOUISE.

Pardine! mamselle, vous le savez bien, puisque vous étiez témoin. Est-ce que mon frère ne vient pas de rentrer dans un état à fendre le cœur? il jure, il pleure, il s'emporte, tout cela à la fois. Ah, mon Dieu! que les hommes ont un vilain caractère! se fâcher comme cela, et au moment d'une noce encore! comme s'ils n'auraient pas pu attendre après mon mariage; mais les frères n'ont aucun égard.

THÉRÈSE.

Calme-toi, tout cela s'arrangera.

LOUISE.

Du tout; car Julien aussi se désole. Si vous saviez comme à son tour Antoine l'a traité! ce pauvre garçon a eu le contre-coup, lui, et le plus terrible, c'est que mon frère ne veut plus entendre parler de mariage; c'est qu'il veut que je rende tout de suite... tout de suite, la belle chaîne d'or que M. Rodolphe m'a donnée : je vous demande pourquoi; car enfin je ne suis pas brouillée avec votre frère.

THÉRÈSE.

Sois tranquille. Rodolphe est déja revenu à la raison, et j'espère que bientôt Antoine lui-même...

LOUISE.

Ah! tâchez, je vous en prie, et le plus tôt possible, car la cérémonie est pour deux heures; mais enfin dites-moi donc comment ça est venu?

THÉRÈSE.

Je ne sais; j'étais là à causer avec Antoine, et je crois qu'il me baisait la main lorsque Rodolphe est entré.

LOUISE.

Et c'est pour cela qu'il s'est fâché? Ah bien! mon frère est bien meilleur enfant; on m'embrasserait bien tant qu'on voudrait, que cela lui serait égal.

THÉRÈSE.

Quoi! ça ne lui cause aucune émotion?

LOUISE.

Du moins je ne m'en suis pas aperçue. Mais Julien, c'est différent, il est comme un lion; mais cette colère-là n'empêche pas de l'aimer, au contraire; seulement ça dégoûterait presque d'être coquette, parce que, voyez-vous, dès qu'il est malheureux, je le suis aussi.

THÉRÈSE.

Bonne Louise! et tu partages de même tous les chagrins de ton frère?

LOUISE.

Oh! je l'aime beaucoup, c'est vrai; mais ce n'est pas tout-à-fait de même.

SCÈNE IX.

THÉRÈSE.

Comment! est-ce que ce sentiment-là n'est pas le plus doux, le premier des devoirs? Est-ce que ton frère n'est pas l'objet constant de toutes tes pensées?

LOUISE.

Dam! j'y pense quand ça vient, quand il est là; mais pour Julien, c'est autre chose. Je ne sais pas comment ça se fait, mais le jour, la nuit, son image est toujours devant mes yeux.

THÉRÈSE, un peu émue.

Comment! lorsque ton frère te quitte, lorsqu'il s'éloigne de toi pour quelques instans, cela ne te fait pas de chagrin?

LOUISE.

Ma foi non, parce que je me dis : « Il reviendra. » Mais, par exemple, quand Julien fait seulement un petit voyage, il me semble que je ne dois plus le revoir, que tout est fini pour moi, que je suis seule au monde. Pour abréger le temps, je me désespère, je compte les heures, les minutes; et dès que je l'aperçois, oh! j'éprouve une joie, un bonheur qui fait tout oublier.

THÉRÈSE, à part, avec émotion et frayeur.

Ah, mon Dieu! (Haut.) Et dis-moi, Louise, quand ton frère te prend la main, quand il t'embrasse.

LOUISE.

Je ne m'en aperçois seulement pas; mais Julien, (à voix basse) c'est bien différent. Je ne peux pas dire... j'éprouve d'abord comme une émotion, et puis comme un battement de cœur qui me coupe la respiration.

THÉRÈSE.

Il se pourrait?

LOUISE.

Mais ça n'est pas étonnant, et je vous en dirai bien la cause, si vous voulez; c'est que j'aime l'un comme mon frère, et l'autre comme mon amoureux. (A Thérèse qui chancelle, et qui s'appuie contre le fauteuil.) Eh bien! eh bien! mademoiselle Thérèse, qu'avez-vous donc?

THÉRÈSE, se cachant la figure.

Ah! malheureuse!

LOUISE.

Est-ce que je vous ai fâchée? est-ce que je vous ai fait de la peine?

THÉRÈSE.

Non, non, je te remercie. Louise, va trouver ton frère, remets-lui cette lettre, je veux lui parler; crois-tu qu'il vienne?

LOUISE.

Ah! oui, mademoiselle; car tout à l'heure, chez nous, tout en disant qu'il ne reviendrait jamais ici, à chaque instant il prenait son chapeau comme pour sortir; et tenez, tenez, le voici.

THÉRÈSE.

C'est bon, c'est bon, laisse-nous.

LOUISE.

Vous arrangerez cela, n'est-ce pas? et quant à la chaîne d'or, s'il vous en parle, dites-lui que je l'ai rapportée, et qu'on n'en a pas voulu.

SCÈNE X.

Les précédens; ANTOINE, *qui est entré d'un air rêveur, lève les yeux et aperçoit sa sœur.*

ANTOINE, à Louise.

Que fais-tu ici ?

LOUISE.

Rien, mon frère ; je m'en vais. (A part.) Je m'en vais consoler Julien.

(Elle sort.)

SCÈNE XI.

ANTOINE, THÉRÈSE.

(Antoine a un air embarrassé et regarde de tous côtés.)

THÉRÈSE, regardant du côté de la chambre de Rodolphe.

Oui, il n'y a pas à hésiter, je n'ai qu'un seul moyen. (Allant au devant d'Antoine qui est dans le fond.) Vous voici, mon cher Antoine.

ANTOINE.

Oui, j'étais sorti pour prendre l'air, et en revenant, en voyant cette maison où je venais chaque jour, je me suis trompé de porte, je croyais rentrer chez moi.

THÉRÈSE.

Vous avez eu raison.

ANTOINE.

Au fait, j'ai juré de ne plus voir Rodolphe; mais vous, Thérèse, c'est bien différent !

THÉRÈSE.

Je vous remercie (montrant la lettre qui est sur la table); car je vous avais écrit pour vous supplier de revenir, de vous raccommoder avec mon frère.

ANTOINE.

Moi! après la manière dont il m'a traité!

THÉRÈSE.

Il reconnaît ses torts, il brûle de vous en demander pardon; mais il n'ose pas vous voir et vous embrasser.

ANTOINE.

Vraiment! Rodolphe! mon ami! où est-il? Venez, conduisez-moi vers lui.

THÉRÈSE.

Un instant. Pour mieux sceller votre réconciliation, pour que désormais vous soyez toujours unis, j'ai une demande à vous faire.

ANTOINE.

Vous, morbleu! parlez; tout ce que je possède est à vous deux.

THÉRÈSE.

Vous m'avez dit ce matin que vous m'aimiez, que vous vouliez m'épouser.

ANTOINE.

Ah! c'eût été le bonheur de ma vie.

THÉRÈSE.

Eh bien! si vous m'aimez encore, si ma main peut avoir pour vous quelque prix, je vous la donne, elle est à vous.

SCÈNE XI.

ANTOINE, d'un air incrédule.

Comment? il se pourrait! Je vous en prie, Thérèse, ne m'abusez pas ; il y aurait de quoi en mourir.

THÉRÈSE.

Je suis prête à vous épouser cette semaine, demain, aujourd'hui, si cela se peut.

ANTOINE.

O ciel! un bonheur si grand, si inattendu! c'est tout au plus si j'ai la force d'y résister.

THÉRÈSE.

Antoine, mon bon Antoine, mon ami, calmez-vous, et écoutez-moi. J'y mets une condition ; c'est qu'à l'instant, à l'instant même, vous irez demander le consentement de mon frère.

ANTOINE.

J'y vais.

THÉRÈSE.

Et s'il hésitait?

ANTOINE.

Il n'hésitera pas.

THÉRÈSE.

Enfin, vous lui direz que c'est moi, moi qui le veux, entendez-vous, Antoine?

ANTOINE.

Parbleu! si j'entends... Tenez, le voici ; c'est lui. Restez, et vous allez voir.

THÉRÈSE.

Non, je vous en supplie. (En s'en allant.) Ah! devant lui je n'en aurais pas le courage.

(Elle entre dans la chambre à gauche.)

SCÈNE XII.

ANTOINE, RODOLPHE.

(Rodolphe entre d'un air rêveur. Il lève les yeux ; il aperçoit Antoine. Tous les deux se regardent un instant, et, sans parler, se jettent dans les bras l'un de l'autre.)

RODOLPHE.

Mon frère !

ANTOINE.

Mon ami !

RODOLPHE.

Mon ami ! Antoine, tu me pardonnes ?

ANTOINE.

Oui, oui, tout est oublié, à une condition, c'est que nous ne parlerons jamais de ce qui s'est passé.

RODOLPHE.

Oui, oui, tu as raison ; mais j'ai besoin de te dire combien je t'aime, combien je suis heureux de pouvoir m'acquitter envers toi.

ANTOINE.

Eh bien ! Rodolphe, sois content, je viens t'en offrir l'occasion.

RODOLPHE.

Parle.

ANTOINE.

Nous nous aimons comme deux amis, et, si tu veux, nous pouvons nous aimer comme deux frères.

RODOLPHE.

Que veux-tu dire ?

SCÈNE XII.

ANTOINE.

J'aime ta sœur, donne-la-moi pour femme.

RODOLPHE, vivement.

Comment! Thérèse?

ANTOINE.

Eh bien! ne vas-tu pas recommencer? Que diable a-t-il donc aujourd'hui?

RODOLPHE, se reprenant.

Non, mon ami, pardonne. Certainement, moi je ne demande pas mieux, tu sens bien que je serais trop heureux; mais je crois connaître les sentimens de ma sœur, et, quelque amitié que j'aie pour toi, je ne peux pas la contraindre.

ANTOINE.

Quoi! c'est pour cette raison que tu hésites?

RODOLPHE.

Oui, mon ami, sans cela...

ANTOINE, lui sautant au cou,

Ah! quel bonheur! partage ma joie, c'est Thérèse, Thérèse elle-même qui m'envoie vers toi.

RODOLPHE.

Que dis-tu?

ANTOINE.

Ce matin, il est vrai, elle m'avait refusé, mais elle a changé d'idée, elle me donne son consentement; elle m'a chargé d'avoir le tien... Eh bien! qu'est-ce qu'il te prend, Rodolphe, mon ami, qu'as-tu donc?

RODOLPHE.

Rien, la surprise, l'émotion...

ANTOINE.

C'est comme moi, tout à l'heure, ça m'a produit cet effet-là, j'étais bien sûr que tu en serais enchanté; mon bon Rodolphe, mon ami, nous voilà donc frères !

RODOLPHE, affectant un air tranquille.

Elle t'aime donc, tu en es sûr ?

ANTOINE, avec bonhomie.

Dam ! elle me l'a dit.

RODOLPHE, avec effort.

C'est bien, Thérèse est à toi.

ANTOINE.

Quel bonheur !

RODOLPHE.

Sa dot est prête depuis long-temps.

ANTOINE.

Sa dot ! est-ce que j'en ai besoin ! est-ce que ce n'est pas moi, maintenant, qui suis le plus riche ! Adieu, mon ami, je cours tout disposer, prévenir ma sœur, et Julien; ces pauvres enfans, je les ai fait pleurer, et j'en suis désolé, il est si cruel, quand on est heureux, de faire de la peine à quelqu'un. (Lui prenant la main.) N'est-ce pas, mon ami? Adieu, dans l'instant je reviens, en jeune homme, en marié, le bouquet au côté, et le contrat à la main. Nous le signerons tous deux en même temps.

(Il sort.)

SCÈNE XIII.

RODOLPHE, seul.

Je ne puis en revenir! quelle perfidie! quelle fausseté! Thérèse qui tout à l'heure encore me promettait de ne pas me quitter! Mais de quoi ai-je à me plaindre? En épousant Antoine, elle ne croit pas manquer à sa parole; c'est lui qui est son amant, et moi, moi, je ne suis que son frère. Ah! qu'elle sache du moins... et pourquoi, pour nous rendre encore plus étrangers l'un à l'autre, pour briser jusqu'au dernier lien qui l'attachait à moi; non, maintenant, moins que jamais; elle l'ignorera toujours. Oui, Thérèse, j'ai promis à ta mère expirante de m'occuper de ton bonheur; je l'ai fait, même aux dépens du mien; et vous qui me l'aviez confiée, reprenez-la maintenant, mes sermens sont remplis! C'est elle! allons, du courage.

SCÈNE XIV.

RODOLPHE, THÉRÈSE.

THÉRÈSE, tremblante.

Mon frère, Antoine est parti?

RODOLPHE.

Oui, il me quitte à l'instant.

THÉRÈSE, de même.

Vous a-t-il parlé?

RODOLPHE.

Il m'a tout dit; j'ai donné mon consentement, et ce soir vous serez sa femme.

THÉRÈSE, à part, levant les yeux au ciel.

Allons, tout est fini.

RODOLPHE.

Un seul mot, Thérèse; pourquoi tantôt ne m'avez-vous pas dit la vérité? Vous m'avez déclaré ce matin que vous ne vouliez pas vous marier.

THÉRÈSE.

C'est vrai; mais je le veux maintenant.

RODOLPHE.

Qui a pu vous faire changer d'idée?

THÉRÈSE.

Je ne puis le dire, et je vous prie de ne jamais me le demander, c'est le seul secret que j'aurai jamais pour vous.

RODOLPHE.

Thérèse, tu ne m'aimes donc plus?

THÉRÈSE, avec tendresse.

Moi, je ne t'aime plus!... (S'arrêtant et faisant un effort sur elle-même.) Enfin, je veux me marier, et je ne veux pas d'autre époux qu'Antoine.

RODOLPHE.

Tu as raison, c'est un honnête homme, et il te rendra heureuse! (Allant au secrétaire et en tirant des papiers.) Tiens, voilà notre fortune; c'est pour toi que je l'ai acquise, ce n'était pas là l'usage que je comptais en faire! Mais n'importe, prends, c'est ta dot.

SCÈNE XIV.

THÉRÈSE.

C'est bien, c'est bien.

RODOLPHE.

Sois heureuse, pense à ton frère, adieu.

THÉRÈSE.

Où vas-tu?

RODOLPHE.

M'embarquer sur le premier vaisseau qui mettra à la voile.

THÉRÈSE.

Quoi! tu abandonnes ces lieux; je partirai avec toi, je ne te quitte pas.

RODOLPHE.

Et Antoine!

THÉRÈSE.

Peu m'importe.

RODOLPHE.

Lui, ton prétendu.

THÉRÈSE.

Mon devoir est de suivre tes pas.

RODOLPHE.

Toi, me suivre! un mot seul va t'en empêcher. Oui! Thérèse, apprends donc la vérité, jusqu'à présent tu n'as vu en moi qu'un ami, un frère...

THÉRÈSE.

N'achève pas, fuis, éloigne-toi.

RODOLPHE, à part.

Grand Dieu! quel espoir! (Haut.) Oui, Thérèse, tu as raison, il faudrait te fuir si tu m'aimais comme je t'aime, si mon amour était partagé.

THÉRÈSE, hors d'elle-même.

Va-t'en, va-t'en.

RODOLPHE.

Dieu! que viens-je d'entendre! (A Thérèse qui se cache la figure.) Thérèse, calme ton effroi; s'il est vrai que tu m'aimes, tu le peux sans crime, sans remords; je ne suis pas ton frère.

THÉRÈSE.

Que dis-tu? il se pourrait!

RODOLPHE.

J'en atteste ta mère qui t'a donnée à moi, qui nous entend peut-être, et qui sait que je ne suis pas indigne de tant de bonheur.

SCÈNE XV.

Les précédens; LOUISE.

LOUISE, en dehors.

Thérèse! Thérèse! (Elle entre.) Eh bien! qu'est-ce que vous faites donc là? Venez-vous, vous n'êtes pas encore prêts, tout le monde est réuni chez le notaire; si vous saviez, Thérèse, combien nous sommes tous enchantés, moi d'abord de vous avoir pour sœur, et puis Antoine, votre prétendu; il est d'une joie, d'une ivresse!

RODOLPHE, à part.

Dieu! que lui dire?

THÉRÈSE, à part.

Et comment lui apprendre?

LOUISE.

Ce pauvre Antoine, je ne le reconnais plus, il ne peut pas rester en place, et voilà pourquoi nous sommes venus tous deux vous chercher.

THÉRÈSE.

Et où est-il donc ?

LOUISE.

Il m'a dit d'entrer toujours, parce qu'il a rencontré à votre porte un jeune officier, M. Muller, qui l'a arrêté et qui s'est mis à lui parler tout bas.

RODOLPHE, à lui-même.

Muller, à qui j'ai écrit ce matin.

LOUISE.

Eh bien! qu'avez-vous donc tous deux?... quel air triste pour une mariée; ah bien! mon frère n'est pas comme cela, lui, et tenez, le voici. (Apercevant Antoine qui entre pâle et défait.) Ah! mon Dieu! est-ce que cela gagne tout le monde?

SCÈNE XVI.

Les précédens; ANTOINE.

ANTOINE, prenant la main de Rodolphe.

Rodolphe, je t'en veux beaucoup, tu m'as trompé, tu as eu des secrets pour moi.

RODOLPHE.

Antoine!

ANTOINE.

Je sais tout! Muller vient de me montrer la lettre que tu lui as écrite ce matin. J'aurais pu pardonner

(A Rodolphe.) à toi ta colère; (A Thérèse.) à vous mes espérances déçues; mais m'avoir exposé à vous rendre malheureux, voilà ce que je ne vous pardonnerai jamais!

THÉRÈSE.

Vous avez raison, vous aviez ma parole, et maintenant encore, si vous l'exigez.

ANTOINE, avec joie.

Bien vrai! elle serait à moi; je suis donc plus heureux que tu n'étais, (les unissant.) car je peux la donner à mon ami.

THÉRÈSE, à Rodolphe.

Grand Dieu!

LOUISE.

Eh bien! qu'est-ce que cela signifie? car moi, je pleure sans savoir.

ANTOINE.

On te l'expliquera; mais sois tranquille, cela ne dérange pas ton mariage. Venez, mes amis, venez, on vous attend; il vous faut un témoin; vous voulez bien de moi, n'est-ce pas?

RODOLPHE.

Antoine, c'en est trop, tu souffres.

ANTOINE.

Moi, souffrir! quand ma sœur, quand mes amis sont heureux; non, non, j'aurai pour me consoler ton amitié, (tendant la main à Thérèse.) la sienne, et surtout l'aspect de votre bonheur. (Détachant le bouquet qui est à sa boutonnière.) Tiens, frère, voilà mon bouquet! viens signer le contrat.

FIN DE RODOLPHE.

LA BELLE-MERE,

COMÉDIE-VAUDEVILLE EN UN ACTE;

Représenté, pour la première fois, à Paris sur le théâtre du Gymnase dramatique, le 1er mars 1826.

EN SOCIÉTÉ AVEC M. BAYARD.

PERSONNAGES.

M. DUVERSIN, négociant.
ÉLISA, sa femme.
Le colonel DE GIVRY.
CHARLES,
CLAIRE, } enfans de M. Duversin.
JULES,
Mademoiselle TURPIN, gouvernante.

La scène est à Paris, dans la maison de M. Duversin.

Le théâtre représente un salon. Porte au fond, deux portes latérales; table, et tout ce qu'il faut pour écrire, sur le devant, à gauche de l'acteur.

ÉLISA,

ACCEPTEZ, MA CHÈRE ENFANT, ACCEPTEZ C'EST MON PRÉSENT DE NOCES.

La Belle-Mère. (Sc. XIX.)

LA BELLE-MÈRE.

SCÈNE PREMIÈRE.

M. DUVERSIN, LE COLONEL.

M. DUVERSIN.

Non, colonel, non, ma caisse n'est jamais fermée pour vous; voici le montant de vos traites.

LE COLONEL.

Ah! monsieur, c'est un véritable service que vous me rendez; s'il fallait avoir affaire à un autre que vous...

M. DUVERSIN.

Eh mais! je ne le veux pas; comment donc? mais je tiens à être toujours votre banquier et votre confident! car vous savez que je suis votre confident; (Lui donnant des billets.) voyez, c'est la somme, je crois, 9000 fr.

LE COLONEL.

Oui, oui, parfaitement. Vous savez bien que je n'ai pas l'habitude de compter.

Air du Piége.

Au diable ces gens froids et lourds
Qu'on voit, pleins de terreurs secrètes,
Passer la moitié de leurs jours
A compter dépenses, recettes.
Ah! pour mes revenus, je crois
Que je suis un meilleur système;
Car sans compter je les reçois,
Et je les dépense de même.

M. DUVERSIN.

Sans doute ; vous êtes toujours occupé d'affaires plus importantes. Et dites-moi, comment vont les amours ?

LE COLONEL.

Ah ! que me dites-vous là ?

M. DUVERSIN.

Est-ce que par hasard vous ne seriez pas éperdument amoureux ?

LE COLONEL.

Au contraire, vous devez me trouver triste, abattu, défait.

M. DUVERSIN.

Allons, vous adorez encore une jolie femme, j'en suis sûr.

LE COLONEL.

Bah ! qui est-ce qui n'aime pas une jolie femme ? Il s'agit bien d'autre chose !

M. DUVERSIN.

Vrai ! qu'est-ce donc ?

LE COLONEL.

Une jolie femme ! parbleu ! j'en aimai toujours une, moi ; mais aujourd'hui...

M. DUVERSIN.

Aujourd'hui ?

LE COLONEL.

J'en aime deux.

M. DUVERSIN.

Deux !

LE COLONEL.

Air du vaudeville de la Somnambule.

Ah ! vous allez sermonner, je parie ;
J'aime deux femmes.

SCÈNE I.

M. DUVERSIN.

Deux, vraiment!

Rien que cela!

LE COLONEL.

Mais quoi donc, je vous prie?

Ce n'est pas trop.

M. DUVERSIN.

Eh! non assurément.
Mon cher ami, lorsque j'avais votre âge,
Il me semblait, incertain dans mon choix,
Qu'on pouvait, sans être volage,
Les aimer toutes à la fois.

LE COLONEL.

Oh! ce n'est pas une plaisanterie! d'honneur! elles sont là toutes les deux, deux demoiselles! Je ne vous les nommerai pas, ce serait indiscret, et puis il y en a une dont je ne sais pas le nom; mais toutes les deux sont charmantes, et j'ai pour elles un amour également tendre, également sincère. Ah! je crois cependant que j'aime mieux la brune; elle a l'œil plus vif, la taille plus... Il est vrai que la blonde a plus de charmes, des traits plus doux, et je ne sache pas qu'il y ait une femme qui plaise davantage... si ce n'est l'autre, peut-être.

M. DUVERSIN.

A la bonne heure, au moins on peut comparer, choisir.

LE COLONEL.

Choisir! ça ne se peut pas. Vous croyez que je suis infidèle, hein? Oui, eh bien! non, c'est impossible; il y a de la fatalité dans mon aventure; une jeune personne que j'ai connue il y a six mois en province, où elle était avec sa tante.

M. DUVERSIN.

Ah! c'est la blonde!

LE COLONEL.

Justement; et je l'adorais, lorsqu'un matin j'appris qu'elles venaient de partir en poste pour Paris; et depuis lors, je n'ai pas revu ma charmante inconnue.

M. DUVERSIN.

Mais c'est un roman que cela.

LE COLONEL.

N'est-ce pas qu'en y mettant deux ou trois duels et un enlèvement, ça serait quelque chose de drôle? Jugez de mon désespoir, ses traits charmans ne sortaient plus de ma pensée, je ne pouvais quitter les lieux où je l'avais vue, où je lui avais parlé; c'est alors que nous changeâmes de garnison, et que je connus...

M. DUVERSIN.

La brune?

LE COLONEL.

Oui. Jamais je ne vis plus de graces, plus de beauté.

M. DUVERSIN.

Et l'autre fut oubliée?

LE COLONEL.

Non, oh! non; l'autre doit aimer plus tendrement! que voulez-vous? je les adore toutes les deux, et quoi qu'il arrive, vous voyez bien que je serai toujours le plus malheureux des hommes.

SCÈNE II.

Les précédens; mademoiselle TURPIN.

M. DUVERSIN.

Eh bien! qu'est-ce, mademoiselle Turpin?

LE COLONEL.

Ah! c'est une demoiselle!

M. DUVERSIN.

Mon Dieu, oui.

Air: Je ne veux pas qu'on me prenne.

Elle se donne cinquante ans.

LE COLONEL.

Mais elle en porte bien soixante.

M. DUVERSIN.

Ses attraits ne sont pas brillans,
Sa douceur n'est pas séduisante.
Elle est sèche dans son maintien,
De son esprit elle raffole...
Elle se dit fille de bien,
Très sage...

LE COLONEL.

Et je parierais bien
Qu'on la croit toujours sur parole.

M. DUVERSIN.

Voyons, mademoiselle Turpin.

MADEMOISELLE TURPIN.

Monsieur, j'attendais. L'artificier est dans le jardin, et le glacier fait demander à quelle heure il doit être ici.

M. DUVERSIN.

Mais, comme l'orchestre, de huit à neuf. Ah! mademoiselle Turpin, dès que mes enfans seront arrivés, vous me les enverrez ici.

MADEMOISELLE TURPIN.

Oui, monsieur.

(Elle sort.)

SCÈNE III.

M. DUVERSIN, LE COLONEL.

LE COLONEL.

Je vous demande bien pardon ; vous étiez occupé. Il paraît que vous êtes au milieu des préparatifs d'une fête.

M. DUVERSIN.

Un bal de noces.

LE COLONEL.

Ah ! vous mariez un de vos enfans ?

M. DUVERSIN.

Non : vous ne devinez pas ?

LE COLONEL.

Vous vous remariez ?

M. DUVERSIN.

C'est fait ; je suis arrivé de la campagne ce matin, et, comme vous voyez, j'attends ma femme ce soir : c'est pourquoi mes bureaux sont fermés aujourd'hui.

LE COLONEL.

Ma foi, mon cher monsieur Duversin, je vous fais mon compliment ; une jeune femme sans doute... (A part.) Ils épousent toujours de jeunes femmes.

M. DUVERSIN.

Vingt-deux ans.

SCÈNE III.

LE COLONEL.

C'est charmant! Mais vous disiez que vous ne vous remarieriez pas à cause de vos enfans.

M. DUVERSIN.

Oh! cela tient à des circonstances.... Et cependant ils sont loin d'approuver mon mariage; au moins ils ont cru pouvoir se dispenser d'assister à la cérémonie; et en ce moment encore ils sont chez une tante.

LE COLONEL.

De l'humeur, du dépit? c'est assez l'usage.

M. DUVERSIN.

Il n'y a pas jusqu'à ma vieille gouvernante, que vous venez de voir, qui ne me déclare la guerre.

LE COLONEL.

Une gouvernante! parbleu! je crois bien, la voilà détrônée; elle a maintenant une maîtresse.

M. DUVERSIN.

Et puis, ce que vous n'osez pas dire, c'est qu'à mon âge, j'ai fait, en me mariant, une extravagance.

LE COLONEL.

Moi! je ne dis pas cela.

M. DUVERSIN.

Mais vous le pensez.

LE COLONEL.

Du tout; chacun est libre, surtout quand c'est à ses risques et périls.

M. DUVERSIN.

Vous avez raison; et pourtant je parie qu'à ma place le danger ne vous eût pas arrêté.

LE COLONEL.

Je crois bien, nous autres militaires, c'est notre état; mais vous, un négociant, qui n'y étiez pas obligé. Elle est donc bien jolie?

M. DUVERSIN.

Mieux que cela; c'est un ange à qui je dois la vie et l'honneur. Fille d'un colon de Saint-Domingue, elle me fut autrefois confiée par un ami mourant; et pendant le temps qu'elle fut ma pupille, j'eus le bonheur de lui rendre quelques services, de réaliser sa fortune qui, dans nos colonies, était fort exposée; depuis elle a habité Strasbourg avec son frère.

LE COLONEL.

Strasbourg!

M. DUVERSIN.

Oui. Qu'est-ce donc?

LE COLONEL.

Rien, rien; c'est l'endroit où j'ai connu ma seconde; et des souvenirs.... Mais, pardon, continuez.

M. DUVERSIN.

Il y a six mois, des retards, des malheurs, des spéculations hasardées avaient mis ma fortune en péril, j'étais près de manquer; et, décidé à ne pas survivre à mon déshonneur, j'avais éloigné de moi ma famille; j'avais envoyé ma fille en province, et mon fils aîné chez un de mes correspondans; encore quelques jours, et j'allais exécuter mon fatal dessein, quand je vois arriver ici, à Paris, ma jeune pupille qui venait d'atteindre sa majorité, et qui avait appris ma position. « Cette fortune que je vous dois, me dit-elle, je viens « vous l'offrir pour conserver la vôtre. »

SCÈNE III.

LE COLONEL.

Il se pourrait !

M. DUVERSIN.

Je vous vois, comme moi, ému de tant de générosité ; et quant à ma réponse, vous la devinez sans peine. « Eh bien ! continua-t-elle, si mon tuteur, si « mon ami me refuse, mon époux doit accepter. » Jugez de ma surprise ; elle m'avoua qu'elle m'aimait ; que depuis son enfance, mes soins, ma tendresse, avaient touché son cœur ; et qu'étrangère en France, elle serait heureuse de trouver en moi un guide, un ami. Que vous dirai-je ! j'étais trop heureux moi-même de croire à son amour, je me laissai persuader, je l'épousai, et le bonheur est entré avec elle dans ma maison. Voilà, colonel, toute l'histoire de mon mariage ; voilà cette femme que mes enfans refusent de voir, et contre laquelle vous-même peut-être aviez tout à l'heure des préventions.

LE COLONEL.

Eh bien ! je n'en ai plus, sa conduite est admirable ; et maintenant je suis pour vous, et surtout pour elle. J'espère bien que vous me présenterez à madame.

M. DUVERSIN.

Comment donc ! mais dès aujourd'hui, si vous le voulez ; car cette fête est pour célébrer son arrivée ; je ne vous savais pas à Paris ; d'ailleurs je vous vois rarement ; tenez, faites-moi le plaisir d'accepter mon invitation, restez.

LE COLONEL.

Monsieur...

M. DUVERSIN.

J'aurai du plaisir à vous présenter à ma famille, et nous vous distrairons de vos chagrins.

LE COLONEL.

Ah! vous avez raison; quand on a des peines... et j'aime la danse à la folie! j'accepte volontiers; mais permettez un quart d'heure à ma toilette, et je suis à vous. Ah! mon cher monsieur Duversin, quand pourrai-je vous retenir au bal de ma noce!

M. DUVERSIN.

Avec la brune?

LE COLONEL.

Oui, oui, avec la blonde.

(Il sort.)

M. DUVERSIN.

Je compte sur vous..... C'est bien l'homme le plus aimable et le plus fou!

SCÈNE IV.

M. DUVERSIN, CHARLES, CLAIRE, JULES, MADEMOISELLE TURPIN.

MADEMOISELLE TURPIN.

Monsieur, voici vos enfans.

M. DUVERSIN.

Ah! ah! les rebelles! approchez, approchez, ne craignez rien. Charles, tu n'as pas coutume de m'aborder ainsi; est-ce que tu n'as pas de plaisir à me revoir?

CHARLES.

Moi! bien au contraire.

SCÈNE IV.

M. DUVERSIN.

Eh bien ! Claire, tu ne viens pas m'embrasser?

CLAIRE.

Mon papa.

M. DUVERSIN, à Jules, qui se cache derrière sa sœur.

Jules se cache? je le croyais encore au collége.

JULES.

Non, mon papa, je n'y suis plus.

M. DUVERSIN.

Tant mieux, pour aujourd'hui. J'aurais bien quelques reproches à vous faire, ingrats ! en n'assistant pas à mon mariage, vous m'avez désobéi, vous m'avez outragé; (ils font un mouvement) mais ne craignez rien, vous dis-je, votre belle-mère a demandé grace pour vous.

MADEMOISELLE TURPIN, à part.

Une belle-mère qui demande grace !

M. DUVERSIN.

Ce n'est pas tout. Charles, tu as un cheval à la campagne, tu aurais dû venir le chercher, mais on te l'amènera.

CHARLES.

Comment, mon père, vous avez eu la bonté...

M. DUVERSIN.

Non, non, ce n'est pas moi; c'est un présent de ta belle-mère.

CHARLES, à part.

Oh! en ce cas...

M. DUVERSIN.

Jules. (Il lui donne une montre.)

JULES.

Une montre à répétition.

M. DUVERSIN.

Ta belle-mère espérait te la remettre elle-même, tu n'es pas venu, je m'en suis chargé.

JULES.

Ma belle-mère! oh! c'est égal, je la prends, mon papa.

M. DUVERSIN, à Claire.

Quant à toi, ma chère, depuis long-temps tu avais prié madame Germeuil, ta tante, de te procurer une demoiselle de compagnie pour t'aider dans tes études. Eh bien! j'y ai consenti, elle t'envoie aujourd'hui mademoiselle de Lussan, une jeune orpheline élevée par elle.

CLAIRE.

Ah! cette bonne tante! elle a bien senti le besoin que j'avais d'une amie, surtout dans ce moment-ci; et mademoiselle de Lussan sera reçue par nous à bras ouverts; (à mademoiselle Turpin) car celle-là, du moins, ne vient pas...

M. DUVERSIN.

De votre belle-mère; il paraît que ce nom-là suffit pour tout gâter.

MADEMOISELLE TURPIN.

Monsieur, je vous l'avais prédit.

M. DUVERSIN.

Vous êtes folle, vous; de grace, plus de mutinerie! Préparez-vous à recevoir ma femme comme vous le devez; c'est à vous à faire les honneurs de la fête que je donne ce soir; je vous en prie, au besoin, je vous l'ordonne; et vous, mademoiselle Turpin, de la prudence.

SCÈNE V.

CHARLES, CLAIRE, JULES, MADEMOISELLE TURPIN.

CHARLES.
Je vous l'ordonne! c'est la première fois qu'il nous parle ainsi.

MADEMOISELLE TURPIN.
Pauvres enfans! comme on sent bien tout de suite que c'est une belle-mère qui commande.

CLAIRE.
Cependant je croyais qu'il nous gronderait davantage.

MADEMOISELLE TURPIN.
Pourquoi? parce que vous avez refusé d'assister à la cérémonie? mais décemment vous ne le pouviez pas; et moi-même, qui ne suis que gouvernante, si votre père m'eût mandé d'aller à la campagne...

JULES.
Vous y auriez été.

MADEMOISELLE TURPIN.
Non, monsieur.

JULES.
Laissez donc, une noce; c'est si bon. (à part.) Elle est gourmande, mademoiselle Turpin, très-gourmande.

MADEMOISELLE TURPIN.

Non, monsieur; on peut vous gagner par des présens; mais moi...

JULES.

C'est pour la montre que vous me dites cela, n'est-ce pas? c'est papa qui me l'a donnée, je ne connais que lui, moi. Une montre est si utile à mon âge, surtout quand on commence à avoir des affaires, et des rendez-vous, pour ne pas confondre.

MADEMOISELLE TURPIN.

Oui, des rendez-vous; si vous en avez désormais, ce sera au collége avec votre professeur de grec et de latin.

JULES.

Comment! vous croyez que ma belle-mère me fera renvoyer au collége.

MADEMOISELLE TURPIN, avec colère.

Elle n'y manquera pas.

JULES.

Par exemple, voilà de l'arbitraire et du despotisme; moi qui ai fini mes humanités.

MADEMOISELLE TURPIN, toujours avec colère.

Oui, parlez d'humanité à une marâtre.

CHARLES.

Mes pauvres amis, c'est vous que je plains; car, moi, je n'ai plus long-temps à rester ici.

CLAIRE.

Si vous saviez, si mon père savait qu'il s'est engagé, et qu'il part demain!

SCÈNE V.

CHARLES.

Air de Oui et Non.

Oui, je partirai; mais avant
Je prétends écrire à mon père,
Afin qu'il apprenne comment
Nous aimons notre belle-mère.

JULES.

C'est bien... écris-lui, fâche-toi;
Présent, on craint quelque riposte;
Mais on est bien plus fort, je croi,
Lorsqu'on se fâche par la poste.

MADEMOISELLE TURPIN.

Comment, vous êtes décidé?

CHARLES.

Oui, sans doute, mon père aurait pu me pardonner les dettes, les folies que j'ai faites, s'il n'y avait pas là une belle-mère; mais maintenant, il n'y a plus d'espoir, me voilà soldat. Le plus ennuyeux, c'est qu'on vient de me donner un nouveau colonel que je ne connais pas, et auquel il faut que je me présente demain.

MADEMOISELLE TURPIN.

Et tout cela, à cause de cette étrangère.

CLAIRE.

Et moi, mes amis, j'ai bien d'autres sujets de haine. Vous savez ce jeune officier qui venait si souvent nous voir dans cette ville où mon père nous avait envoyés en secret?

MADEMOISELLE TURPIN.

Eh bien?

CLAIRE.

Eh bien! après notre départ, son régiment fut appelé à Strasbourg; et là... oh! c'est ma tante qui m'écrit tous les détails, il est devenu éperdument amoureux d'une demoiselle; et cette demoiselle, c'est notre belle-mère.

MADEMOISELLE TURPIN.

Votre belle-mère! quelle indignité!

CLAIRE.

Et personne qui partage mes peines! Au moins quand mademoiselle de Lussan sera près de moi, nous pourrons en causer et en dire tout le mal qu'elle mérite.

MADEMOISELLE TURPIN.

Oui, ça soulage.

JULES.

Moi, je parierais qu'elle est laide, cette femme-là.

CHARLES.

Ce doit être une grande, sèche, jaune.

CLAIRE.

Je ne crois pas; c'est une grosse rouge.

JULES.

Oh! dites donc? c'est une Américaine, n'est-ce pas? elle est peut-être noire. Tiens, ce serait drôle.

MADEMOISELLE TURPIN.

Ce qu'il y a de certain, c'est qu'elle n'est pas bonne; et votre père veut que vous fassiez les honneurs...

CHARLES.

Aux étrangers, soit; mais à elle, jamais.

JULES.

Oui, qu'elle vienne!

CLAIRE.

Oh! je sens là que je ne pourrais pas lui dire un mot, si je ne pouvais la tourmenter.

SCÈNE V.

MADEMOISELLE TURPIN.

Oh! que ce serait bien fait! Mais qu'entends-je? une voiture! C'est sans doute quelqu'un invité à la fête.

CHARLES.

Eh! non, des cartons, des paquets; c'est quelqu'un qui voyage.

CLAIRE.

Si c'était notre belle-mère!

CHARLES.

Non, une jeune personne.

CLAIRE.

Mademoiselle de Lussan.

CHARLES.

Il n'y a pas de doute : quelle jolie tournure!

JULES.

Oh! comme elle est bien!

CHARLES.

Eh! vite, je cours la recevoir.

JULES.

Attends, je mets mes gants, et j'y vais.

CHARLES.

Laisse donc! il veut recevoir les dames, lui!

JULES.

Tiens, pourquoi pas? une jolie demoiselle, tout comme un autre ; parce que mon frère Charles est militaire, il croit qu'il n'y a que lui de la famille qui doive être galant.

MADEMOISELLE TURPIN.

Galant, galant. Avant d'être galant, il vous faut passer encore quelques années au collége.

JULES.

Au collége, au collége! ils n'ont que cela à dire.

Air de l'Écu de six francs.

Pour le latin, grec et logique,
Oh! j'en ai raisonnablement;
Je sais la danse et la musique;
J'ai de l'esprit, je suis charmant;
J'aime les dames et que sais-je?
Je commence à plaire déjà;
Dites-moi donc, après cela,
Ce qu'on peut m'apprendre au collége?

SCÈNE VI.

ÉLISA, CHARLES, CLAIRE, JULES, MADEMOISELLE TURPIN.

(Jules va au-devant d'Élisa, et prend son chapeau, qu'il met sur la table.)

ÉLISA, à Charles.

Monsieur, combien je vous remercie.

CHARLES.

Ma sœur, mademoiselle de Lussan. Je l'aurais deviné, rien qu'au trouble de mademoiselle, lorsqu'elle a appris que mon père n'y était pas. (A Élisa.) Mais rassurez-vous; nous sommes les enfans de M. Duversin. Voici mon frère Jules, ma sœur Claire...

CLAIRE.

Qui vous attendait avec impatience.

ÉLISA.

Et mademoiselle Turpin, sans doute? Une demoiselle très-respectable.

SCÈNE VI.

MADEMOISELLE TURPIN.

Mademoiselle... (à part.) Elle est charmante, cette jeune personne!

ÉLISA.

Quant à M. Charles, je l'ai reconnu tout de suite : on m'a si souvent parlé de toute la famille.

CLAIRE.

Oui, madame Germeuil, qui vous envoie.

ÉLISA.

Elle-même ; et il me tardait bien de vous voir..

CLAIRE.

Et moi donc! j'en avais grand besoin.

JULES.

Car dans l'état de tyrannie et d'oppression où nous sommes...

CLAIRE.

C'est quelque chose qu'un allié de plus.

ÉLISA.

Eh! mon Dieu! qu'est-ce donc ?

CLAIRE.

Est-ce que ma tante ne vous a pas dit? est-ce que vous ne savez pas que nous avons une belle-mère?

ÉLISA.

Ah! oui, votre belle-mère!

MADEMOISELLE TURPIN.

Dites donc une marâtre.

ÉLISA.

C'est donc une bien méchante femme?

CHARLES.

Une intrigante, qui vient ici pour nous désunir.

JULES.

Qui donne de mauvais conseils à mon père.

CLAIRE.

Et qui veut être seule aimée de lui.

JULES.

Oui; mais, en revanche, nous ne l'aimerons guère, voyez-vous.

ÉLISA.

Oh! ni moi non plus; et, d'après ce que vous me dites là, je la déteste déjà de confiance et sur parole.

CLAIRE.

Vrai! eh bien! tenez, embrassons-nous; car j'en mourais d'envie.

(Elles s'embrassent.)

MADEMOISELLE TURPIN.

Bravo ! J'ai vu tout de suite que nous serions d'accord contre l'ennemi commun ; car c'est moi qui ai formé la coalition. Ils n'y pensaient seulement pas.

ÉLISA.

Ah çà! il y a donc des motifs bien graves? des choses...

JULES.

Des choses affreuses.

ÉLISA.

Quoi! vous croyez qu'elle est capable?...

MADEMOISELLE TURPIN.

Elle est capable de tout. Tenez, ne voilà-t-il pas mademoiselle à qui elle a enlevé un amant!

ÉLISA.

Un amant! et lequel? car on dit que votre belle-mère avait quelques adorateurs.

SCÈNE IV.

MADEMOISELLE TURPIN.

Quelques adorateurs! vous êtes bonne; je suis sûre qu'il y a mieux que cela. Et puis ne voilà-t-il pas monsieur, le fils aîné de la maison, qui, n'osant plus avouer ses étourderies à son père, a pris le parti de s'engager sous le nom de Charles, dans le 5e régiment de chasseurs, et qui part demain pour Strasbourg?

CHARLES.

Mademoiselle Turpin!

JULES.

Et ne voilà-t-il pas que moi, qui espérais rester à la maison, libre avec un précepteur, elle va me faire retourner au collége? Mais je ne lui pardonnerai de ma vie : aussi quand vous êtes arrivée, nous conspirions.

ÉLISA.

Une conspiration! c'est charmant! j'en veux être aussi.

CHARLES.

Sans doute, vous en serez.

MADEMOISELLE TURPIN.

Parce que d'abord il faut qu'elle ou moi sorte de la maison.

ÉLISA, souriant.

C'est trop juste.

CLAIRE.

Oh! d'abord, mon père veut que je paraisse au bal; mais j'y serai triste, ennuyée; je ne veux pas dire un mot de toute la soirée.

ÉLISA.

Vous avez raison; il sera bien puni.

CHARLES.

Pour moi, je suis fou de la danse, on le sait, eh bien ! je ne danserai pas ; mon père aura beau se fâcher, il n'y a pas de loi qui force un mineur à danser.

ÉLISA.

C'est cela, ne dansons pas.

MORCEAU D'ENSEMBLE.

Duo du Maçon : Travaillons, dépêchons.

TOUS.

Conjurons,
Conspirons,
Et nous réussirons ;
Mais surtout du complot
Ne disons pas un mot.

JULES.

Grand dieu ! quelle malice !
Pour ce soir on comptait
Sur un feu d'artifice...
Mais j'ai là mon projet.
Je sais ce qu'il faut faire,
Afin qu'il n'ait pas lieu,
Et notre belle-mère
N'y verra que du feu.

(Il sort.)

TOUS.

Conjurons,
Conspirons,
Et nous réussirons ;
Mais surtout du complot
Ne disons pas un mot.

SCÈNE VII.

Les mêmes; M. DUVERSIN, sortant du cabinet a gauche.

MADEMOISELLE TURPIN, parlant.

Voilà monsieur.

Je vais, ma toute belle,
Vous présenter à lui.
(A M. Duversin, en lui présentant Élisa.)
Voici mademoiselle.

M. DUVERSIN.

Grand dieu! que vois-je ici?
(Il court à Élisa, et l'embrasse.)

MADEMOISELLE TURPIN.

Quelles sont ces manières?

M. DUVERSIN.

Mais qui vous trouble ainsi?

MADEMOISELLE TURPIN.

Ces façons familières...

M. DUVERSIN.

Sont celles d'un mari.

CHARLES ET CLAIRE.

Que dit-il?

MADEMOISELLE TURPIN.

Ah, grands dieux!

CHARLES ET CLAIRE.

Quoi! c'est elle?

MADEMOISELLE TURPIN.

En ces lieux!

M. DUVERSIN.

C'est ma femme : et pourquoi
Ce trouble et cet effroi?

CHARLES, CLAIRE ET MADEMOISELLE TURPIN.

Je le voi,
C'est fait de moi.

CHARLES, CLAIRE, MADEMOISELLE TURPIN.

ENSEMBLE.

Quel regret!
C'en est fait!
Elle a notre secret :
Mais aussi conçoit-on
Pareille trahison?

ÉLISA, à son mari.

Indiscret,
Qu'as-tu fait!
Découvrir mon secret!
Pour cette trahison
Il n'est point de pardon.

DUVERSIN, à Élisa.

Qu'ai-je fait?
Quel était
Ce prétendu secret?
De cette trahison
Quelle est donc la raison?

MADEMOISELLE TURPIN.

C'est affreux!

ÉLISA.

N'est-il pas vrai? se glisser dans un conseil, surprendre les secrets de l'état! c'est une perfidie. Mon ami, je suis arrivée ici, seule, inconnue, et déjà je gagnais l'amitié de vos enfans, même celle de mademoiselle Turpin; mais votre indiscrétion a tout gâté.

MADEMOISELLE TURPIN.

Certainement, madame, je ne crains rien, je suis tranquille, et je répéterai ce que je vous ai dit... j'ai dit que je n'aimais point...

SCÈNE VII.

ÉLISA.

Les femmes qui venaient pour tout brouiller et pour tout désunir.

MADEMOISELLE TURPIN, bas.

Sans doute.

ÉLISA.

Vous n'aimez pas la concurrence.

MADEMOISELLE TURPIN.

La concurrence, la concurrence! me faire causer, m'arracher des secrets, c'est de l'inquisition, madame.

M. DUVERSIN.

Mademoiselle Turpin.

CHARLES.

Oui, madame, venir ainsi sous un nom supposé, sous le nom de mademoiselle de Lussan.

ÉLISA.

Ah! ce n'est pas moi qui l'ai pris; c'est vous qui me l'avez donné.

CLAIRE.

N'importe, madame; c'est bien mal à vous; et moi qui l'ai embrassée !

ÉLISA.

Allons, songez que vous m'avez promis votre amitié; Charles, je danserai, moi, et je compte sur vous pour le bal; quant à vous, mademoiselle Turpin, il faut vous résigner; mais ce qui doit vous rassurer, c'est que tout le monde peut compter sur ma discrétion : vous pouvez être sûrs que votre belle-mère ne saura rien des secrets confiés à mademoiselle de Lussan.

CLAIRE, sortant.

Adieu, madame, adieu... J'en pleurerais de dépit.

CHARLES.

Et moi aussi, je me retire ; mais rappelez-vous, mon père, que vous aurez fait notre malheur.

(Il sort.)

MADEMOISELLE TURPIN.

Ah! M. Duversin, je prévois des choses, des choses! Je ne puis rester plus long-temps chez vous, car j'ai de l'honneur.

M. DUVERSIN.

Et qui est-ce qui pense à votre honneur, et qui songe à l'attaquer? sortez.

(Mademoiselle Turpin sort.)

ÉLISA.

De grace modérez-vous, car voici un étranger.

SCÈNE VIII.

Les précédens ; LE COLONEL.

DUVERSIN.

Eh! c'est notre jeune colonel; tant mieux, morbleu ; car sa présence va dissiper la mauvaise humeur qui allait me gagner.

LE COLONEL.

Vous voyez, monsieur, que je suis exact; moi, d'abord, j'arrive toujours le premier. Ah, mon Dieu ! cette jeune personne que j'aperçois !

M. DUVERSIN.

Qu'avez-vous donc?

SCÈNE VIII.

LE COLONEL.

C'en est une, celle de Strasbourg.

ÉLISA, s'avançant.

M. de Givry ! (A M. Duversin.) Comment, mon ami, vous le connaissez ?

LE COLONEL.

Elle vous appelle son ami.

M. DUVERSIN.

Oui, vraiment ; et je vais vous dire pourquoi. (Prenant Élisa par la main.) Colonel, je vous présente ma femme.

LE COLONEL.

Votre femme !

M. DUVERSIN.

Oui, colonel, et puisque vous la connaissez, vous me permettrez plus volontiers de vous laisser un instant. D'ailleurs, je ne suis pas fâché que madame vous réponde elle-même.

ÉLISA.

Mon ami, n'oubliez pas de recommander à votre fils de danser la première contredanse avec moi.

M. DUVERSIN.

La seconde, s'il vous plaît, je tiens beaucoup à la première. (Au colonel.) Vous voyez, je suis redevenu danseur pour ma femme.

LE COLONEL, à part.

Voilà qui est piquant, par exemple.

M. DUVERSIN, bas au colonel.

Dites donc, mon colonel, il faut vous en tenir à l'autre.

(Il sort.)

SCÈNE IX.

LE COLONEL, ÉLISA.

LE COLONEL.

Il a l'air de se moquer de moi.

ÉLISA.

Ah! monsieur, vous connaissez mon mari?

LE COLONEL.

Votre mari, Élisa? (A part.) Mais c'est qu'elle est encore mieux depuis son mariage.

ÉLISA.

Mon Dieu! colonel, vous paraissez troublé.

LE COLONEL.

Air : Le choix que fait tout le village.

Sans doute au plaisir que j'éprouve
Se mêle un mouvement d'effroi...
Ce bien charmant que je retrouve
Serait-il donc perdu pour moi?
Ah! je le sens au feu qui me dévore,
Ce triste hymen, source de mes regrets,
A mon amour ajoute encore,
Comme il ajoute à vos attraits.

ÉLISA, souriant.

Ah! vous pensez encore à cela?

LE COLONEL.

Je conçois que ma constance vous étonne, vous qui m'avez oublié, vous qu'un autre hymen...

ÉLISA.

Ah! brisons là, de grace; des circonstances que vous ignorez...

SCÈNE IX.

LE COLONEL.

Je sais tout, madame, la reconnaissance a fait plus que l'amour. Vous avez trahi un malheureux pour en sauver un autre; mais avez-vous pensé que je pusse oublier tant d'attraits, de si douces espérances? Car vous m'aimiez; oui; madame, vous m'aimiez : mon hommage n'était pas rejeté, j'ai surpris dans vos regards un aveu...

ÉLISA.

Que vous avez cru y voir.

LE COLONEL.

Non, madame, que j'ai vu; j'ai assez d'habitude pour m'y connaître, et vous étiez émue.

ÉLISA.

Ah! j'en conviens. Je voyais avec peine une passion qui alors était une folie, et qui maintenant mériterait un autre nom.

LE COLONEL.

Il faut se résigner, madame, il faut vous fuir, et au moment où je croyais me rapprocher de vous; car depuis deux mois je sollicite le ministre, mon parent, pour que mon régiment soit envoyé à Strasbourg, et je partais demain dans l'espérance de vous revoir.

ÉLISA.

Demain à Strasbourg! Est-ce que par hasard vous seriez nommé au 5ᵉ de chasseurs?

LE COLONEL.

Oui, madame.

ÉLISA, à part.

Le régiment de Charles! c'est son colonel.

LE COLONEL.

Adieu donc, puisque vous me bannissez, puisque je ne dois plus vous revoir. Ah! je suis bien malheureux!

(Il s'éloigne.)

ÉLISA.

Colonel!

LE COLONEL, revenant précipitamment.

Madame, vous m'avez rappelé.

ÉLISA.

Oui, je pense qu'aujourd'hui, du moins, vous pouvez rester avec nous.

LE COLONEL.

Je resterais, si je le pouvais sans vous aimer.

ÉLISA.

Alors je n'ose plus vous retenir, et j'en suis fâchée, car j'avais un service à vous demander.

LE COLONEL.

A moi! expliquez-vous, je cours, je vole, que faut-il faire?

ÉLISA.

Un soldat, nommé Charles, s'est récemment engagé dans votre régiment; je voudrais avoir son congé, et de plus, j'aurais bien là une pétition que je voudrais présenter au ministre des finances; mais deux faveurs à la fois, c'est trop, sans doute.

LE COLONEL.

Non, madame; donnez, je m'en charge; je cours chez mon oncle, et je compte sur sa tendresse encore plus que sur mon crédit.

SCÈNE IX.

ÉLISA.

En vérité! vous pouvez m'obtenir une réponse favorable?

LE COLONEL.

Assurément!, madame. Je suis trop heureux; mais me sera-t-il permis de vous l'apporter moi-même?

ÉLISA.

Oui, oui.

CHARLES, entrant et voyant le colonel.

Un jeune homme! un militaire inconnu! qu'est-ce que cela signifie?

(Il se cache dans le cabinet, à droite, dont il entr'ouvre de temps en temps la porte.)

LE COLONEL.

Et cet aveu que j'implore?

ÉLISA.

Je vois que monsieur met un prix à ses services.

LE COLONEL.

Non, madame; mais...

ÉLISA.

Mais il vous faut une récompense.

LE COLONEL.

Air: Ses yeux disaient tout le contraire.

Une récompense.... ah, grands dieux!
Pour moi, quel bien! quelle fortune!

ÉLISA.

N'en pas demander vaudrait mieux,
N'importe, on vous en promet une.

LE COLONEL.

Quoi! vous en faites le serment!

ÉLISA.

Cela doit suffire, je pense.

LE COLONEL.

Oui, sans doute, mais cependant...

ÉLISA.

Ne faut-il pas payer d'avance ?
Monsieur, je vois, est exigeant,
Et veut être payé d'avance.

LE COLONEL.

Non, madame, non, je crois à votre parole.

ÉLISA.

Eh bien! ce soir, pendant le bal.

LE COLONEL.

Ce soir ?

ÉLISA.

Ce soir, n'oubliez pas.

LE COLONEL.

Ici ?

ÉLISA.

Ici.

(Elle sort par le fond.)

SCÈNE X.

LE COLONEL, puis CHARLES.

LE COLONEL.

A merveille! je crois que je suis aimé. (S'approchant de la table à gauche.), et je puis d'un trait de plume exécuter déjà la moitié de ses ordres. (Il écrit.)

CHARLES, sortant du cabinet.

Je ne puis le croire encore; et si je n'en avais pas été témoin... Et je le souffrirais! non morbleu! Quoique je déteste ma belle-mère, son honneur est main-

SCÈNE X.

tenant celui de mon père, c'est le mien, et je saurai quelles sont ses intentions.

LE COLONEL, achevant d'écrire.

Et ce cher banquier qui avait l'air de me défier !

Air du vaudeville du Charlatanisme.

Mes chers financiers, ici-bas
On ne voit que des infidèles,
Et pour vous, sans doute, il n'est pas
De privilége auprès des belles.
Grace à la caisse où chaque jour
Vous puisez vos petits mérites,
Vous pouvez jouer tour à tour
Sur les rentes et sur l'amour...
Mais attendez-vous aux faillites.

CHARLES.

C'est clair; et nous allons voir.

LE COLONEL.

(Il a pris son chapeau et va pour sortir : apercevant Charles.)

Ah ! il y a là quelqu'un ? Pardon, monsieur, êtes-vous de la maison ?

CHARLES.

Oui, monsieur.

LE COLONEL.

Voulez-vous me faire le plaisir de remettre cette lettre, une lettre d'affaire, à madame Duversin ?

CHARLES, prenant la lettre.

(A part.) Morbleu ! c'en est trop. (Haut.) Volontiers ; monsieur. Mais service pour service; car j'aurais un mot à vous dire.

LE COLONEL.

Un mot ! ça me convient parfaitement; mais pas un de plus, car je suis pressé.

CHARLES.

Ce ne sera pas long; car ce n'est pas ici que nous pouvons nous expliquer. Ciel! mon père! (M. Duversin paraît au fond, donnant quelques ordres à ses domestiques.) (Charles, bas au colonel.) Je vous demanderai seulement votre nom et votre adresse.

LE COLONEL.

Et pour quelle raison?

CHARLES, de même.

Votre nom.

LE COLONEL.

M. de Givry, colonel au 5ᵉ de chasseurs.

CHARLES, à part.

Dieux! qu'allais-je faire? mon colonel!

LE COLONEL, à part.

Qu'est-ce qu'il a donc? (Haut.) En tous cas, je vous prie de vous presser, car je pars demain pour Strasbourg.

(Il va pour sortir.)

M. DUVERSIN, l'arrêtant.

Eh bien! colonel, vous nous quittez?

LE COLONEL.

Pour une affaire importante; mais soyez tranquille, je vous reviens. (A part en s'en allant.) Un mari d'un côté, un amant de l'autre.... Je crois que c'est le cas de battre en retraite.

(Il sort.)

SCÈNE XI.

CHARLES, M. DUVERSIN.

M. DUVERSIN.
Comment ! tu connais M. de Givry ?
CHARLES.
Oui, mon père, oui, beaucoup. (A part.) Que faire à présent ?
M. DUVERSIN.
C'est un galant homme, un homme d'honneur.
CHARLES.
Oh ! sans doute. (A part.) Ils sont tous comme cela (Haut.) Mais dans votre intérêt, je vous engage à ne plus le recevoir.
M. DUVERSIN.
Et pour quel motif ?
CHARLES.
Pour des motifs que je voulais vous taire ; car j'espérais que moi seul, et sans que vous en eussiez connaissance... Mais des obstacles que je ne pouvais prévoir...
M. DUVERSIN.
Ah çà, d'où vient ce trouble ? et qu'y a-t-il donc ?
CHARLES.
Il y a... que M. de Givry a connu autrefois notre belle-mère.
M. DUVERSIN.
Oui, je le sais ; après ?
CHARLES.
On dit qu'il l'a aimée.

M. DUVERSIN.

Je sais ; après ?

CHARLES.

Après, après! et s'il l'aimait encore, s'il osait le lui avouer, si cette lettre contenait la preuve de sa tendresse?

M. DUVERSIN.

Il se pourrait!

CHARLES.

Oui, mon père ; voilà ce que je n'osais vous dire. Maintenant vous pouvez voir par vous-même.

M. DUVERSIN, prenant la lettre et lisant l'adresse.

C'est bien cela. A madame Duversin.

(Il sonne.)

CHARLES.

Il est des circonstances où l'on peut vérifier, où il est permis de s'assurer... Enfin, mon père, puisque vous savez...

M. DUVERSIN, à un domestique qui entre.

Tenez, portez cette lettre à ma femme.

(Le domestique sort.)

CHARLES.

Comment, mon père, vous l'envoyez?

M. DUVERSIN.

Air : Un page aimait la jeune Adèle.

Monsieur, je pense au fond de l'ame,
Qu'il est encor des vertus... et j'y crois.
Du moins, jusqu'à présent, ma femme
De me tromper n'a pas encor les droits ;
Car jusqu'ici je n'ai rien fait moi-même
Qui méritât un tel oubli ;
Mais soupçonner celle qu'on aime,
C'est mériter d'être trahi.

SCÈNE XI.

CHARLES.

Et si mes soupçons étaient fondés? si le colonel était aimé? si ce soir un rendez-vous?...

M. DUVERSIN.

Charles, taisez-vous; je ne croyais pas que chez vous la haine pût aller si loin.

CHARLES.

Quoi! vous m'accusez de calomnie! Eh bien! c'est vous qui me forcez à parler. Oui, je l'ai vu, je l'ai entendu; je le jure, je le jure sur l'honneur.

M. DUVERSIN.

O ciel!

CHARLES.

Et si vous voulez, je puis vous rendre témoin d'un entretien.

M. DUVERSIN.

Écoute; j'aime ma femme, je l'estime; et oser douter de son amour est un crime que je ne me pardonnerais ni à moi, ni à qui que ce fût. Mais je veux te confondre, j'accepte; et souviens-toi bien d'une chose: si tu me trompes, si tes soupçons étaient injustes, je te chasse de chez moi, je ne te reverrai jamais.

CHARLES.

Mon père, je me soumets à tout.

SCÈNE XII.

Les précédens ; JULES.

JULES.

Mon frère, mon frère !

M. DUVERSIN.

Que nous veux-tu ?

JULES.

Rien. Je croyais que mon frère... Et puis j'avais aussi, mon papa, une idée à vous communiquer.

M. DUVERSIN.

Dans un autre moment, je n'ai pas le temps. (A Charles.) Songe à tenir ta promesse, je tiendrai la mienne.

(Il sort.)

JULES.

Mais toi, mon frère, dis-moi au moins...

CHARLES.

Plus tard ; j'ai des affaires.

(Il sort.)

SCÈNE XIII.

JULES, seul.

C'est ça : aucun d'eux ne daigne me répondre... C'est singulier le peu d'égards qu'on a pour moi dans la maison ! moi qui, depuis une heure, suis dans le jardin à déficeler les pétards et à jeter de l'eau sur les soleils ! Je ne sais pas où en est la conspiration ; et je tiens cependant à ce qu'elle réussisse, d'abord dans l'intérêt général, et puis ensuite dans le mien particulier, parce qu'il m'est venu une idée que je voulais communiquer à mon père. Ah! voilà mademoiselle de Lussan; elle est encore plus jolie.

SCÈNE XIV.

ELISA, JULES.

ÉLISA.

Vous trouvez?... je vous plais?

JULES.

Oh! oui, beaucoup, et je vous aime depuis ce matin, depuis que vous êtes dans notre parti.

ÉLISA, à part.

Il paraît que celui-là n'est pas encore détrompé; c'est un allié qui me reste.

JULES.

Mais, dites-moi, où ça en est-il?

ÉLISA.

La belle-mère est arrivée; et dans ce moment, elle est dans une position assez délicate.

JULES.

Elle est embarrassée; tant mieux, parce qu'elle ne songera pas à moi, et qu'elle ne pensera pas à me mettre au collége.

ÉLISA.

Il vous ennuie donc beaucoup?

JULES.

Oui, habituellement; mais maintenant surtout,

parce que depuis que vous êtes dans la maison, j'ai encore plus d'envie d'y rester.

ÉLISA.

Vraiment !

JULES.

C'est comme je vous le dis; à mon âge, à quinze ans passés, on est déjà quelque chose dans le monde : dans les fêtes, dans les bals où l'on se trouve, on se choisit déjà une inclination, celle avec qui on danse toujours de préférence...

ÉLISA.

Et vous aviez fait un choix?

JULES.

Pas encore, parce que j'hésitais entre mademoiselle Mimi, la nièce de l'agent de change, et mademoiselle Lolotte, la fille du notaire; mais depuis que vous voilà, je n'hésite plus, et si vous voulez ce soir danser avec moi la première contredanse.

ÉLISA.

Impossible, je suis engagée.

JULES.

Et par qui?

ÉLISA.

Par M. Charles, votre frère.

JULES.

Là, qu'est-ce que je disais? mais mon frère va partir pour son régiment, et c'est moi qui succéderai, n'est-il pas vrai? et puis, dans quelques années, il faudra bien penser à mon établissement; et quand j'aurai dit à mon père que je vous aime et que je veux vous épouser...

SCÈNE XIV.

ÉLISA.

Comment, monsieur, y pensez vous?

JULES.

Est-ce que mon père peut blâmer les gens qui vous aiment et qui veulent vous épouser?

ÉLISA.

Non, sans doute, et lui moins que personne, mais il y aura probablement d'autres obstacles.

JULES.

J'entends, c'est la belle-mère qui ne voudra pas donner son consentement.

ÉLISA.

Précisément.

JULES.

Dieu, les belles-mères! voyez-vous à quoi ça sert, les belles-mères? mais soyez tranquille, me voilà son ennemi mortel, et pour commencer, j'ai mis bon ordre aux fusées et aux pétards.

ÉLISA.

Mais voilà qui est très mal.

JULES.

Eh! mon Dieu! vous aimez peut-être les feux d'artifice; mais laissez manquer celui-là, nous en ferons d'autres exprès pour vous; car vous êtes si bonne, si aimable! Eh! c'est ma sœur.

SCÈNE XV.

Les mêmes; CLAIRE.

JULES.

Claire, viens donc. Tiens, elle pleure un jour de bal; mais prends donc garde, tu auras les yeux rouges.

CLAIRE.

Eh! que m'importe?

JULES.

Dam! si ça ne te fait rien; c'est cependant ce qui empêche les demoiselles d'avoir du chagrin.

CLAIRE.

Jules, laisse-nous un moment.

JULES.

Comment, et toi aussi, tu me renvoies; mon frère, à la bonne heure, mais je n'entends pas me laisser mener par une petite fille.

CLAIRE, avec un peu d'impatience.

Petite fille ou non, va-t'en.

JULES.

Et moi, je ne m'en irai pas. Parce que ce n'est pas la peine de conjurer si on me met toujours hors de la conspiration.

CLAIRE.

Est-il obstiné!

JULES.

C'est que je sais bien ce qui arrivera. Je ne suis pas des secrets; mais s'il y a à être puni, j'en serai, et décidément je veux partager les chances.

SCÈNE XVI.

ÉLISA, doucement.

Jules, mon bon ami, je vous prie de nous laisser un instant, vous n'en serez pas fâché.

JULES.

Elle a dit : « Mon bon ami, » et avec une voix si douce. Je m'en vais sur-le-champ, parce qu'au fait, c'est tout naturel, un secret! les demoiselles en ont toujours à se dire, et l'on renvoie toujours les messieurs. (A Claire.) Eh bien! rassure-toi, je vous laisse. Est-elle enfant, ma sœur, elle pleurait pour ça! (Bas à Élisa.) Vous me direz son secret, n'est-ce pas? (Il lui baise la main.) Comme mon grand frère.

(Il sort.)

SCÈNE XVI.

ÉLISA, CLAIRE.

ÉLISA.

Eh bien! ma chère amie. Pardon, mademoiselle, vous désirez me parler?

CLAIRE.

Oui, madame.

ÉLISA.

Des larmes, des soupirs, qu'est-ce donc? si je pouvais vous rendre quelque service.

CLAIRE.

C'est moi, madame, qui viens vous en rendre un. Quoique je n'aie aucune raison de vous aimer, au contraire, mais il y va de l'honneur de mon père; il y va de la vie de mon frère, et je n'ai pas hésité.

ÉLISA.

Expliquez-vous.

CLAIRE.

Ne devez-vous pas tantôt, ici, recevoir en secret un jeune colonel, M. de Givry?

ÉLISA.

Oui, sans doute, un charmant cavalier.

CLAIRE, à part.

O ciel! il est donc vrai? (Haut.) Eh bien! madame, mon frère Charles, qui l'a appris, je ne sais comment, peut-être par le colonel lui-même, car les hommes sont si indiscrets, celui-là surtout ; enfin, mon frère Charles l'a répété à mademoiselle Turpin, mademoiselle Turpin me l'a répété.

ÉLISA, souriant.

Voyez-vous comment les bonnes nouvelles se répandent!

CLAIRE.

Comme eux, j'avais juré votre perte; mais je n'ai pas eu le courage de tenir ma parole; et sans leur en faire part, je suis venue vous prévenir en secret.

ÉLISA.

C'est bien, c'est très bien, et je n'oublierai jamais cette marque d'amitié.

CLAIRE.

Ne recevez pas le colonel, madame; renvoyez-le, je vous en prie.

ÉLISA.

Et pourquoi donc le renvoyer?

CLAIRE.

Comment, pourquoi? puisque tout le monde le sait,

SCÈNE XVI.

puisque notre père lui-même en est instruit, et qu'il en est furieux.

ÉLISA.

Quoi! mon mari pourrait soupçonner?...

CLAIRE.

Vous voyez tous les malheurs qui vont arriver, et que vous pouvez détourner d'un seul mot ; c'est de dire au colonel que vous ne voulez plus le voir, que c'est un infidèle, un perfide; que vous ne l'aimez plus, et vous aurez bien raison. Du moins, madame, ce que je vous en dis c'est pour vous, et dans votre intérêt.

ÉLISA.

Vous croyez! c'est étonnant. Depuis un instant j'aurais pensé... mais j'aime mieux éloigner une pareille idée, et croire que dans le service que vous me rendez, il n'y a ni intérêt personnel, ni amour, ni jalousie.

CLAIRE, interdite.

Quoi! madame, vous pourriez supposer...?

ÉLISA.

Cela serait, que je vous devrais encore de la reconnaissance pour un tel service.

CLAIRE.

De la reconnaissance! eh bien! non, madame, vous ne m'en devez pas; et s'il faut tout vous avouer, avant de vous connaître, il m'aimait, ou plutôt il me le disait.

ÉLISA.

Quoi! c'est là cet amant que je vous avais enlevé?

CLAIRE.

Je ne l'aime plus, madame; je l'oublierai, je vous le jure, du moins je tâcherai.

ÉLISA.

C'est bien, je le lui dirai.

CLAIRE.

Eh! non, madame; car pour le repos de mon père, pour le mien peut-être, ne le recevez pas chez vous, surtout ne le recevez pas ce soir; car j'en mourrais.

ÉLISA.

Pauvre enfant! *(Lui prenant la main, et l'embrassant sur le front.)* vous serez contente de moi, je l'espère.

SCÈNE XVII.

Les précédens; mademoiselle TURPIN.

MADEMOISELLE TURPIN.

Monsieur le colonel de Givry demande à parler à madame.

CLAIRE, à part.

Le perfide!

ÉLISA, froidement.

Faites entrer.

CLAIRE.

Quoi! ne venez-vous pas de me promettre...

ÉLISA.

Sans doute; mais je désirerais lui parler un instant.

CLAIRE.

Comment, madame, après ce que je vous ai appris, vous le recevez?

ÉLISA.

Oui, oui.

CLAIRE, allant s'asseoir sur le fauteuil à droite.

Eh bien! nous allons voir ce qu'ils vont se dire.

ÉLISA.

Non, je voudrais lui parler seule.

CLAIRE, se levant.

C'en est trop; je vous laisse, madame. (A part.) Elle le reçoit? la méchante femme!

(Elle sort.)

SCÈNE XVIII.

Les précédens; LE COLONEL.

LE COLONEL.

Madame, je...

ÉLISA va pour commencer la conversation avec le colonel; mais s'apercevant que mademoiselle Turpin reste, elle lui dit :

Mademoiselle Turpin, laissez-nous.

MADEMOISELLE TURPIN.

Comment!

ÉLISA, plus sévèrement.

Laissez-nous.

MADEMOISELLE TURPIN.

Ah, Dieu!

(Elle sort.)

ÉLISA.

Colonel, j'ai reçu votre lettre. On n'est pas plus aimable que vous. Oh! je tenais beaucoup à ce congé.

LE COLONEL.

Une folie de jeune homme. Il n'y avait rien de terminé. Mais voici la réponse à votre nouvelle demande.

ÉLISA.

Le brevet déjà! mais ce n'est pas possible.

LE COLONEL.

Quand je vous ai parlé de mon crédit, vous pouviez me croire; et d'ailleurs, que n'eussé-je pas fait pour mériter la récompense que vous m'aviez promise!

ÉLISA, baissant les yeux.

La récompense?

LE COLONEL.

Oui, madame, et vous la connaissez comme moi celle que j'ai le droit d'attendre, que vous me devez, et que je réclame.

ÉLISA.

Colonel, vous êtes pressant, je ne vous demande qu'un moment, le temps seulement de vous adresser une question; et quand vous m'aurez répondu avec franchise, je vous promets de m'acquitter envers vous.

LE COLONEL.

Il se pourrait! parlez, madame.

ÉLISA.

Eh bien! lorsqu'à Strasbourg vous me faisiez une cour assidue, avouez-le, colonel, vous ne cherchiez qu'à vous distraire de vos chagrins d'un amour plus tendre, plus vrai.

LE COLONEL.

Madame...

ÉLISA.

Ah! ne mentez pas, vous aimez encore cette jeune personne, que des raisons de famille forcèrent à vous taire son nom, et qui disparut tout à coup.

SCÈNE XVIII.

LE COLONEL.

Comment, vous savez...

ÉLISA.

Oui, je sais tout, colonel, et que votre amour-propre n'aille pas interpréter à son avantage les informations que j'ai prises ; on m'a parlé de cette jeune personne.

Air : Hier encor j'aimais Adèle.

Elle est aimable, elle est belle, elle est sage ;
Elle a surtout, dans ce siècle inconstant,
Un grand mérite, un très grand avantage :
C'est qu'elle aime... et sincèrement.

LE COLONEL.

Que dites-vous ?

ÉLISA.

Autrefois, auprès d'elle,
Vous lui juriez de l'aimer en tout temps ;
Vous lui juriez d'être toujours fidèle,
Et c'est elle qui tient vos sermens ;
C'est elle, oui, c'est elle
Qui tient vos sermens.

LE COLONEL.

Il serait vrai ?

ÉLISA.

Et que diriez-vous, monsieur, si je vous apprenais que je suis sa confidente, son amie, qu'elle m'a tout avoué, et que tout à l'heure encore j'ai vu couler ses larmes ?

LE COLONEL.

O ciel ! elle pleurait ! et elle est ici ! et elle m'aime encore ! (Se reprenant.) Pardon, madame ; la surprise, l'étonnement...

ÉLISA.

Vous n'avez pas besoin d'excuses, je vous pardonne tout, même votre joie; car, grace au ciel, je vois que vous n'avez jamais cessé de l'aimer; votre trouble, votre embarras, ce bonheur même que vous cherchez à me déguiser, tout me le prouve. C'est le cas d'être infidèle, ou jamais : il y a si peu d'occasions où on puisse l'être avec l'approbation générale ! et pour qui négligeriez-vous une jeune personne charmante ? pour une femme qui s'est donnée à un autre, et qui s'est donnée par amour; car j'aime mon mari; il fut le guide, l'ami de mon enfance, je lui dois ma fortune et mon bonheur. J'ai promis de le rendre heureux, colonel, et je n'ai jamais manqué à ma promesse. Maintenant répondez : d'un côté le malheur d'un galant homme, le mien, le vôtre peut-être ! de l'autre, l'estime de mon mari, mon amitié, à moi, l'amour de la belle inconnue : choisissez.

LE COLONEL.

Ah! madame, pouvez-vous douter de ma réponse?

ÉLISA.

Je la devine; et comme vous méritez maintenant la récompense que je vous ai promise, je vais vous la donner.

LE COLONEL.

Que dites-vous ?

ÉLISA.

Cette jeune personne dont je vous parle m'appelle sa belle-mère.

LE COLONEL.

Il se pourrait !

ÉLISA.

J'ai promis à mon mari de faire le bonheur de ses enfans ; je veux commencer par sa fille, et c'est pour cela, colonel, que je vous la donne.

LE COLONEL.

Ah ! madame, c'est à vos genoux que je vous remercie.

ÉLISA.

A mes genoux, à la bonne heure ; voilà comme je voulais vous y voir.

SCÈNE XIX.

Les précédens ; M. DUVERSIN, CHARLES, CLAIRE, JULES, mademoiselle TURPIN.

CHARLES, à M. Duversin.

Maintenant, mon père, le croirez-vous?

CLAIRE, à Élisa.

Oui, madame, c'est affreux.

MADEMOISELLE TURPIN.

C'est indigne ! un homme ici à genoux ! Depuis trente ans ça n'était pas arrivé.

JULES.

Et c'est là notre belle-mère ! Moi qui l'aimais déjà. Fi ! madame, c'est une perfidie de surprendre ainsi les gens.

M. DUVERSIN.

Taisez-vous ; et vous, madame, que tout le monde accuse ici, qu'avez-vous à répondre?

ÉLISA.

Rien.

MADEMOISELLE TURPIN.

Elle est confondue et démasquée.

ÉLISA.

C'est le colonel que je charge du soin de ma défense.

LE COLONEL, souriant.

Oui, monsieur, j'étais aux genoux de madame, et je vais aux vôtres, s'il le faut, jusqu'à ce que vous m'ayez accordé la main de votre fille.

CLAIRE.

Que dit-il?

M. DUVERSIN.

Ma fille!

LE COLONEL.

Oh! cette jeune personne qui voyageait avec sa tante, (à demi-voix) vous savez bien, l'autre, celle que j'aime le mieux.

M. DUVERSIN.

Il se pourrait! épousez vite; j'y gagne cent pour cent : j'ai un gendre de plus, et un rival de moins.

CLAIRE.

Quoi! madame, c'est à vous que je devrais... Ah! je n'ose accepter.

ÉLISA.

Acceptez, ma chère enfant, acceptez, c'est mon présent de noces.

M. DUVERSIN, à Charles.

Quant à vous, monsieur, vous savez nos conventions.

SCENE XIX.

ÉLISA.

Mon ami, il me semble que, pour un jaloux, vous vous rendez bien vite. (Donnant une lettre à Charles.) Tenez, Charles, lisez. (A M. Duversin.) Voilà encore une lettre que je viens de recevoir, et qui pourrait donner gain de cause à votre fils.

CHARLES.

Comment, madame, une place et mon congé!

M. DUVERSIN.

Son congé! qu'est-ce que cela veut dire?

ÉLISA.

Oh! c'est un secret entre nous.

CHARLES.

Mais je n'avais rien demandé.

ÉLISA.

Il est vrai; mais voilà votre place obtenue, soldat ou receveur, il faut opter.

CHARLES.

Une recette, et le bonheur de ma sœur! Ah! madame, je suis indigne de vos bontés.

M. DUVERSIN.

Sans doute, et j'exige...

ÉLISA.

Mon ami, prenez garde; vous avez pu me soupçonner; qu'il ait son pardon, le vôtre est à ce prix; et de plus, j'ai quelque chose à demander pour Jules, mon second fils; mais nous en reparlerons.

JULES.

Quel bonheur! je n'irai pas au collège; mais c'est égal, je suis toujours fâché que vous soyez ma belle-mère, à cause d'autres idées.

ÉLISA.

Vous danserez ce soir avec mademoiselle Mimi ou mademoiselle Lolotte; et quant à mademoiselle Turpin, l'ame de la coalition, qui voulait que l'une de nous deux sortît de la maison...

MADEMOISELLE TURPIN, à part.

C'est sur moi que va retomber toute sa colère.

ÉLISA.

Nous avons dans un château, en Bretagne, une place de femme de charge qui lui conviendra à merveille.

MADEMOISELLE TURPIN.

C'est ça; elle veut m'éloigner pour rester maîtresse de la maison. Dieu! les belles-mères!

VAUDEVILLE.

Air du vaudeville du premier Prix.

M. DUVERSIN.

Mes enfans, votre injuste ligue
Casse l'arrêt qu'elle a porté:
Où vous craigniez rigueur, intrigue,
Vous trouvez esprit et bonté:
La leçon est bonne; à votre âge,
En toute chose il faut songer
A ce vieux proverbe du sage:
Ne nous pressons pas de juger.

LE COLONEL.

Je l'avouerai, de belle en belle,
J'ai cherché, long-temps incertain,
La plus tendre, la plus fidèle;
Je cherchais encor ce matin;
Douce blonde, piquante brune,
Tour à tour voulaient m'engager;
Un moment, disais-je, encore une...
Ne nous pressons pas de juger.

SCENE XIX.

MADEMOISELLE TURPIN.

Autrefois, pour mieux me connaître,
On restait long-temps près de moi!
A présent me voit-on paraître,
Soudain on s'éloigne... et pourquoi ?
Je ne suis plus à mon aurore;
Mais faut-il vous décourager ?
Le cœur peut-être est jeune encore...
Ne vous pressez pas de juger.

JULES.

Cet avoué célibataire
Doit sa charge... cent mille écus;
Dans son étude il fait litière
De procès gagnés ou perdus :
En menus frais comme il nous gruge!
Ah! dit-il pour les allonger,
Soyons prudens, monsieur le juge,
Ne vous pressez pas de juger.

ÉLISA, au public.

Messieurs, vous jugez bien sans doute;
Mais il peut arriver, je crois,
Que le tribunal qu'on redoute
Se trompe... une première fois!
D'un arrêt trop prompt, ce soir même,
Ah! n'allez pas nous affliger...
Attendez à la cinquantaine :
Ne vous pressez pas de juger.

FIN DE LA BELLE-MÈRE.

LE

MÉDECIN DE DAMES,

COMÉDIE-VAUDEVILLE EN UN ACTE,

Représentée pour la première fois, à Paris, sur le théâtre du Gymnase dramatique, le 17 décembre 1825.

EN SOCIÉTÉ AVEC M. MÉLESVILLE.

PERSONNAGES.

M. DE RAMSAY, colonel.
M. VERMONT, banquier.
Madame VERMONT, sa femme.
Madame DE LIMEUIL, leur nièce, jeune veuve.
LOLOTTE, cousine de madame de Limeuil.
ROSELYN, médecin à la mode.
Madame DE CERNAY, } jeunes dames, amies de
Madame RAYMOND, }   madame de Vermont.
Un domestique.

La scène se passe dans un château, à six lieues de Paris.

Le théâtre représente un salon élégamment meublé; porte au fond; deux portes latérales sur le devant du théâtre. A droite et à gauche, deux guéridons où se trouvent différens ouvrages de dames, tels que dentelles, broderies, canevas, etc.

ROSELYN,

UN VIN EXCELLENT, CAR IL EST TRES LEGER; JE VOUS EN DEMANDERAI ENCORE UN PEU.

Le Médecin des Dames. (Sc. V)

LE
MÉDECIN DE DAMES.

SCÈNE PREMIÈRE.

M. DE RAMSAY, LOLOTTE.

LOLOTTE.

Comment, colonel, on se croit seule à se promener dans le parc, et l'on vous rencontre ainsi ?

RAMSAY.

Comme propriétaire des environs, je venais faire à M. de Vermont, votre oncle, une visite de voisinage.

LOLOTTE.

Je vais l'avertir; car mon oncle et ces dames sont à déjeûner.

RAMSAY.

Non, ne vous donnez pas cette peine. De toutes ces dames, mademoiselle Lolotte, il n'y en a pas une dont la société me paraisse plus agréable que la vôtre.

LOLOTTE.

Vraiment ! (A part.) Je devine; il a quelque chose à me demander.

RAMSAY.

Est-il vrai, comme on me l'a assuré, que madame de Limeuil, votre cousine, soit venue aussi passer quelques jours dans ce château ?

LOLOTTE.

Oui, monsieur.

RAMSAY.

On dit qu'elle est souffrante?

LOLOTTE.

Oui, monsieur, des nerfs, de la poitrine, du moins à ce que dit M. le docteur.

RAMSAY.

O ciel! et elle ne reçoit pas?

LOLOTTE.

Non, monsieur.

RAMSAY.

J'en suis désolé pour elle et pour moi; car je donne ce soir un bal où je comptais inviter ces dames. C'est pour cela que je venais.

LOLOTTE, le regardant malignement.

Non, colonel, ce n'est pas pour cela.

RAMSAY.

Que voulez-vous dire? achevez, je vous prie.

LOLOTTE.

Monsieur le colonel, êtes-vous content de Léon, mon cousin, qui est dans votre régiment?

RAMSAY.

Le petit Léon de Verneuil?

LOLOTTE.

Oui, monsieur..... sous-lieutenant de carabiniers, premier escadron, deuxième compagnie; un joli garçon, n'est-il pas vrai?

RAMSAY.

Un enfant, un étourdi, mais excellent officier.

SCÈNE I.

LOLOTTE.

Air : Ah! si madame me voyait.

En êtes-vous bien satisfait?
Ah! dites-moi tout sans mystère.

RAMSAY.

Oui, c'est un brave militaire :
Le dernier rapport le disait. (*bis*)

LOLOTTE.

A-t-il toujours le même zèle?

RAMSAY.

Oui... le rapport le disait bien.

LOLOTTE.

Est-il toujours tendre et fidèle?

RAMSAY.

Ah! le rapport n'en disait rien.

LOLOTTE.

Qui est-ce qui les fait donc, les rapports?

RAMSAY.

N'importe. Mais Léon aura de l'avancement à la première promotion.

LOLOTTE.

Il serait possible! Voilà tout ce que je voulais savoir; et maintenant, colonel, comme je n'ai que ma parole, je vous dirai un grand secret que moi seule ai découvert.

RAMSAY.

Parlez vite.

LOLOTTE.

C'est qu'il y a quelqu'un ici qui adore en secret madame de Limeuil, ma cousine.

RAMSAY.

Ce serait vrai! et qui donc?

LOLOTTE.

Un jeune et beau militaire, le colonel de mon cousin Léon.

RAMSAY.

O ciel!

LOLOTTE.

Oui, monsieur, vous-même! personne ne s'en doutait, excepté moi, parce que, dans la société, on se méfie des pères et des maris, jamais des petites filles; et ce sont elles qui savent tout; aussi ai-je vu tout de suite que vous aimiez ma cousine.

RAMSAY.

Silence! Eh bien! oui, je donnerais pour elle ma vie et ma fortune. Ce procès que j'avais contre elle, je l'ai perdu exprès pour l'enrichir; il est vrai que j'ai été bien secondé par mon avocat, qui m'a servi sans le savoir. Enfin, je fais tout au monde pour plaire à madame de Limeuil, et parfois j'ai cru avoir réussi; mais depuis quelques jours elle est triste, rêveuse, mélancolique; et tout en m'accueillant mieux que jamais, elle me prie de ne plus la voir : qu'est-ce que cela signifie?

LOLOTTE.

Je crois m'en douter : il y a contre vous dans la maison quelqu'un qui a un grand crédit, un monsieur Roselyn, jeune docteur, plein de grace et d'élégance, qui a de belles dents, le ton patelin, le sourire romantique, en un mot, le *Dorat* de la Faculté; car il a toujours dans sa poche le journal des Modes, et fait ses ordonnances en madrigaux.

SCÈNE I.

Air : *Vos maris en Palestine.*

Sur papier rose ou de Chine,
Il met ses ordres du jour,
Et parle de médecine
Comme l'on parle d'amour. (*bis*)
Plus fin que ses camarades,
Jamais il ne risque rien ; (*bis*)
Car il ne prend de malades
Qu'autant qu'ils se portent bien.

RAMSAY.

Vous voulez plaisanter.

LOLOTTE.

Eh ! mon Dieu non. Excepté ma pauvre cousine de Limeuil qui y va de franc jeu, en conscience, toutes les dames que je vois ici ne sont malades que pour leur plaisir. Nous avons madame Raymond, la femme d'un receveur, qui a voulu nourrir pour faire ses volontés, parce qu'on ne contrarie jamais une femme qui nourrit ; nous avons madame de Cernay, la femme d'un négociant, qui prétend ne pouvoir marcher, pour que son mari lui donne une voiture : l'une consulte le docteur sur M. Oscar, son petit garçon ; l'autre sur les moyens de bonifier son teint ; et ma tante Vermont, la maîtresse de la maison, sur les moyens de maigrir. Vous jugez alors quel ascendant il a pris sur toutes ces dames.

RAMSAY.

Et qui vous a fait croire qu'il me nuise auprès de madame de Limeuil ?

LOLOTTE.

Je ne sais ; peut-être vos intérêts gênent-ils les siens ; car il se mêle de tout, des querelles, des raccommodemens, de la vaccine, des baptêmes et des mariages : c'est lui qui s'oppose au mien.

RAMSAY.

Vraiment !

LOLOTTE.

C'est une indignité ! il dit que je ne suis pas en âge de me marier ; Léon dit que si, et je croirais plutôt Léon. Enfin, monsieur, c'est le docteur qui est l'ennemi commun : il faut donc ou le mettre de notre parti, ou le perdre.

RAMSAY.

A merveille.

LOLOTTE.

Le moment est favorable ; car ces dames sont pour quelques jours dans ce château à six lieues de Paris, chez mon oncle Vermont, le banquier, qui ne pense qu'aux effets publics, et qui n'est jamais malade, lui, tant que le tiers consolidé se porte bien. Le docteur ne peut quitter sa clientelle ; et pendant son absence, en nous entendant tous les deux, nous pourrions peut-être... Mais silence ! je crois qu'on sort de table.

RAMSAY.

Dieu ! que de monde ! je m'en vais : je ne veux pas que cela me compte pour une visite ; je vous prie seulement de vouloir bien remettre à madame de Limeuil cet album qu'elle m'avait prêté pour y tracer quelques dessins.

LOLOTTE.

Un album !

RAMSAY.

Je viendrai tantôt savoir ce qu'elle en pense.

Adieu, mademoiselle; adieu, mon aimable alliée. Je vous confie mes intérêts; et moi, de mon côté, je penserai à Léon, je vous le promets.

(Il sort.)

SCÈNE II.

LOLOTTE, M. ET MADAME VERMONT, MADAME DE LIMEUIL, MADAME DE CERNAY, MADAME RAYMOND, SORTANT DE L'APPARTEMENT A DROITE.

CHŒUR DES DAMES.

AIR: Dieu tout-puissant par qui le comestible.

Ah! quel bonheur l'aspect de la nature
Fait éprouver aux cœurs parisiens!
Les champs, les bois, les prés et la verdure
Sont les plus doux et les premiers des biens.

M. VERMONT, un cure-dent à la bouche.

Quel déjeûner! et madère et champagne!
Pâtés truffés, et faisans, et perdrix!
Quels bons repas on fait à la campagne!

LOLOTTE.

Lorsque l'on fait tout venir de Paris.

LES DAMES.

Ah! quel bonheur! l'aspect de la nature, etc.

M. VERMONT.

ENSEMBLE.
Pour l'appétit, l'aspect de la nature
Est enchanteur, car il double le mien;
J'estime peu les prés et la verdure:
Pour moi la table est le souverain bien.

LOLOTTE, à madame de Limeuil.

Eh bien! cousine, comment vas-tu?

MADAME DE LIMEUIL.

Merci, cela va mieux. On est si bien dans cette

terre! En vérité, mon oncle, vous avez fait là une acquisition superbe.

M. VERMONT.

Oui, c'est pas mal, c'est campagne; des arbres, des feuilles; mais j'en ai là pour 500,000 francs, et avec 500,000 francs je pourrais acheter du trois ou du cinq, des actions de la banque ou de la caisse hypothécaire.

MADAME VERMONT.

Et le bonheur d'être propriétaire.

M. VERMONT.

La belle avance! pour devenir un contribuable, pour payer des impôts; c'est bon pour des bourgeois, pour de petites gens, qui ne peuvent pas prêter à l'état, alors c'est juste qu'ils lui donnent; mais pour un capitaliste, c'est humiliant.

MADAME VERMONT.

Laissez-moi donc tranquille.

M. VERMONT.

Oui, madame, c'est humiliant; et puis ça fait du tort, ça retire des fonds de la circulation, on a l'air de réaliser et de faire Charlemagne; mais vous, cela vous est égal; vous n'avez vu là dedans que le bonheur d'être *dame châtelaine*, et de pouvoir dire « *ma propriété!* » Et en effet, c'est bien la vôtre; pour ce que j'y viendrai, le samedi après la bourse, et repartir le lundi matin.

MADAME VERMONT.

C'est ce qui en fait le charme. Le mari est à ses affaires, et la femme à ses occupations champêtres et particulières ; c'est pour cela que toutes les femmes d'agens de change ont des maisons de campagne. Mais moi, vous le savez bien, c'est un autre motif, c'est le soin de ma santé. Le docteur m'avait ordonné l'air de la campagne.

M. VERMONT.

Oui, une ordonnance qui me coûte 500,000 fr. Tenez, ne me parlez pas de votre docteur : vous êtes à Paris une vingtaine de femmes qui faites sa réputation et sa fortune. Un petit docteur à l'eau de rose.

MADAME DE LIMEUIL.

Si l'on peut dire cela de M. Roselyn !

MADAME VERMONT.

Un médecin à la mode, à qui rien n'est impossible ; il m'a guérie de mes migraines.

MADAME DE CERNAY.

Moi, de mes vapeurs.

MADAME RAYMOND.

Et Oscar, de la coqueluche.

M. VERMONT.

C'est singulier, il n'a dans sa clientelle que de jeunes dames, de jeunes mères ; pour les maris, les frères et les oncles, il paraît qu'on ne sait pas les guérir.

LOLOTTE.

Sans doute ce n'est pas son état, puisque c'est un médecin de dames.

M. VERMONT.

Air : Tenez, moi, je suis un bon homme.

On dit, voyez la calomnie,
Pour que ses soins soient assidus ;
Qu'il faut être fraîche et jolie,
Et n'avoir que vingt ans au plus.

MADAME VERMONT.

Une pareille impertinence
Vient des médisans et des sots.

LOLOTTE, montrant madame Vermont.

Et puis ma tante est là, je pense,
Pour faire tomber les propos.

M. VERMONT.

Ah çà! madame, vous n'avez pas oublié que nous dînons tous aujourd'hui chez le sous-préfet.

MADAME VERMONT.

Ah! mon Dieu, non, nous ne sortirons pas; le docteur l'a bien défendu.

TOUTES LES DAMES.

Oh! oui, le docteur l'a défendu.

M. VERMONT.

C'est ça, venir à la campagne pour ne pas sortir du salon. Alors, ma chère nièce, vous allez avoir la bonté d'écrire à notre Amphitryon une lettre d'excuses.

MADAME DE LIMEUIL.

Ah, mon Dieu! mon oncle, je ne demanderais pas mieux, mais voici l'heure de mon bain, et le docteur l'a ordonné.

M. VERMONT.

Au diable le docteur et ses ordonnances! il faudra que ce soit moi qui réponde.

MADAME VERMONT.

Où est le mal?

M. VERMONT.

Le mal est que je n'aime pas à écrire, parce que les lettres, ce n'est pas mon genre; dès que je sors des chiffres, je ne m'y retrouve plus.

SCÈNE II.

MADAME VERMONT.

Écrivez-la en chiffres.

M. VERMONT, entrant dans le cabinet à droite.

C'est cela, comme une note diplomatique.

MADAME DE LIMEUIL.

Adieu, mesdames.

MADAME VERMONT.

Adieu, ma toute belle : est-ce que tu souffres?

MADAME DE LIMEUIL.

Oui, j'attends ma migraine.

TOUTES, la reconduisant.

Pauvre femme!

(Au moment où madame de Limeuil va pour sortir, on entend le bruit d'une voiture.)

MADAME DE CERNAY, s'approchant de la fenêtre.

Mesdames, mesdames, écoutez donc! le bruit d'une voiture.

MADAME VERMONT, à voix basse.

C'est lui, je le parie; il m'avait bien promis que s'il pouvait s'échapper...

TOUTES.

Qui donc?

MADAME VERMONT.

Le docteur.

Air de l'Écu de six francs.

ENSEMBLE.
{
TOUTES.
Le docteur! ô destin prospère!
LOLOTTE.
Le docteur! ô destin contraire!
Pour notre projet, c'est fini.
}

MADAME DE CERNAY, à madame Vermont.

Ce n'est pas possible, ma chère,
Paris ne peut vivre sans lui.

MADAME VERMONT.

Si vraiment.... du moins aujourd'hui :
En été sa journée est franche;
Car la campagne a tant d'attraits,
Que les gens comme il faut jamais
Ne sont malades le dimanche.

MESDAMES VERMONT, DE CERNAY ET RAYMOND.

Courons vite à sa rencontre.

(Elles sortent.)

SCÈNE III.

LOLOTTE, MADAME DE LIMEUIL.

LOLOTTE, à madame de Limeuil, qui va sortir.

Ma cousine, vous ne lisez pas dans votre bain?

MADAME DE LIMEUIL.

Et pourquoi?

LOLOTTE.

C'est que j'ai là un album qui pourrait vous distraire.

MADAME DE LIMEUIL.

Un album !

LOLOTTE.

Que m'a donné pour vous le colonel.

MADAME DE LIMEUIL.

Ah! oui, des esquisses, des dessins. Et pourquoi ne me l'avoir pas remis sur-le-champ?

LOLOTTE.

J'attendais que l'on fût parti : il y a des choses que l'on voit mieux quand on est seule.

(Madame de Limeuil a ouvert l'album, et a pris une lettre qu'elle décachette.)

SCÈNE IV. 163

LOLOTTE, à part.

Je l'aurais parié. (Haut à madame de Limeuil.) Il paraît, ma cousine, que dans cet album il y a de l'écriture.

MADAME DE LIMEUIL.

Oui. (A part.) Une lettre de son oncle; on veut le forcer à se marier. Ah! voilà ce que je craignais. On demande sa réponse sur-le-champ, et il attend la mienne! Ah! je suis bien malheureuse!

LOLOTTE.

Ma cousine, le colonel a dit que tantôt il viendrait savoir ce que vous pensez de son album.

MADAME DE LIMEUIL.

C'est bien, c'est bien; je lui dirai, je répondrai. On vient. Ah! j'ai besoin d'être seule.

(Elle entre dans l'appartement à gauche.)

SCÈNE IV.

LOLOTTE; ROSELYN, ENTRANT PAR LE FOND, ENTOURÉ DE TOUTES LES DAMES.

CHOEUR DES DAMES.

Air de la walse de Robin des bois.

Qu'il est aimable!
C'est adorable...
Un trait semblable
Sera cité;
Et sa présence
Nous rend d'avance
Et l'espérance
Et la santé.

ROSELYN, à madame de Cernay.

Combien j'admire
Ce doux sourire!

(A madame Vermont.)

Que votre empire
A de douceur!

(A madame Raymond.)

Vermeille rose,
A peine éclose,
A, je suppose,
Moins de fraîcheur.

TOUTES LES DAMES.

Qu'il est aimable, etc.

ROSELYN.

Bonjour, bonjour; j'ai cru que je n'arriverais jamais, je ne peux pas suffire, et pour échapper à deux ou trois belles clientes, j'ai été obligé de partir incognito, ainsi ne me trahissez pas.

MADAME RAYMOND.

Incognito, un médecin incognito; c'est délicieux.

ROSELYN.

Oui, ça a quelque chose de mystérieux, on se croirait en bonne fortune, si on n'y était pas toujours, mesdames, quand on vient pour vous voir. (A madame Vermont.) Mais je vous fais compliment, vous avez ici une situation charmante; d'abord c'est très sain, c'est beaucoup... quelle différence avec votre hôtel de la rue de Provence, où l'air est chargé d'azote!

MADAME DE CERNAY.

Qu'il est savant!

ROSELYN.

Moi, du tout, au contraire.

SCÈNE IV.

Air de la Sentinelle.

Il le fallait jadis, mais maintenant
Nous avons fait bien des métamorphoses...
Il faut, sous peine ici d'être pédant,
Cacher toujours le savoir sous les roses.
    Sur les livres pourquoi pâlir?
Le seul instinct et me guide et m'éclaire,
    Et sans chercher à l'acquérir,
    Moi j'ai trouvé l'art de guérir,
Comme vous trouvez l'art de plaire.

M. VERMONT, sortant du cabinet, une lettre à la main.

Ce qui me rassure du moins, c'est qu'ici à la campagne nous serons à l'abri du docteur.

ROSELYN.

Pardon, je n'avais pas vu le maître de la maison, cet excellent M. Vermont.

M. VERMONT, étonné.

Parbleu! celui-là est trop fort! pas de congé, même le dimanche! (Il s'assied auprès de la table.) Votre serviteur, monsieur.

ROSELYN.

Votre irritation d'estomac n'a pas eu de suites.

M. VERMONT.

Non, monsieur.

ROSELYN.

Ces banquiers sont intraitables.

M. VERMONT.

Qu'est-ce que c'est, monsieur?

ROSELYN.

Je dis qu'on ne peut pas vous traiter, que vous avez une santé de fer (Il tourne le dos à M. Vermont, et va causer bas avec madame Raymond.)

MADAME VERMONT, allant à son mari.

Faites-lui donc politesse.

M. VERMONT.

Apprenez que je ne flatte personne, je suis indépendant, je suis chez moi, (il se lève) et vous allez voir.

ROSELYN, à madame Raymond.

Je vous remercie, elle va beaucoup mieux.

MADAME DE CERNAY.

Qui donc?

ROSELYN.

Une de mes clientes, la femme du grand banquier, celui qui est chargé de l'emprunt.

M. VERMONT, vivement.

De l'emprunt! il y en aura donc un? pourrait-on y entrer? à quelle époque? à quelle condition? savez-vous tout cela?

ROSELYN.

Certainement : est-ce qu'on a rien de caché pour son médecin?

M. VERMONT.

Comme ça se rencontre! moi qui voulais en prendre; docteur, une partie de billard.

ROSELYN.

Je vous remercie, après déjeûner.

MADAME VERMONT.

Comment! est-ce que vous n'avez pas déjeûné?

ROSELYN.

Non vraiment : est-ce que j'ai le temps?

MADAME DE CERNAY.

Il serait possible! mais voilà qui est affreux!

SCÈNE IV.

MADAME RAYMOND.

C'est horrible à imaginer.

MADAME VERMONT.

Ce pauvre docteur !

LOLOTTE.

Il n'a pas déjeûné.

MADAME VERMONT.

Amanda ! Dubois ! Lafleur ! (A M. Vermont.) Mais voyez donc, monsieur, appelez vos gens.

M. VERMONT.

Eh ! parbleu ! j'y vais moi-même ; nous avons là cette hure de sanglier.

ROSELYN.

Y pensez-vous ? il y aurait de quoi me donner une gastrite, je sucerai une aile de poulet, une cuisse de faisan, ce qu'il y aura ; mais ici dans le salon, pour ne pas quitter ces dames.

M. VERMONT.

Je vais vous envoyer ce qu'il faut, et puis je vous attendrai au billard.

(Il sort par le fond.)

SCÈNE V.

Les mêmes, excepté M. VERMONT.

ROSELYN.

Mais, dites-moi, je ne vois pas votre charmante nièce madame de Limeuil.

LOLOTTE, à part.

J'étais bien étonnée qu'il n'en eût pas encore parlé. (Haut.) Monsieur, selon l'ordonnance, elle est malade dans son appartement.

ROSELYN.

Une poitrine si délicate, qui exige tant de ménagemens; (A madame de Cernay.) et vous, belle dame, vos vapeurs?

MADAME DE CERNAY.

Je les ai toujours : mon mari ne veut pas me donner voiture.

ROSELYN.

C'est affreux! car enfin, la santé avant tout; j'en parlerai, et dès demain vous aurez une bonne berline.

MADAME DE CERNAY.

J'aimerais mieux un landau.

ROSELYN.

A la bonne heure, je dirai un landau.

(Pendant ce temps, un domestique en livrée a placé sur un guéridon plusieurs plats et un couvert.)

MADAME VERMONT.

Allons, venez déjeûner.

(Les femmes entourent le docteur et le conduisent à la table. Il s'assied au milieu d'elles. Lolotte est seule sur le devant de la scène.)

SCÈNE V.

MORCEAU D'ENSEMBLE.

Air de Léocadie: C'est moi, c'est moi, etc.

ENSEMBLE.

TOUTES LES DAMES.
C'est moi qui veux le servir ;
Pour nous quel bonheur ! quel plaisir !
Oui, c'est moi, cher docteur, qui dois, en vérité,
Servir la Faculté.
LOLOTTE.
Comment ! il se fait servir !
L'état de docteur est un vrai plaisir ;
C'est charmant, en vérité,
D'être de la Faculté.
ROSELYN.
C'est moi qui dois vous servir ;
D'honneur, tant de soins me feront rougir !
Quel bonheur ! je dois, en vérité,
Tomber aux pieds de la beauté.

LOLOTTE, à part, pendant que l'on sert Roselyn.

Que de frais ! que de prévenance !
Jamais on n'eut tant de bonté...
Oui, renonçant à la fierté,
Pour lui seul, hélas ! on dépense
Soins, et douceur, et complaisance ;
Puis, quand vient le mari,
Ces dames n'ont plus rien pour lui.

ENSEMBLE.

LES DAMES.
C'est moi, c'est moi, etc.
LOLOTTE.
Vraiment il se fait servir, etc.
ROSELYN.
C'est moi, etc.

ROSELYN.

Un vin excellent, car il est très léger ; je vous en demanderai encore un peu.

MADAME RAYMOND, lui parlant.

Docteur, je suis inquiète sur Oscar mon fils.

ROSELYN.

Si vous allez vous tourmenter, c'est très mauvais pour une nourrice ; il faut vous distraire, vous amuser ; du reste, pour le petit bon homme, de l'eau de gomme, de la diète, beaucoup de diète ; je vous demanderai encore une aile ; (A madame Vermont.) vous, belle dame, toujours le même régime, et quant à cette jeune et jolie enfant... (Montrant Lolotte.)

LOLOTTE.

Moi, monsieur, je ne suis pas malade.

ROSELYN.

C'est pour cela.

Air : J'en guette un petit de mon âge.

Pour conserver cette jeunesse,
Cette fraîcheur, ces traits charmans,
(A madame Vermont.)
Point d'hymen, que rien ne nous presse,
Du moins, encor deux ou trois ans...

LOLOTTE, à part.

Il faut même, sans qu'on y pense,
Subir sa consultation,
Et voilà ce pauvre Léon
Compris aussi dans l'ordonnance.

SCÈNE VI.

Les mêmes ; UN DOMESTIQUE.

LE DOMESTIQUE.

M. le colonel de Ramsay demande à présenter ses hommages à ces dames.

MADAME VERMONT.

Ce jeune militaire qui est notre voisin de campagne?

MADAME RAYMOND.

Qui a une si belle fortune?

LOLOTTE.

Mieux que cela, qui est le colonel de Léon.

MADAME VERMONT.

Lolotte, je vous ai priée de ne plus parler de Léon, un petit fat, un étourdi qui me fait sans cesse des complimens sur ma santé, et me répète toujours que j'engraisse.

LOLOTTE.

Dam! c'est facile à voir.

MADAME VERMONT.

Alors, c'est inutile à dire. Quant au colonel, nous allons le recevoir au salon; venez, mesdames.

(Elles sortent.)

ROSELYN.

Attendez donc que je vous donne la main.

LE DOMESTIQUE, l'arrêtant.

Monsieur, madame de Limeuil vient de sortir du bain, et comme elle a appris l'arrivée de M. le docteur, elle va descendre.

ROSELYN.

C'est différent, je ne souffrirai pas; je vais au devant d'elle lui offrir mon bras. (A Lolotte.) Adieu, adieu, petite.

(Il entre dans l'appartement à gauche.)

SCÈNE VII.

LOLOTTE, SEULE.

Il faut avouer que la Faculté a bien des privilèges; se présenter ainsi le matin, dans la chambre de ma cousine, le colonel n'oserait pas, mais lui...

Air : Comme il m'aimait!

C'est le docteur, (*bis.*)
Son pouvoir tient de la magie;
C'est le docteur. (*bis.*)
Il peut, grace à ce nom flatteur,
Sans façon, sans cérémonie,
Être admis chez femme jolie :
C'est le docteur. (*bis.*)

DEUXIÈME COUPLET.

C'est le docteur,
Chacun et l'accueille et l'admire;
L'époux même le plus grondeur,
Et de la plus jalouse humeur,
Sans crainte, sans bruit se retire;
Car sa femme vient de lui dire :
C'est le docteur.

(Regardant à gauche.)

Je le vois venir de ce côté, donnant le bras à sa jolie malade qui se penche négligemment sur lui, et ils causent à demi-voix : qu'est-ce qu'ils peuvent se dire? je vous le demande? Ah! mon Dieu! les voilà.

SCÈNE VIII.

ROSELYN, MADAME DE LIMEUIL, LOLOTTE.

ROSELYN.

Je vous assure qu'un tour de jardin vous fera du bien.

MADAME DE LIMEUIL.

Cela se peut; mais je n'en aurais pas la force; car pour être venue de mon appartement jusqu'ici, je me sens d'une faiblesse...

ROSELYN.

Asseyez-vous, et reposons-nous un instant.

(Il fait asseoir madame de Limeuil, et s'assied à côté d'elle.)

MADAME DE LIMEUIL.

Lolotte, laissez-nous.

LOLOTTE, à part.

C'est ennuyeux, on me renvoie toujours quand il arrive; les laisser en tête-à-tête, passe encore si c'était le colonel.

(Elle sort par le fond.)

ROSELYN.

Cette faiblesse est l'effet du bain. Voyons s'il y a de la fièvre. (Lui prenant la main.) On voit le sang circuler à travers cette peau si blanche et si fine.

MADAME DE LIMEUIL.

Mon Dieu! docteur, comme votre main tremble!...

ROSELYN.

Je craignais qu'il n'y eût de l'agitation; elle est calmée.

MADAME DE LIMEUIL.

Eh! mais, comme vous me serrez la main, prenez garde, vous me faites mal.

ROSELYN.

Pardon, je voulais voir... Oui, la peau est excellente, et les yeux?

Air de Céline.

> Un seul instant, je vous en prie,
> Tournez vers moi ces yeux charmans;
> Quoique pleins de mélancolie,
> Comme ils sont doux et séduisans!

MADAME DE LIMEUIL.

> Sont-ils mieux? pour moi je l'ignore.

ROSELYN.

> Oui, madame, j'ai quelque espoir;
> Mais je n'y trouve pas encore
> Tout ce que je voudrais y voir.

Et les palpitations dont vous vous plaigniez l'autre jour?

MADAME DE LIMEUIL.

Je souffre moins.

ROSELYN.

Sont-elles aussi fréquentes qu'hier?

MADAME DE LIMEUIL.

Cela va mieux, je vous remercie; parlons plutôt d'autre chose, car je ne puis m'empêcher de penser à ce que vous disiez il y a quelque temps. Quoi, docteur! vous croyez que réellement...

ROSELYN.

Oui, madame, c'est mon opinion; après cela, je peux me tromper; et si vous voulez que nous ayons une consultation...

SCÈNE VIII.

MADAME DE LIMEUIL.

Y pensez-vous? m'en préserve le ciel! et cependant savez-vous que c'est bien terrible de ne pouvoir se remarier sans mourir.

ROSELYN.

Du moins d'ici à quelque temps, et après tout, un veuvage de deux ou trois années est-il donc une chose si terrible, surtout lorsque l'on est comme vous, jeune, aimable et riche, entourée d'adorateurs? Il est beaucoup de dames qui feraient par coquetterie ce que je vous conseille par raison.

MADAME DE LIMEUIL.

Je le sais bien : aussi ce n'est pas pour moi; mais que répondre aux instances de ma famille, de mes amis? (A part.) Ce pauvre colonel!

ROSELYN.

Je n'ignore point que de tous côtés de nombreux partis se présentent; mais vous êtes maîtresse de votre choix, et rien ne vous oblige à vous prononcer. (Avec hésitation.) Si vous aimiez quelqu'un, je comprends ce qu'une pareille situation aurait de cruel; mais votre cœur est tout-à-fait libre, du moins vous me l'avez assuré.

MADAME DE LIMEUIL.

Oui, monsieur; (à part.) par exemple, je ne suis pas obligée de dire cela à mon médecin; (haut.) il n'en est pas moins vrai que, d'après votre ordonnance, me voilà condamnée au célibat, et n'eût-on aucune idée de mariage, cela seul est capable d'en donner. Cependant je ne me soucie point de mourir à vingt ans;

mais d'un autre côté, d'ici à trois ans, sait-on ce qui peut arriver? Je n'ai qu'à ne plus être jolie, on n'a qu'à ne plus m'aimer.

ROSELYN.

Est-ce possible?

MADAME DE LIMEUIL.

Eh! oui, monsieur, si l'on s'impatiente; si on fait un autre choix! vous autres docteurs, vous ne comprenez pas tout cela, vous ne pensez qu'à vos livres et à la science.

ROSELYN.

Nous, madame! quelle est votre erreur! qui peut vous faire croire que nous soyons insensibles? nous, dont le cœur s'ouvre à chaque instant aux émotions les plus douces et les plus cruelles! eh comment, en effet, ne pas céder à l'intérêt le plus tendre, quand on voit la beauté souffrante réclamer nos soins? Et lorsque, grace à nous, ces yeux languissans ont retrouvé leur éclat, quand ces traits charmans ont repris leur fraîcheur et leur coloris, on se dit : C'est par moi qu'elle respire; c'est à moi qu'elle doit tant de graces et tant d'attraits; et nouveau Pygmalion, on adore son ouvrage.

MADAME DE LIMEUIL, souriant.

Eh! quoi! vraiment, docteur!

RAMSAY, en dehors.

Il faut absolument que je lui parle.

MADAME DE LIMEUIL, se levant.

Le colonel!

ROSELYN, de même.

Un colonel!

SCÈNE IX.

Les mêmes; RAMSAY.

RAMSAY, à part, en entrant.

C'est lui, c'est notre docteur. (Haut à madame de Limeuil.) Je viens, madame, d'inviter votre tante et ces dames à vouloir bien passer la soirée chez moi; puis-je espérer que vous voudrez bien les accompagner?

ROSELYN.

Pardon, monsieur, est-ce un bal, une soirée agitée?

RAMSAY.

Que vous importe?

ROSELYN.

Il m'importe que madame ne peut pas accepter. Je ne peux pas me permettre...

RAMSAY.

Comment, monsieur?

ROSELYN.

Ah! j'en suis désolé, mais je suis inflexible. Je ne suis pas de ces docteurs complaisans qui transigent avec leur devoir; je déclare qu'une seule contredanse vous ferait un mal affreux, mais je dis affreux.

MADAME DE LIMEUIL.

Eh bien! docteur, rassurez-vous. (A M. Ramsay.) J'irai, (A Roselyn.) mais je ne danserai pas.

ROSELYN.

C'est égal, voilà une imprudence.

RAMSAY.

Dont je suis responsable ; et c'est moi seul que l'on accusera. (A madame de Limeuil.) J'aurais voulu aussi vous parler sur un sujet important, un sujet qui vous concerne. (Regardant Roselyn.) Allons, il ne s'en ira pas.

(Il va pour parler à madame de Limeuil.)

ROSELYN, prenant la parole et l'interrompant.

Si c'est quelque chose de sérieux, je vous engage à remettre à un autre moment ; car nous avons la tête bien faible.

RAMSAY.

Il suffit, monsieur, je sais ce que j'ai à faire.

ROSELYN.

Ah ! si la santé de madame vous est indifférente, je n'ai plus rien à dire.

RAMSAY, avec impatience.

Eh ! monsieur...

MADAME DE LIMEUIL.

Colonel...

RAMSAY.

Madame sait bien que je ne viens lui demander qu'un mot, qu'un seul mot.

ROSELYN.

Et moi, je défends à madame de parler davantage.

RAMSAY.

Parbleu, celui-là est trop fort.

ROSELYN.

Oui, monsieur, c'est comme cela, voilà comme on se fatigue la poitrine. (Il tire de sa poche une boîte de gomme qu'il offre à madame de Limeuil.) J'ordonne le silence le plus absolu.

SCÈNE X.

RAMSAY, à voix basse, à Roselyn.

Eh bien ! monsieur, si je ne puis m'adresser à madame, c'est à vous que je parlerai.

ROSELYN, d'un air gracieux.

A moi ! vous auriez quelque chose à me communiquer?

RAMSAY, bas.

J'ai à vous dire, monsieur, que nous nous expliquerons ailleurs qu'ici.

ROSELYN, en plaisantant, et élevant la voix.

Qu'est-ce que c'est, monsieur? est-ce un défi? Est-ce que vous avez envie de me tuer? tuer un médecin! mais ce serait le monde renversé.

MADAME DE LIMEUIL.

Quoi, colonel !...

SCÈNE X.

Les mêmes ; LOLOTTE, qui a entendu les derniers mots, accourant.

LOLOTTE.

Monsieur le docteur! monsieur le docteur!

ROSELYN.

Eh bien ! qu'y a-t-il?

LOLOTTE, hésitant.

Il y a, il y a que madame de Cernay a une attaque de nerfs, et qu'on vous appelle de tous côtés.

ROSELYN.

Une attaque de nerfs ! et pourquoi donc?

LOLOTTE.

Pourquoi? est-ce qu'on le sait jamais ? Peut-être parce que vous êtes ici, et qu'elle aura voulu profiter de l'occasion.

ROSELYN.

J'y vais, j'y vais; (A madame de Limeuil.) et je reviens à l'instant.

LOLOTTE.

Mais allez donc, docteur, allez donc, ou elle sera obligée de revenir toute seule; et alors ce n'était pas la peine de se trouver mal. (Bas à Ramsay.) J'ai éloigné le docteur, profitez du moment.

(Roselyn sort par le fond, et Lolotte entre dans l'appartement à droite.)

SCÈNE XI.

RAMSAY, MADAME DE LIMEUIL.

RAMSAY, regardant sortir Roselyn.

C'est bien heureux; j'ai cru qu'il n'y aurait pas moyen de vous parler un instant.

MADAME DE LIMEUIL.

Je vous ferai observer, colonel, que votre conduite et votre vivacité sont bien étranges.

RAMSAY.

Moi, madame, je les trouve fort naturelles, quand de cet entretien dépend le bonheur de ma vie. Un oncle à qui je dois ma fortune et mon avancement, et qui depuis long-temps me pressait de me marier, m'offre aujourd'hui sa fille unique, une jeune personne charmante. Que lui répondre?

SCÈNE XI.

MADAME DE LIMEUIL, émue.

Vous hésitez!

RAMSAY.

Je refuserais à l'instant même, et sans regrets, si j'étais sûr d'être aimé de vous.

MADAME DE LIMEUIL, tendrement.

Ai-je besoin de vous le dire?

RAMSAY.

Ah! je n'hésite plus.

Air. Elle fut heureuse au village.

D'un oncle bravant le courroux,
Je vais lui dire sans mystère
Que vous m'acceptez pour époux.

MADAME DE LIMEUIL.

O ciel! monsieur, qu'allez-vous faire?

RAMSAY.

Oh! sa fureur d'abord éclatera,
En voyant que je le refuse;
Mais je suis sûr qu'il me pardonnera
(La montrant.)
Sitôt qu'il verra mon excuse.

MADAME DE LIMEUIL.

Il ne la verra pas, car je ne puis être à vous.

RAMSAY.

Que me dites-vous? et quel est le motif d'un pareil procédé?

MADAME DE LIMEUIL.

Je ne peux m'expliquer; mais sachez seulement que je vous aime, que je n'aime que vous, et que si vous en épousez une autre, rien ne pourra me consoler de votre perte.

RAMSAY.

Est-ce un jeu que vous vous faites de ma douleur? eh bien! madame, vous serez satisfaite: caprice ou fantaisie, je m'y soumettrai; et si c'est là le seul moyen de vous prouver mon amour, je me brouille avec mon oncle, avec toute ma famille, demain je pars pour mon régiment, et si je me fais tuer, rappelez-vous, madame, que c'est pour vous seule que j'aurai perdu la vie.

(Il s'éloigne.)

MADAME DE LIMEUIL, le retenant.

Que dit-il? perdre la vie! s'il en est ainsi, il vaut mieux que ce soit moi.

RAMSAY.

Que voulez-vous dire?

MADAME DE LIMEUIL.

Que c'est là mon sort; vous auriez dû peut-être avoir pitié de ma faiblesse, et respecter mon secret; mais vous douteriez de mon amour, voici ma main, je suis prête à vous épouser.

RAMSAY.

Et je pourrais consentir!... Je ne pars plus! je ne me marierai jamais, je resterai auprès de vous, j'y resterai toujours; mais je suis le plus malheureux des hommes.

MADAME DE LIMEUIL.

Le plus malheureux! et cependant je vous aime, et je vous le dis.

RAMSAY.

Oui, vous avez raison.

MADAME DE LIMEUIL, lui tendant la main.

A ce soir.

SCÈNE XI.

RAMSAY.

Vous viendrez?

MADAME DE LIMEUIL.

Oui, mon ami, oui, je serai heureuse de me trouver chez vous à ce bal.

RAMSAY.

Et vous ne danserez pas?

MADAME DE LIMEUIL.

Non, mais tant mieux! je me persuaderai que je suis la maîtresse de la maison, et que j'en fais les honneurs.

RAMSAY.

Mais du moins...

Air : Ses yeux disaient tout le contraire.

Jurez-moi qu'un autre jamais
N'aura cette main qui m'est chère.

MADAME DE LIMEUIL.

Ah! d'avance je le promets,
Et par mon amitié j'espère
Adoucir au moins ce refus;
Oui, s'il le faut en récompense,
Je veux vous aimer deux fois plus
Pour que vous preniez patience.

(Elle entre dans l'appartement à gauche, Ramsay la conduit jusqu'à la porte, et madame de Limeuil lui dit en le quittant:)

A ce soir.

SCÈNE XII.

RAMSAY, puis LOLOTTE.

LOLOTTE, *sortant de l'appartement à droite.*

Eh bien ! elle s'éloigne.

RAMSAY.

Je suis le plus heureux et le plus misérable des hommes; elle m'aime, elle me l'avoue, et elle ne peut être à moi.

LOLOTTE.

Je le sais, j'écoutais. Eh bien ! vous ne devinez pas ? cela vient du docteur, qui, je le parierais maintenant, est amoureux de ma cousine.

RAMSAY.

Lui ! je m'en doutais ; c'est un moyen d'éloigner ses rivaux; mais nous nous verrons, et je vais sur-le-champ...

LOLOTTE.

Vous allez tout gâter, la violence ne peut rien ici, et vous appelleriez en duel toute la faculté, que vous n'ôteriez pas de l'esprit de ma cousine, cette idée, cette conviction intime qui est l'ouvrage du docteur, et que lui seul peut détruire.

RAMSAY.

Comment faire ?

LOLOTTE.

Je ne sais, notre adversaire est malin; il se doute déjà que vous êtes son rival; et l'essentiel est d'abord de le convaincre du contraire.

SCÈNE XII.

RAMSAY.

Oui, mais comment?

LOLOTTE, frappée d'une idée.

Un mot seulement. Léon aura-t-il une lieutenance?

RAMSAY.

Je vous le jure.

LOLOTTE.

Bientôt?

RAMSAY.

Avant un mois.

LOLOTTE.

Eh bien! ce soir vous serez marié; j'entends le docteur.

Air de Voltaire chez Ninon.

Allons, monsieur, vite, à genoux,
Et pour mieux seconder mon zèle,
L'air bien épris.

RAMSAY.

Que dites-vous?
Quoi! vous voulez, mademoiselle...

LOLOTTE.

Craignez d'exciter mon courroux,
Je veux surtout qu'on soit docile...
Allons, monsieur, vite, à genoux;
Mais est-ce donc si difficile?

RAMSAY, à genoux.

Non, sans doute, et m'y voilà de confiance.

SCÈNE XIII.

RAMSAY, aux genoux de Lolotte; ROSELYN, arrivant par le fond.

ROSELYN, du fond du théâtre.

Qu'est-ce que je vois là?

LOLOTTE, qui a donné un coup d'œil de son côté, prenant sur-le-champ un air troublé.

Mais, colonel, que me demandez-vous? et comment puis-je vous répondre?

RAMSAY.

Qu'est-ce qu'elle a donc?

LOLOTTE, de même.

Ce n'est pas bien à vous d'insister ainsi, (bas.) mais allez donc, (haut.) car vous savez bien que je dépends de toute ma famille, (avec intention.) de madame Vermont, ma tante, de madame de Limeuil, ma cousine.

RAMSAY.

N'importe; et quoi qu'il arrive, je vous jure, je vous atteste... (Lui baisant la main.)

LOLOTTE, à part, pendant qu'il lui baise la main.

Par exemple, je n'avais pas dit de me baiser la main. (Se retournant, apercevant le docteur et poussant un grand cri.) Ah! qu'ai-je vu! (Au colonel.) Monsieur, au nom du ciel! mais levez-vous donc, on ne compromet pas ainsi quelqu'un.

ROSELYN.

Pardon, pardon de mon indiscrétion. Ah! mademoiselle Lolotte!

SCÈNE XIV.

RAMSAY, fièrement.

Oui, monsieur, vous savez tout ; le hasard vous a appris plus que je ne voulais vous en dire ; mais si vous profitez de cet avantage pour divulguer mon secret, (Pendant ce temps, Lolotte l'encourage par ses gestes.) ou pour me nuire auprès des parens de mademoiselle...

ROSELYN.

Moi, colonel ! vous pouvez penser !... vous ne me connaissez pas ; si vous lisiez au fond de mon cœur, vous verriez que je suis enchanté, ravi de cette circonstance, et que je serai trop heureux de vous servir.

LOLOTTE, bas au colonel.

C'est bien, partez maintenant, et laissez-moi faire.

RAMSAY.

Il suffit, docteur, tenez vos promesses ; (Prenant la main de Lolotte et la baisant encore.) adieu, Lolotte, adieu ; je compte sur vous.

SCÈNE XIV.

LOLOTTE, ROSELYN.

LOLOTTE, regardant sa main.

En voilà encore un qui n'était pas nécessaire.

ROSELYN.

Comment, mademoiselle Lolotte, vous aviez des secrets pour moi ?

LOLOTTE.

Il le fallait bien, n'étiez-vous pas mon ennemi ?

ROSELYN.

C'est-à-dire, c'est vous qui étiez toujours avec moi en état d'hostilité ; et tout-à-l'heure encore, cette attaque de nerfs de madame de Cernay.

LOLOTTE, d'un air ingénu.

Est-ce qu'elle n'en avait pas ?

ROSELYN.

Non, sans doute.

LOLOTTE.

C'est jouer de malheur, car elle en a toujours.

ROSELYN.

C'est vous seule qui l'aviez rendue malade.

LOLOTTE, finement.

Et vous m'en voulez d'avoir été sur vos brisées.

ROSELYN.

Il ne s'agit pas de cela ; mais vous me direz au moins pour quelle raison vous êtes venue ainsi me chercher ?

LOLOTTE, baissant les yeux.

Il y avait assez long-temps que vous causiez avec le colonel.

ROSELYN, malignement.

J'y suis ; c'est moi qui à mon tour allais sur vos brisées.

LOLOTTE.

Comme vous comprenez, monsieur le docteur.

ROSELYN.

C'est pour cela, Lolotte, qu'il vaut mieux m'avoir pour allié que pour ennemi ; et puisque maintenant nous convenons de tout avec franchise, n'est-ce pas vous qui aviez ainsi prévenu le colonel contre moi ?

SCÈNE XIV.

LOLOTTE.

C'est vrai, je lui avais dit de vous un mal affreux.

ROSELYN.

Et pourquoi?

LOLOTTE.

Parce que vous seul vous opposiez à mon mariage; ne disiez-vous pas sans cesse à ma tante et à ma cousine que j'étais trop jeune?

ROSELYN.

C'est vrai, parce que je croyais que vous vouliez épouser Léon, un petit fat qui ne perdrait pas une occasion de s'égayer à mes dépens. Mais si vous m'aviez dit que c'était le colonel!.... pourquoi ne m'en parliez-vous pas?

LOLOTTE.

D'abord, parce qu'il ne s'est déclaré que tout à l'heure; et puis, je me disais : si à quinze ans je suis trop jeune pour épouser un sous-lieutenant,

Air de la Robe et les Bottes.

Notre docteur, qui raisonne à merveille,
Trouvera-t-il, ça n'est pas naturel,
 Que de cinq ans je sois plus vieille
 En épousant un colonel?
Ou, si le grade augmente ainsi mon âge,
Je puis demain, voyez quel sort fatal!
Avoir trente ans... si, grace à son courage,
 Le colonel se trouve général.

ROSELYN, souriant.

Vous plaisantez toujours; mais vous avez trop d'esprit, Lolotte, pour ne pas comprendre que, quand on le veut, les principes peuvent se plier aux circonstances. Dans celle-ci, à qui la faute? que ne parliez-vous plus tôt? il m'eût été facile de diriger les idées de votre tante vers un but plus conforme à vos désirs ; mais à présent il y a bien plus d'obstacles ; car j'avais une opinion que, pour vous plaire, je ne vais plus avoir. N'importe, je tenterai ; trop heureux, si j'acquiers des droits à votre reconnaissance, et si, une fois mariée, vous daignez vous rappeler qu'un médecin dévoué qui possède notre confiance est encore l'ami le plus discret et le plus sûr qu'une jeune femme puisse choisir.

LOLOTTE.

Ah docteur ! j'en suis bien persuadée, j'en parlerai à mon mari, qui, j'en suis certaine, pensera comme moi. Mais avant tout, vous me promettez de convaincre madame de Vermont, ma tante.

ROSELYN.

Je l'espère, du moins.

LOLOTTE.

Il y a aussi madame de Limeuil, ma cousine.

ROSELYN.

Celle-là a de l'esprit, et ce sera peut-être plus difficile.

LOLOTTE, le regardant.

Pour tout autre, oui ; mais pour vous, qui n'avez qu'un mot à dire...

ROSELYN.

Et qui vous fait présumer que ce soit ainsi ?

LOLOTTE.

Ce que j'ai vu, ce que je sais, et ce que vous-même, docteur, vous savez bien.

ROSELYN.

Moi ! je vous jure que j'ignore...

SCÈNE XIV.

LOLOTTE.

Ce n'est pas bien, maintenant que nous sommes alliés. Nous avons promis de tout nous dire, et je vous ai donné l'exemple; ainsi, docteur, convenez-en et ne soyez pas plus discret que ma cousine qui me l'a presque avoué.

ROSELYN, inquiet.

Avoué, quoi?

LOLOTTE, vivement.

Qu'elle vous aime comme j'aime le colonel.

ROSELYN.

Il se pourrait!

LOLOTTE.

Faites donc l'étonné, c'est si difficile à voir; elle ne peut vivre sans vous, ne peut se passer de vous; on ne peut devant elle prononcer votre nom sans la faire rougir; au point qu'hier je lui ai dit...

ROSELYN.

Vous lui avez dit...

LOLOTTE.

Eh! mon dieu oui, car cela me désole de la voir ainsi triste et mélancolique. Cousine, lui ai-je dit, puisque tu aimes le docteur, épouse-le, et que cela finisse. Tu as une belle fortune, mais il a un état dans le monde; et après tout tu ne dépends de personne.

ROSELYN.

Vraiment, vous lui avez parlé ainsi? et qu'a-t-elle répondu?

LOLOTTE.

Par exemple, voilà ce que je n'ai pu comprendre; et je ne sais pas si vous serez plus savant que moi.

Elle a soupiré, mais pas de ces soupirs de satisfaction, ah! ah! non; c'était un soupir de regret, ah! ah! comme qui dirait : ah! si cela se pouvait.

ROSELYN.

Grands dieux ! que viens-je d'entendre !

LOLOTTE.

Et elle a ajouté: « Ne m'en parle jamais, ni à moi, « ni au docteur; car il sait bien lui-même que cela « n'est pas possible. »

ROSELYN, désolé.

Malheureux! qu'ai-je fait! Mais aussi comment me douter? moi qui ne voulais qu'éloigner mes rivaux.

LOLOTTE.

Qu'avez-vous donc! est-ce que vous savez?

ROSELYN, affectant de sourire.

Oui, oui, sans doute; mais rien n'est désespéré, tout peut se réparer, pourvu que vous me promettiez le plus grand silence. Pas un mot de cette conversation ni à votre cousine, ni à ces dames ni au colonel.

LOLOTTE.

Est-ce que nos intérêts ne sont pas communs?

ROSELYN.

Vous avez raison, et avec de l'adresse et de l'amour; des raisonnemens et de la logique... D'ailleurs ces dames me soutiendraient au besoin, car elles sont toutes pour moi. Eh! mais, quel est ce bruit?

LOLOTTE.

Ce sont elles.

SCÈNE XV.

Les mêmes, M. et madame VERMONT, madame de LIMEUIL, en habit de bal; madame de CERNAY, madame RAYMOND.

TOUTES LES DAMES.

Air des Eaux du Mont-Dor.

Un trait semblable
N'est pas croyable,
Et mon cœur en est révolté;
Sa tyrannie
Nous contrarie
Sans égards pour notre santé.

ROSELYN.

Eh! mais qu'y a-t-il donc?

M. VERMONT.

Il y a que le colonel, notre voisin, donne ce soir un fort joli bal, et que ces dames qui étaient malades pour dîner chez le sous-préfet, se portent bien pour danser chez le colonel; préférence injurieuse pour l'autorité civile. Mais cette fois je tiendrai bon, et d'après votre ordonnance on ne sortira pas, d'autant que je n'aime pas la danse, et puis, je suis fort, j'ai pour moi le docteur.

MADAME VERMONT.

Et nous aussi.

M. VERMONT.

Je m'en rapporte à lui.

TOUTES LES DAMES.

Et nous de même.

ROSELYN.

Permettez, mesdames, je vous ai, il est vrai, recommandé l'exercice.

MADAME DE CERNAY ET LES DAMES.

Il n'y en a pas de meilleur que le bal.

ROSELYN.

Jusqu'à un certain point; oui, mesdames, vous aurez beau vous fâcher, me trouver absurde et ridicule, je suis là-dessus du dernier rigorisme. Il faut que je sache d'abord si le bal a lieu dans un salon.

MADAME DE CERNAY.

Du tout, bien mieux que cela, dans les jardins.

MADAME RAYMOND.

Qui sont, dit-on, délicieux.

MADAME VERMONT.

Et illuminés avec une élégance!

ROSELYN.

Dans un jardin, c'est différent, nous n'avons point à craindre les miasmes délétères que l'on respire dans les salons de Paris; c'est presque un bain d'air, et si j'étais bien sûr que l'on fût raisonnable, je pourrais permettre...

TOUTES LES DAMES.

Ah! qu'il est aimable!

ROSELYN.

Mais surtout pas d'excès; quatre ou cinq contredanses, six, tout au plus.

TOUTES LES DAMES.

Oui, docteur.

SCÈNE XV.

ROSELYN.

Et que dans les entr'actes nous ayons bien soin de croiser nos cachemires.

TOUTES LES DAMES.

Oui, docteur. Allons nous habiller, et chercher nos schalls.

M. VERMONT, les arrêtant.

Un instant, un instant.

TOUTES LES DAMES.

Ah! le docteur l'a dit; le docteur l'a dit.

M. VERMONT.

Oui; mais moi!

ROSELYN.

Nous les accompagnerons, et nous parlerons de l'emprunt, attendu que je pars demain...

LOLOTTE.

Et puis, mon oncle, il y aura un souper magnifique; le colonel me l'a assuré.

M. VERMONT.

Un souper! un souper! croyez-vous que cela me détermine? mais enfin, puisque tout le monde y va.

LOLOTTE ET TOUTES LES DAMES.

Victoire!

CHOEUR.

Air: Vive un bal champêtre.

Le bal nous appelle :
Au plaisir fidèle,
Venez-y, ma belle;
Jamais le bal
N'a fait mal.

LOLOTTE.

Moi j'aime la danse,
Par goût, par gaîté.

MADAME DE CERNAY.

Moi, par complaisance.

MADAME VERMONT.

Moi, pour ma santé.

TOUTES LES DAMES.

Le bal nous appelle, etc.

(Toutes les dames sortent avec M. Vermont; madame de Limeuil reste avec Roselyn.)

SCÈNE XVI.

Madame de LIMEUIL, ROSELYN.

ROSELYN.

Pour vous, madame, je vois que vous êtes déjà habillée.

MADAME DE LIMEUIL.

Oui; j'avais déjà la permission du docteur.

ROSELYN.

J'espère que cela vous distraira; voilà pourquoi je vous l'ai accordée sans peine.

MADAME DE LIMEUIL.

Au contraire, vous ne vouliez pas.

ROSELYN.

D'abord; mais depuis j'ai réfléchi, car je ne passe pas un instant sans étudier votre situation, sans m'occuper de vous... de votre état.

MADAME DE LIMEUIL.

O ciel! vous êtes inquiet! vous craignez pour moi!

SCÈNE XVI.

ROSELYN.

Non, madame, nullement.

MADAME DE LIMEUIL.

Vous voulez me le cacher; mais vous avez des doutes.

ROSELYN.

Franchement, si j'en ai, ce n'est que sur moi-même; car, dans ce moment-ci, plus je compare, plus je calcule, et moins je puis me rendre compte. Je croyais d'abord que la langueur, la tristesse où vous étiez, provenait d'un peu de faiblesse de poitrine, et je vous traitais en conséquence; mais cependant la fièvre a disparu, la toux s'est dissipée, vous ne souffrez nulle part.

MADAME DE LIMEUIL.

Non, docteur.

ROSELYN.

C'est fort étonnant, c'est même fort inquiétant, et il faut qu'il y ait quelque cause...

MADAME DE LIMEUIL.

Ah! mon Dieu!

ROSELYN.

Est-ce que par hasard?... Mais ce n'est pas possible, car vous me l'auriez dit, est-ce que nous aurions quelque chagrin, quelque peine secrète?

MADAME DE LIMEUIL.

Quoi, docteur, vous croyez que cela pourrait influer?

ROSELYN.

Mais sans doute, madame; toutes les maladies physiques ont leur source dans quelque affection morale. Nous avons dans ce moment-ci des fièvres d'agiotage, des fièvres d'ambition rentrée, des fièvres d'amour; celles-là sont les plus rares, surtout dans les hautes classes; mais enfin elles existent.

MADAME DE LIMEUIL.

Ah! mon Dieu! si j'avais su, si j'avais osé plus tôt!

ROSELYN.

Est-ce que j'aurais deviné?

MADAME DE LIMEUIL.

Oui, docteur, je dois rendre justice à vos talens, à votre pénétration : j'éprouve depuis quelque temps un très grand chagrin.

ROSELYN.

Vraiment!

MADAME DE LIMEUIL, baissant les yeux.

J'aime quelqu'un.

ROSELYN, à part, avec joie.

Il est donc vrai. (Haut.) Voyez-vous, madame, ce que c'est que de ne pas tout dire à son médecin. Comment voulez-vous, après cela, que l'on puisse deviner, que l'on puisse se conduire? Cela ne prouve rien contre la science; mais dans l'ignorance où j'étais, je pouvais vous ordonner des choses contraires, et c'est précisément ce qui est arrivé.

MADAME DE LIMEUIL.

Quoi! ce que vous m'aviez prescrit?

ROSELYN.

Mais, oui, madame, et maintenant cela devient bien différent; si la souffrance que vous éprouvez depuis quelque temps n'a d'autre cause qu'une affection

SCÈNE XVI.

de l'ame, qu'un chagrin de cœur; si toutefois vous ne me trompez pas encore.

MADAME DE LIMEUIL.

Oh! non, docteur, cela ne m'arrivera plus.

ROSELYN.

Eh bien! madame, il y aurait beaucoup plus de danger à rester dans la situation où vous êtes; vous ne savez donc pas quelles sont les conséquences d'une inclination contrariée.

MADAME DE LIMEUIL.

O ciel!

ROSELYN.

Air : Restez, restez, troupe jolie.

Pardon, mais mon état l'ordonne,
Je dois vous parler sans détour.
J'ai vu mainte et mainte personne,
En pareil cas, mourir d'amour.

MADAME DE LIMEUIL.

Que dites-vous, mourir d'amour?

ROSELYN.

Or, vous, si jeune et si jolie,
Jugez quels funestes destins !
De mourir d'une maladie
Dont il est tant de médecins.

MADAME DE LIMEUIL, avec joie.

Ainsi donc, vous me conseillez, là, bien franchement, de me remarier.

ROSELYN.

Oui, sans doute.

MADAME DE LIMEUIL, à part.

Pauvre colonel! (Après un geste de bonheur.) Quant à la personne, que jusqu'ici je n'ai pas osé vous nommer...

ROSELYN.

Je ne pouvais ni ne devais la connaître; son nom, quel qu'il soit, ne doit influer en rien sur mes décisions; car votre état avant tout; eh bien! madame!

MADAME DE LIMEUIL.

Ah! mon Dieu! quand j'y pense.

ROSELYN.

Qu'avez-vous donc?

MADAME DE LIMEUIL.

Que devenir, et comment faire à présent? tout à l'heure encore, j'ai déclaré à ma tante et à toutes ces dames que je chérissais ma liberté, et que, de moi-même et par goût, je resterais toujours veuve.

ROSELYN.

Ne peut-on point changer d'idée?

MADAME DE LIMEUIL.

Oui, monsieur, mais pas d'une heure à l'autre.

ROSELYN.

N'est-ce que cela? ce ne sera pas vous, ce sera moi qui l'aurai ordonné, et alors il n'y aura plus rien à dire.

MADAME DE LIMEUIL.

Quoi! vraiment, vous seriez assez bon, assez aimable pour me donner une consultation?

ROSELYN, montrant la porte à droite.

Je vais l'écrire là, dans le cabinet de votre oncle, et je vous l'apporte à l'instant.

MADAME DE LIMEUIL.

Croyez, docteur, que ma reconnaissance...

ROSELYN.

Je suis assez payé si je peux vous rendre la santé et le bonheur. Adieu, adieu.

(Il entre dans le cabinet à droite.)

SCÈNE XVII.

MADAME DE LIMEUIL, puis RAMSAY, LOLOTTE.

MADAME DE LIMEUIL.

Ah! l'aimable docteur! celui-là, par exemple, est bien un ami véritable. (Apercevant Ramsay.) Ah! colonel! vous voilà! arrivez donc vite; vous venez me prendre pour le bal!

RAMSAY.

Oui, madame; mais d'où vient ce trouble, cette émotion?

MADAME DE LIMEUIL.

Ce matin j'étais bien malheureuse; car je ne pouvais être à vous, sans crainte de vous perdre à jamais, maintenant tout est changé.

RAMSAY.

Que dites-vous?

MADAME DE LIMEUIL.

Que je vous dois une récompense, et (lui tendant la main.) la voilà.

RAMSAY, à ses genoux.

Ah! que je suis heureux!

LOLOTTE, entrant en ce moment par le fond.

Et moi aussi!

SCÈNE XVIII.

LOLOTTE, madame de LIMEUIL, RAMSAY, RO-SELYN, sortant du cabinet, et tenant un papier a la main.

ROSELYN.

Madame, voici la consultation signée de moi.

MADAME DE LIMEUIL, prenant le papier.

Merci, docteur.

ROSELYN, apercevant le colonel qui est à genoux de l'autre côté.

Que vois-je? et que faites-vous?

LOLOTTE.

Elle suit l'ordonnance.

ROSELYN, à part.

Ah! grand Dieu! (Haut.) Comment, (regardant Lolotte) monsieur le colonel, lui qui vous aimait, du moins je le croyais.

LOLOTTE.

Oui, cela en avait tous les symptômes; mais quoique docteur habile, on peut être trompé.

ROSELYN, à mi-voix.

Ah! petit serpent!

LOLOTTE.

Oh! je n'ai pas peur parce que nous sommes alliés, et vous me donnerez aussi une ordonnance pour épouser Léon, n'est-il pas vrai?

ROSELYN.

Eh bien! par exemple.

LOLOTTE.

Il n'y a que ce moyen-là de me faire taire, parce

que, tant que je ne serai pas mariée, je serai bavarde! bavarde... comme le sont toutes les demoiselles.

ROSELYN.

C'est bon, cela suffit.

MADAME DE LIMEUIL, qui, pendant ce temps, a causé avec le colonel.

Remerciez le docteur, colonel, car c'est à lui que vous devez tout; aussi j'espère bien qu'il sera votre ami, comme il est le mien, et que dans notre ménage...

RAMSAY.

Oui, ma chère amie, oui, monsieur, sans doute... (A part.) Une fois marié, j'aurai le soin que ma femme en ait un autre, un vieux.

LOLOTTE.

Mais voici toutes ces dames.

SCÈNE XIX.

Les mêmes; M. et madame VERMONT, madame de CERNAY, madame RAYMOND.

CHOEUR.

Air : Vive un bal champêtre.

Le bal nous appelle :
Au plaisir fidèle,
Venez-y, ma belle,
Jamais un bal
N'a fait mal.

ROSELYN.

Mais surtout, mesdames, pas d'anglaises, pas de

ronds de rochat, soyons rentrées à trois heures du matin, là-dessus je suis inflexible.

TOUTES LES DAMES.

Oui, docteur.

MADAME DE LIMEUIL.

Mais vous venez avec nous.

ROSELYN.

Sans doute. (A part.) C'est étonnant comme j'ai envie de danser.

VAUDEVILLE.

Air nouveau de M. Adam.

M. VERMONT.

De votre cher docteur je conçois la méthode,
Et près de vous, madame, il doit être à la mode ;
Car je le dis tout bas :
Fait-on vos volontés... vous vous trouvez guérie,
Mais dès que l'ordonnance, hélas! vous contrarie,
Vous ne guérissez pas.

MADAME VERMONT.

Vous qui, dans le printemps, brillez, jeunes coquettes,
L'automne voit bientôt s'éloigner vos conquêtes,
Et l'amour fuit vos pas ;
De le revoir toujours n'ayez plus l'espérance,
Et que vos quarante ans soient pris en patience,
Car on n'en guérit pas.

RAMSAY.

Le pauvre attend de l'or ; le riche veut des places ;
L'une espère un mari, l'autre espère des graces;
Chacun rêve ici-bas :
A chaque vœu trompé l'on répète à la ronde :
L'espérance est un mal... par bonheur, en ce monde,
On n'en guérira pas.

SCÈNE XIX.

LOLOTTE.

On guérit les chagrins, on guérit de l'absence;
Et même de l'amour comme de la constance
    On guérit ici-bas.
Mais nous avons des maux que l'on ne peut détruire,
C'est l'amour du pouvoir, l'amour du cachemire;
    Nous n'en guérissons pas.

ROSELYN.

Il est d'honnêtes gens, pâles de jalousie,
Que l'aspect de nos arts et de notre industrie
    Fait souffrir ici-bas.
O vous dont nos succès causent la maladie!
Espérons que pour nous et pour notre patrie
    Vous ne guérirez pas.

MADAME DE LIMEUIL, au public.

O vous dont les auteurs implorent les suffrages,
Médecins redoutés, qui donnez aux ouvrages
    La vie ou le trépas!
Pour sauver celui-ci venez tous en personne;
Car lorsque le docteur, hélas! nous abandonne,
    Nous ne guérissons pas.

FIN DU MÉDECIN DE DAMES.

LES PREMIÈRES AMOURS,

OU

LES SOUVENIRS D'ENFANCE,

COMÉDIE-VAUDEVILLE EN UN ACTE;

Représentée, pour la première fois, à Paris, sur le théâtre du Gymnase dramatique, le 12 novembre 1825.

PERSONNAGES.

M. DERVIÈRE.
EMMELINE, sa fille.
CHARLES, cousin d'Emmeline.
RINVILLE.
LAPIERRE, domestique de M. Dervière.

La scène se passe en Franche-Comté, dans la maison de M. Dervière.

Le théâtre représente un salon ; une porte au fond, et deux latérales.

RINVILLE, L'EMBRASSANT.

C'EST COMME AUTREFOIS.

Les Premières Amours, Scène VIII.

LES PREMIÈRES AMOURS,

OU LES SOUVENIRS D'ENFANCE.

SCÈNE PREMIÈRE.

EMMELINE, DERVIÈRE.

DERVIÈRE.

Mais enfin, réponds-moi : qu'est-ce que tu as ? qu'est-ce qui te fâche ? pourquoi depuis hier es-tu de mauvaise humeur ?

EMMELINE.

Je n'en sais rien, mon papa ; tout me déplaît, tout me contrarie.

DERVIÈRE.

C'est donc pour la première fois de ta vie ; car tout le monde ici fait tes volontés, à commencer par moi.

EMMELINE.

Combien vous êtes bon ! combien vous m'aimez !

DERVIÈRE.

Que trop ! Mais quand on est veuf, qu'on est, comme moi, un des premiers maîtres de forges de la Franche-Comté, avec cinquante mille livres de rente, et une fille unique ; qu'est-ce que tu veux qu'on fasse de sa fortune? Songe donc que, dans le monde, je n'ai que toi à aimer.

Air de Lantara.

Mon seul vœu, ma plus chère envie
Est de pouvoir t'établir près de moi.
Cet or, fruit de mon industrie,
C'est pour mon gendre, ou plutôt c'est pour toi.
Je veux, auprès d'un époux qui t'adore,
Doubler mes biens en vous les prodiguant.
Un père s'enrichit encore
De ce qu'il donne à son enfant.

Et voilà plus de vingt partis que je te propose; mais aujourd'hui, par exemple, je n'entends pas raillerie, et tu auras la bonté de bien recevoir celui que nous attendons.

EMMELINE.

Quoi! ce monsieur de Rinville, dont vous me parliez hier? Eh bien! mon papa, si vous voulez que je vous dise la vérité, c'est là l'unique cause de mon chagrin et de ma mauvaise humeur; et je ne vois pas pourquoi vous me proposez celui-là plutôt qu'un autre.

DERVIÈRE.

Puisque tu n'en veux pas d'autre...!

EMMELINE.

Ce n'est pas une raison.

DERVIÈRE.

Si, mademoiselle, c'en est une; et si vous en voulez de meilleures, en voici : Il y a trente ans que je vins dans ce pays; je n'avais rien; j'étais sans amis, sans ressources : M. de Rinville le père m'accueillit, me protégea, m'avança des capitaux, et fut ainsi la première cause de ma fortune.

Air d'Aristippe.

> Envers son fils mon cœur souhaite
> Acquitter ce que je lui doi;
> Et pour mieux lui payer ma dette,
> Mon enfant, je comptais sur toi:
> Oui, me disais-je, autrefois ma famille
> A ses trésors dut un sort fortuné;
> Mais aujourd'hui je lui donne ma fille;
> Il me devra plus qu'il ne m'a donné.

Du reste, ce fils que je te destine est, dit-on, un charmant jeune homme, un sage, un philosophe qui a voyagé pour s'instruire, et qui revient en France pour se marier. Voilà, mademoiselle, les raisons qui m'ont fait accueillir la demande de ce jeune homme. Maintenant qu'avez-vous à répondre?

EMMELINE.

Rien. D'après ce que je viens d'apprendre, je l'épouserais avec grand plaisir, si cela se pouvait; mais je me dois à moi-même de le refuser.

DERVIÈRE.

Tu te dois à toi-même... Et qu'est-ce qui t'y oblige?

EMMELINE.

Des promesses sacrées, et des sermens antérieurs.

DERVIÈRE.

Qu'est-ce que j'apprends là? Comment, mademoiselle, sans ma permission!

EMMELINE.

Non, mon papa! jamais sans votre permission; et

si vous voulez me promettre de ne pas me gronder et de ne plus contraindre mon inclination, je m'en vais tout vous raconter.

DERVIÈRE.

Je vous demande, qui s'en serait douté? Une petite fille de seize ans, qui ne m'a jamais quitté, qui ne voit personne! Allons, mademoiselle, parlez vite.

EMMELINE.

Vous savez bien que j'ai été élevée ici auprès de vous, par ma vieille tante Judith.

DERVIÈRE.

Ma défunte belle-sœur : une vertueuse, une excellente fille, qui n'avait qu'un seul défaut; c'était de consommer un roman par jour : les quatre volumes y passaient.

EMMELINE.

C'est là dedans qu'elle m'a appris à lire ; et j'avais alors pour fidèle société mon cousin Charles, qui était orphelin, sans fortune, et que vous aviez recueilli chez vous.

DERVIÈRE.

Eh bien! après?

EMMELINE.

Eh bien! quoiqu'il fût plus âgé que moi, nous passions nos jours ensemble, nous nous voyions à chaque instant; nos études, nos plaisirs, étaient les mêmes; je l'appelais mon frère, il m'appelait sa petite sœur, parce que ma tante Judith nous avait lu *Paul et Virginie;* c'était moi qui étais Virginie, et c'était lui qui était Paul; et la fin de tout cela, c'est que nous

nous sommes aimés éperdument, et que nous nous sommes juré une constance éternelle.

DERVIÈRE.

Laissez donc ensemble des cousins et des cousines; moi, qui y allais de confiance! eh bien, mademoiselle?

EMMELINE.

Eh bien! un jour il nous a quittés, il est parti comme commis-voyageur en pays étranger, mais avant son départ il m'a dit : Tu es riche et je n'ai « rien; on te fera probablement épouser quelqu'un, « parce que les pères, en général, sont injustes et « tyranniques, du moins tous ceux que nous avons « lus. » Et alors, pour le rassurer, je lui ai promis que je ne me marierais pas avant son retour; il m'a donné un anneau que voici, je lui en ai donné un autre; depuis, j'ai toujours pensé à lui, mais je ne l'ai plus revu.

DERVIÈRE.

Tu ne l'as plus revu?

EMMELINE.

Vous le savez bien, puisqu'il n'est jamais venu ici.

DERVIÈRE.

Et vous n'aviez jamais ensemble aucune correspondance?

EMMELINE.

Aucune, excepté les jours de lune; tous les soirs, à la même heure, j'allais la regarder, et lui aussi : c'était convenu entre nous.

DERVIÈRE.

Voilà certainement une correspondance bien innocente.

EMMELINE.

Air : Le choix que fait tout le village.

Lorsque brillait, sur la céleste voûte,
L'astre des nuits, l'astre du sentiment,
Le regardant, je me disais : sans doute
De son côté Charles en fait autant.

DERVIÈRE.

Eh quoi ! c'est là le seul nœud qui vous lie ?

EMMELINE.

Est-il des nœuds plus forts et plus puissans ?
Ne doit-on pas s'aimer toute la vie,
Lorsque le ciel a reçu nos sermens ?

DERVIÈRE.

Malgré cela, le mal n'est pas si grand que je croyais, car enfin ton cousin est parti depuis long-temps; et tu me permettras de te dire qu'un pareil amour est un enfantillage.

EMMELINE.

C'est ce qui vous trompe. Vous ne savez pas, mon papa, que les premières impressions ne s'oublient jamais; car on n'aime bien que la première fois; du moins ma tante Judith me l'a souvent répété, et je l'éprouve. Depuis le départ de Charles, je ne pense qu'à lui, je n'aime que lui; et ce qui me fait refuser tous les partis que vous me proposez, c'est d'abord la promesse que je lui ai faite; et puis, dès qu'un jeune homme veut me faire la cour, je me dis : Quelle différence ! ce n'est pas Charles, ce n'est pas lui !

SCÈNE I.

DERVIÈRE.

Voyez-vous ce que c'est qu'une jeune tête ! voilà maintenant son imagination qui a fait de M. Charles un héros de roman.

EMMELINE.

Je ne le reverrai jamais sans votre aveu, sans votre consentement; mais jusque-là du moins ne me forcez pas à en épouser un autre. Renvoyez ce M. de Rinville.

DERVIÈRE.

Y penses-tu? le fils d'un ancien ami ! Non, mademoiselle, vous avez beau dire et beau faire; aujourd'hui, je vous le répète, je montrerai du caractère, et je ne céderai pas.

EMMELINE.

Et tout à l'heure pourtant vous disiez que vous ne vouliez que mon bonheur.

Air : Ce que j'éprouve en vous voyant.

Je suis si bien auprès de vous,
J'y vois tant de soins de me plaire,
Que le souvenir de mon père
Ferait du tort à mon époux !

DERVIÈRE.

Il est, dit-on, aimable et tendre,
Pour son bon cœur il est cité.

EMMELINE.

Fût-il un ange de bonté,
Il ne pourrait jamais me rendre
Ce que pour lui j'aurais quitté.

DERVIÈRE.

Oui, oui, tu veux me gagner.

EMMELINE.

Oh! mon Dieu non, mais je sens bien que cela influe sur ma santé.

DERVIÈRE.

Qu'est-ce que tu me dis là?

EMMELINE.

Depuis hier, j'ai la migraine ou la fièvre, je ne sais laquelle; mais ça me fait bien mal.

DERVIÈRE.

La fièvre! il se pourrait! et c'est moi qui en serais cause!

EMMELINE.

Oui, sans doute; je suis déjà changée, je l'ai bien vu, cela va augmenter de jour en jour; et puis quand vous m'aurez perdue, vous direz : « Ma pauvre fille! « ma pauvre Emmeline, qui était si gentille! » Mais il ne sera plus temps.

DERVIÈRE.

Dieu! est-on malheureux d'avoir une fille unique! impossible de montrer du caractère. Emmeline, je t'en supplie, ne vas pas t'aviser d'être malade; j'écrirai à ce jeune homme, je vais lui écrire.

EMMELINE.

Ah! que vous êtes aimable! tenez, mon papa, là, tout de suite.

DERVIÈRE, se mettant à table.

J'en conviens, morbleu! c'est bien malgré moi, allons, j'écrirai; mais c'est d'une impolitesse!

EMMELINE.

Mais au contraire, c'est par honnêteté; si je le re-

SCÈNE I.

fusais après l'avoir vu, ce serait blesser son amour-propre, et il aurait droit de se plaindre de nous; mais le renvoyer avant qu'il vienne, c'est plus honnête, et je suis sûre qu'il sera parfaitement content.

DERVIÈRE, à part.

Quel diable de raisonnement me fait-elle là? (Haut.) Apprenez, mademoiselle, qu'il n'y a qu'un moyen; c'est d'en agir franchement avec lui. Je lui écrirai donc toute la vérité; mais ne croyez pas pour cela que je consente à votre mariage avec Charles.

EMMELINE.

Aussi, mon papa, je ne vous en parle pas, je ne vous en dis rien; mais de son côté, j'en suis sûre, Charles m'est resté fidèle, il ne peut tarder à revenir de ses voyages, et alors nous verrons.

DERVIÈRE.

Qu'est-ce que nous verrons?

EMMELINE.

Je veux dire que vous verrez s'il vous convient pour gendre. Mais voici votre lettre qui est finie. (Prenant la sonnette.) Il faudrait l'envoyer tout de suite, tout de suite. Dieu! que c'est bien écrit! (Emmeline sonne.)

DERVIÈRE.

Tiens, es-tu satisfaite?

SCÈNE II.

Les mêmes ; LAPIERRE.

EMMELINE.

Je sens déjà que cela va mieux. Lapierre, vite à cheval ; porte cette lettre à quatre lieues d'ici, au château de Rinville, au grand galop, et reviens de même, car j'ai encore autre chose à te commander, et puis, dis en bas que nous n'y sommes pour personne.

LAPIERRE.

Je vais mettre mes bottes.

EMMELINE.

Allons, va et dépêche-toi.

(Lapierre sort par la porte à droite.)

DERVIÈRE.

Moi, je rentre dans mon appartement.

EMMELINE.

J'y vais avec vous, donnez-moi le bras ; je vous ferai la lecture ou votre partie de piquet, ou, si vous l'aimez mieux, je vous jouerai sur ma harpe cette romance que vous aimez tant.

DERVIÈRE.

Comme tu es bonne et aimable !

EMMELINE.

Dam ! quand je suis contente de vous.

Air des Comédiens.

Quel sort heureux l'avenir nous destine,
Nul plus que vous jamais ne fut chéri.

SCÈNE III.

DERVIÈRE.

Combien je t'aime! et pourtant j'imagine
Que j'ai grand tort de te gâter ainsi.

EMMELINE.

Vous faites bien! c'est un parti fort sage,
Les bons parens en tout temps le suivront.
Ainsi que vous j'en prétends faire usage,
Et mes enfans un jour vous vengeront.

ENSEMBLE.

Quel sort heureux, etc., etc.

SCÈNE III.

LAPIERRE, SORTANT TOUT BOTTÉ DU CABINET A DROITE, ET TENANT LA LETTRE.

Quatre lieues au grand galop! comme c'est amusant! et revenir de même, pour qu'on me donne encore de nouvelles commissions : joli moyen de me refaire! Mais notre jeune maîtresse ne doute de rien, dès qu'elle a un caprice, crac, à cheval. Je sais bien qu'avec elle on a de l'agrément, et qu'on est récompensé généreusement; mais s'il y avait moyen d'avoir les récompenses sans avoir la peine, cela vaudrait encore mieux. Qui nous arrive là? un beau jeune homme que je n'ai jamais vu.

SCÈNE IV.

LAPIERRE, M. DE RINVILLE.

RINVILLE, à la cantonade.

Oui, vous pouvez le mettre à l'écurie, car je reste ici. (A Lapierre.) M. Dervière, votre maître?

LAPIERRE.

Est-ce qu'on ne vous a pas dit en bas?...

RINVILLE.

On m'a dit qu'il y était.

LAPIERRE.

Ah, mon Dieu! je vous demande bien pardon de ce qu'ils ne vous ont pas renvoyé; c'est ma faute, je ne les avais pas encore prévenus. C'est que, voyez-vous, monsieur, je vais vous expliquer : notre maître y est bien, mais mademoiselle a dit de dire qu'il n'y était pas; et ici on obéit de préférence à mademoiselle.

RINVILLE.

C'est juste, c'est dans l'ordre. L'on m'a déjà parlé de la faiblesse de ce bon M. Dervière pour son unique enfant.

Air : Le luth galant.

Loin de blâmer une aussi douce erreur,
Elle me plaît et sourit à mon cœur.
Admirant le premier les héros qu'il fait naître,
L'artiste aime le marbre auquel il donna l'être ;
Le père aime l'enfant qu'il a créé... peut-être!
Amour-propre d'auteur!

(Il donne de l'argent à Lapierre.) Vois cependant s'il n'y au-

SCÈNE V.

rait pas moyen d'obtenir de ton maître un moment d'entretien ? Quand je devrais l'attendre ici seul, cela m'est égal.

LAPIERRE, tenant l'argent.

Il est de fait que monsieur y va franchement. Je vais dire à un de mes camarades ; car moi, voyez-vous, je suis pressé ; il faut que je monte à cheval à l'instant même, pour porter cette lettre au château de Rinville.

RINVILLE.

A Rinville ? j'y retourne aujourd'hui ; et si cette lettre est pour le maître du château ?...

LAPIERRE.

Précisément.

RINVILLE.

Je me charge de la lui remettre.

LAPIERRE.

Pardi, monsieur, c'est bien honnête à vous. Vous m'épargnez là une course qui ne me plaît guère. En revanche, je vais tâcher de faire votre commission, et d'envoyer ici M. Dervière, sans que mademoiselle me voie.

(Il sort.)

SCÈNE V.

RINVILLE, SEUL.

(Il lit.)

« A monsieur de Rinville. » C'est bien pour moi, et de la main du beau-père ; car si je ne le connais pas, je connais son écriture. (Décachetant la lettre.) Je vois qu'on ne m'attendait que dans quelques heures ; mais l'impatience de voir ma jolie future... et puis, avant de lui être présenté, je voulais m'entendre avec le père sur les moyens de plaire à sa fille : est-ce qu'il répondrait d'avance à ce que je venais lui demander? (Lisant à voix basse.) Ah, mon Dieu! en voilà plus que je n'en voulais savoir; elle en aime un autre : c'est agréable pour un prétendu! Et mon père, qui m'écrivait en Allemagne de revenir et vite et vite, car c'était là la femme qu'il me fallait. La sagesse, l'innocence même! Il avait raison, il fallait se presser; n'y pensons plus! c'est une affaire finie; et après tout, cela doit m'être égal. Eh bien! non, morbleu! cela ne me l'est pas! La fortune, la famille, le voisinage, tout rendait cette alliance si convenable! On prétend d'ailleurs que la jeune personne est charmante; qu'elle a déjà refusé vingt partis. Et je me disais au fond du cœur : « c'est moi qui suis destiné à triompher de « cette indifférence. » Je crois même, tant j'étais sûr de mon fait, que je m'en suis vanté d'avance auprès de quelques amis qui vont rire à mes dépens; et je partirais sans la voir, sans la disputer à mon rival! (Lisant la lettre.) « *Monsieur Charles, un cousin qu'elle aimait dès son enfance...* » Dès son enfance! c'est bien! cela prouve du moins que ma femme est susceptible de fidélité. Il ne s'agit que de donner une autre direction à un sentiment aussi louable que rare. (Lisant.) « *Qu'elle aimait dès son enfance, et qu'elle n'a pas vu depuis sept à huit ans.* »

Cela n'est pas possible; et je n'y croirais pas, si je ne savais ce que c'est que la constance du premier âge. Eh mais, morbleu! quelle idée! en sept à huit ans, il peut arriver tant de changemens, même à une figure de cousine, que je pourrais bien, sans être reconnu... Ma foi, qu'est-ce que je risque? d'être congédié. Je le suis déjà. Ne fût-ce que pour la voir, et pour me venger, je tenterai l'aventure. On vient; c'est sans doute le beau-père; je vais toujours commencer par lui.

SCÈNE VI.

RINVILLE, DERVIERE.

DERVIÈRE, à part, en entrant.

Ce Lapierre est venu me dire mystérieusement qu'un étranger désirait me parler ici en secret, et... (A Rinville.) Est-ce vous, monsieur, qui m'avez fait demander?

RINVILLE.

Oui, monsieur.

DERVIÈRE.

Qu'y a-t-il pour votre service?

RINVILLE, à part.

Allons, de l'entraînement et du pathétique. (Haut.) Vous ne remettez pas mes traits. Il se pourrait que huit ans d'absence et d'éloignement m'eussent rendu tellement méconnaissable aux yeux même de ma famille...

DERVIÈRE.

Que dites-vous?

RINVILLE.

Quoi! la voix du sang n'est-elle qu'une chimère?

ne parle-t-elle pas à votre cœur? et ne vous dit-elle pas, mon cher oncle...?

DERVIÈRE.

O ciel! tu serais...?

RINVILLE, se précipitant dans ses bras.

Charles, votre neveu.

DERVIÈRE, se détournant.

Que le diable t'emporte!

RINVILLE.

Eh bien! qu'avez-vous donc?

DERVIÈRE.

Rien. L'étonnement, la surprise... J'avoue que je ne t'aurais jamais reconnu; car, soit dit entre nous, tu n'annonçais pas, il y a huit ans, devoir être un bel homme; au contraire.

RINVILLE.

Tant mieux, cela doit vous faire plaisir de me voir changé à mon avantage.

DERVIÈRE.

Non; j'aurais mieux aimé te voir continuer dans l'autre sens.

RINVILLE.

Et pourquoi?

DERVIÈRE.

Tiens, mon garçon, entre parens, on aurait tort de se gêner, et je vais te parler franchement. Je t'ai recueilli, je t'ai élevé, j'ai pris soin de toi, je te faisais une pension de mille écus.

RINVILLE.

Oui, mon oncle.

SCÈNE VI.

DERVIÈRE.

Eh bien, je la porte à six mille francs, à une condition, c'est que tu partiras aujourd'hui même; et que d'ici à quelques années, nous nous priverons mutuellement du plaisir de nous voir.

RINVILLE.

Comment! vous me renvoyez? vous mettez la nature à la porte?

DERVIÈRE.

Oui, mon garçon.

RINVILLE.

Air : De sommeiller encor, ma chère.

Un parent!

DERVIÈRE.

C'est pour cela même.

RINVILLE.

Un neveu!!

DERVIÈRE.

Cela m'est égal.

RINVILLE.

Je suis touché... d'une façon extrême,
D'un accueil si patriarcal.
(A part.)
Comme prétendu l'on m'exile,
Comme parent l'on me chasse déjà.
Il est vraiment fort difficile
D'entrer dans cette maison-là.

Et puis-je savoir du moins?...

DERVIÈRE.

Je te crois homme d'honneur, et je veux bien t'achever ma confidence. Tu as été élevé avec ma fille, et elle a conservé de toi un souvenir qui nuit à mes projets et renverse mes plus chères espérances; car je voulais l'unir au fils d'un ancien ami, à M. de Rinville, un brave et excellent jeune homme que je porte dans mon cœur; tu ne dois pas m'en vouloir.

RINVILLE.

Non, monsieur, non, il s'en faut. (A part.) C'est un excellent père que mon oncle.

DERVIÈRE.

Je voudrais imaginer quelque prétexte, quelque ruse, pour lui présenter ce jeune homme sans qu'elle s'en doutât.

RINVILLE, souriant.

Voyez-vous, eh bien?

DERVIÈRE.

Mais j'ai besoin d'y penser à loisir, parce que je ne suis pas fort, je n'ai pas l'habitude de dissimuler avec ma fille; si j'étais de quelque complot elle le devinerait sur-le-champ.

RINVILLE, à part.

C'est bon à savoir.

DERVIÈRE.

Maintenant, tu connais ma position et la tienne; pour que je lui présente ce jeune homme, pour qu'elle le voie, il faut d'abord que tu t'en ailles.

RINVILLE.

Cela me paraît difficile.

DERVIÈRE.

En aucune façon; elle ne sait pas que tu es ici, elle ne se doute pas de ton arrivée, et en partant sur-le-champ...

SCÈNE VII.

EMMELINE, en dehors.

Mon papa! mon papa!

DERVIÈRE.

Ah! mon Dieu! la voici, tais-toi, je suis sûr qu'elle fera comme moi, qu'elle ne te reconnaîtra pas.

SCÈNE VII.

Les mêmes; EMMELINE.

EMMELINE, sans voir d'abord Rinville.

Mon papa! mon papa! qu'est-ce que cela veut dire? je suis toute émue, toute tremblante; il y a en bas un homme qui demande à vous parler.

DERVIÈRE.

Et qui donc encore?

EMMELINE.

Un étranger, un Allemand, M. Zacharie; il m'a annoncé que mon cousin allait peut-être arriver.

RINVILLE, à part.

Me voilà bien.

EMMELINE.

Et c'est pour cela qu'auparavant il veut, dit-il, vous parler, à vous, pour une affaire qui concerne votre neveu, M. Charles.

DERVIÈRE, se retournant vivement, à Rinville.

Pour toi? (Se reprenant.) Dieu! qu'ai-je fait!

EMMELINE.

Ah! mon Dieu! qu'avez-vous dit?

DERVIÈRE, cherchant à se mettre devant Rinville.

Rien, mon enfant, rien, je te prie... Je parlais à

monsieur, qui est un étranger, et qui se trouvait là par hasard.

EMMELINE.

Non, non vraiment, vous me trompez; ce que vous lui disiez tout-à-l'heure, votre trouble, votre embarras, ses yeux fixés sur les miens; c'est ainsi qu'il me regardait. (Courant à lui.) Charles, c'est toi!

DERVIÈRE.

Là! elle l'a reconnu.

EMMELINE ET RINVILLE.

Air de Jeannot et Colin.

Beaux jours de notre enfance,
Vous voilà revenus.

EMMELINE.

C'est lui! de sa présence
Tous mes sens sont émus.

RINVILLE.

De sa douce présence
Que mes sens sont émus!

ENSEMBLE.

ENSEMBLE.

Beaux jours de notre enfance,
Vous voilà revenus.

EMMELINE.

Comment, c'est toi! que je te regarde encore; c'est que vraiment il est bien changé, n'est-ce pas, mon papa? Mais c'est égal, c'est toujours la même physionomie, et surtout les mêmes yeux, ces choses-là restent toujours, et vous, monsieur, comment me trouvez-vous?

RINVILLE.

Plus jolie encore que je ne croyais! au point qu'il

SCÈNE VII.

me semble vous voir aujourd'hui pour la première fois.

EMMELINE.

Vraiment! ah dam, je ne suis pas changée comme vous.

RINVILLE.

Et vous m'avez reconnu?

EMMELINE.

Sur-le-champ; d'abord rien qu'en entrant et sans savoir pourquoi, j'étais un peu agitée, c'était un pressentiment qui me disait : Il est là.

DERVIÈRE.

Pour moi, je n'ai eu aucun pressentiment; et s'il ne m'avait pas dit son nom en toutes lettres...

EMMELINE.

Vous! mais moi, c'est bien différent; il est des sympathies qui ne trompent jamais; et si ma pauvre tante Judith était là, elle vous expliquerait... Mais j'oublie ce monsieur qui est en bas, et qui avait l'air si impatient.

DERVIÈRE.

Je vais le conduire dans mon cabinet, et puisque tu ne connais point ce M. Zacharie, voir quelles sont ces affaires qui peuvent te concerner. (A Rinville qu'il conduit à gauche du théâtre.) Je te laisse avec ma fille, avec ta cousine, sur la foi des traités; et j'espère bien que tu ne lui parleras pas d'amour, tu m'en donnes ta parole.

RINVILLE.

Je vous jure que Charles ne lui en dira pas un mot.

DERVIÈRE.

C'est bien! je suis tranquille, et même si tu trouvais

moyen de lui déplaire et de l'éloigner de toi, cela ne serait pas mal, cela irait à notre but.

RINVILLE.

Fiez-vous à moi, j'arrangerai cela pour le mieux.

SCÈNE VIII.

RINVILLE, EMMELINE.

RINVILLE, à part.

J'avoue que pour une première entrevue la situation est originale.

EMMELINE.

Eh bien ! Charles, te voilà donc de retour ?

RINVILLE.

Oui, mademoiselle.

EMMELINE.

Mademoiselle ! ne suis-je pas ta cousine ?

RINVILLE.

Si, ma jolie cousine, me voilà auprès de vous, c'est tout ce que je désirais.

EMMELINE.

Auprès de vous ! comment, Charles, tu ne me tutoies plus ?

RINVILLE.

Je n'osais pas, mais si tu le veux !

EMMELINE.

Sans doute, entre cousins, où est le mal ? n'était-ce pas ainsi avant ton départ ?

RINVILLE.

Oui, certainement.

SCÈNE VIII.

EMMELINE.

Que de fois je me suis rappelé ce temps-là! les souvenirs d'enfance ont quelque chose de si vrai et de si touchant! te souviens-tu comme nous étions gais, comme nous étions heureux! et ma pauvre tante Judith, comme nous la faisions enrager! A propos de cela, monsieur, vous ne m'en avez pas encore parlé.

RINVILLE.

C'est vrai, cette pauvre femme; elle doit être bien vieille?

EMMELINE.

Comment! bien vieille! mais elle est morte depuis trois ans.

RINVILLE, à part.

Ah! mon Dieu!

EMMELINE.

Est-ce que vous ne le saviez pas?

RINVILLE.

Si vraiment, mais je voulais dire que maintenant elle serait bien vieille.

EMMELINE.

Pas tant; mais te souviens-tu quand, sans lui en demander la permission, nous allions à la ferme chercher de la crème? c'était toi qui en mangeais le plus.

RINVILLE.

C'était toi.

EMMELINE.

Non, monsieur; et ce jour où nous avons été surpris par l'orage?

RINVILLE.

Dieu! avons-nous été mouillés?

EMMELINE.

A l'abri de ton carrik, que tu avais étendu sur moi... car tu étais Paul.

RINVILLE.

Et toi Virginie.

EMMELINE.

C'est charmant ; il n'a rien oublié ! Et le soir, te souviens-tu quand nous jouions aux jeux innocens ? mais dans ce temps-là déjà vous étiez bien hardi.

RINVILLE.

Vraiment !

EMMELINE.

Oui, oui, je me rappelle ce baiser que vous m'avez donné ; mais ne parlons plus de cela.

RINVILLE.

Au contraire, parlons-en, comment ! un baiser !

EMMELINE.

Oui, là, sur ma joue ; tu ne te rappelles pas que je me suis fâchée, et que je t'ai dit : « Charles, finissez, « je le dirai à ma tante. » Mais je ne lui ai jamais rien dit.

RINVILLE.

Oui, oui, je me rappelle maintenant... je crois même que le lendemain j'ai recommencé.

EMMELINE.

Non, monsieur, du tout ; puisque c'était la veille de votre départ.

RINVILLE, à part.

Je respire, car j'avais peur d'avoir été trop hardi.

EMMELINE.

C'est le lendemain de ce jour-là que tu es parti. Et

SCÈNE VIII.

tu te rappelles bien ce que nous nous sommes promis en nous quittant?

RINVILLE.

Oui, sans doute.

EMMELINE, regardant en l'air.

Vous savez bien, là haut.

RINVILLE, inquiet, et regardant comme elle.

Oui, là haut, je me rappelle.

EMMELINE.

Eh bien! monsieur, je n'y ai pas manqué une seule fois; et vous?

RINVILLE.

Ni moi non plus. (A part.) Que diable cela peut-il être?

EMMELINE.

Et toutes vos autres promesses, les avez-vous tenues de même?

RINVILLE.

De même, je vous le jure.

DUO.

Air de Jeannot et Colin.

EMMELINE.

Ainsi que moi tu te souviens
De nos jeux, de nos entretiens.

RINVILLE.

Je m'en souviens.

EMMELINE.

Et de ces romans pleins de charmes
Qui nous faisaient verser des larmes!

RINVILLE.

Je m'en souviens.

ENSEMBLE.

Ah ! quel doux moment nous rassemble,
Que ce souvenir est touchant!

EMMELINE.

Mais redis-moi cet air charmant
Qu'autrefois nous chantions ensemble.

RINVILLE, embarrassé.

Cet air charmant.

EMMELINE.

Tu le sais bien...

RINVILLE.

Eh! oui, vraiment.

EMMELINE, cherchant l'air.

« J'entends la musette
« Et ses sons joyeux,
« Viens-t'en sur l'herbette
« Danser tous les deux. »

RINVILLE.

Oui, cet air si tendre
Était gravé là !

(A part.)

Car j'ai cru l'entendre
Dans quelque opéra.

(Haut, et reprenant le motif de l'air.)

J'aime la musette
Et ses sons joyeux.

EMMELINE, figurant quelques pas.

Ainsi sur l'herbette
Nous dansions tous deux.

RINVILLE.

Quelle aimable danse!

EMMELINE.

Puis Charle en cadence
M'embrassait, je crois.

RINVILLE, l'embrassant.

C'est comme autrefois.

SCÈNE IX.

Les mêmes, DERVIÈRE.

DERVIÈRE.

Qu'est-ce que je vois là? Charles! mon neveu! sont-ce là les promesses que vous m'aviez faites!

RINVILLE, à part.

C'est vrai, j'avais oublié mon rôle de cousin.

EMMELINE.

Ne vous fâchez pas, mon papa; ce n'était que de souvenir.

DERVIÈRE.

Oui, des souvenirs d'enfance. En voilà assez comme cela; et vous, monsieur, après la parole d'honneur que vous m'avez donnée, je n'ai plus de confiance en vous, et vous aurez la bonté de partir ce soir.

EMMELINE.

Comment, mon papa, au moment où il arrive, vous le renvoyez?

DERVIÈRE.

Oui, mademoiselle, pour votre intérêt, et peut-être pour le sien; car savez-vous quel était ce monsieur Zacharie, que monsieur mon neveu disait ne pas connaître?

RINVILLE.

Je vous jure que j'ignore...

DERVIÈRE.

Ah! vous ignorez! je vous apprendrai donc que

c'était un usurier, porteur d'une lettre de change. Cette lettre de change, acceptée par vous, je l'ai payée, et la voilà.

RINVILLE.

Il se pourrait!

DERVIÈRE.

Oui, monsieur, nierez-vous votre signature?

RINVILLE.

Non, sans doute; mais je ne serais pas fâché de la voir (A part.) ne fût-ce que pour la connaître. (Lisant.) Charles Desroches. (A part.) Ah! l'on m'appelle Desroches; c'est bon.

DERVIÈRE.

Eh bien! qu'avez-vous à dire?

RINVILLE.

Je dis, monsieur, que c'est une lettre de change. Tout le monde peut faire des lettres de change.

DERVIÈRE.

S'il n'y en avait qu'une encore, passe; mais M. Zacharie m'a prévenu que demain on devait en présenter cinq ou six, que je ne paierai pas.

EMMELINE.

Qu'est-ce que j'apprends là? Comment, Charles! vous êtes donc devenu mauvais sujet.

RINVILLE, allant à Emmeline.

Cela en a l'air au premier coup d'œil; mais je vous réponds...

DERVIÈRE.

Bah! ce n'est rien encore. M. Zacharie m'a parlé d'une affaire pire que tout cela.

RINVILLE.
Une affaire! Qu'est-ce que cela signifie?
DERVIÈRE.
Oui, monsieur; qu'est-ce que cela signifie? c'est moi qui vous le demanderai, car M. Zacharie n'a pas voulu s'expliquer. « La faute est grave, a-t-il dit, « très grave; et c'est pour cela que je laisse à votre « neveu le soin de se justifier. » Et malgré mes efforts, il est parti sans vouloir ajouter un mot de plus.
EMMELINE.
Une faute! et une faute très grave! Charles, qu'est-ce que c'est?
RINVILLE.
Oh! des choses que je ne peux pas vous dire.
DERVIÈRE.
Vous devez sentir cependant que l'aveu de vos torts peut seul vous les faire pardonner.
EMMELINE.
Oui, monsieur, avouez-les, je vous en supplie.
RINVILLE.
Franchement, je le voudrais que cela me serait impossible.
EMMELINE.
N'importe, monsieur, avouez toujours. Vous hésitez! ah! mon Dieu! c'est donc bien terrible. Qu'est-ce que c'est, monsieur? qu'est-ce que c'est? répondez, et tout de suite. Autrefois vous me disiez tout, j'avais votre confiance; mais je vois que vous êtes changé, que vous n'êtes plus le même. Ce n'est pas là ce que

vous m'aviez promis le jour de votre départ, et au moment où vous m'avez donné cet anneau que j'ai toujours gardé. (Regardant la main de Rinville.) Eh bien! eh bien, monsieur, où est donc le vôtre?

RINVILLE.

Le mien? (A part.) Peste soit des emblèmes et des sentimens.

EMMELINE.

Je ne le vois pas à votre doigt, et vous ne deviez jamais le quitter!

RINVILLE, embarrassé.

Je vous avoue que, dans ce moment, je ne l'ai pas sur moi.

DERVIÈRE, à part, se frottant les mains.

A merveille! cela va nous amener une brouille.

EMMELINE.

Voilà ce que vous n'osiez pas dire; mais je le devine maintenant, vous l'avez donné à une autre.

DERVIÈRE, vivement.

C'est probable.

RINVILLE.

Vous pourriez supposer...

EMMELINE.

Oui, monsieur, oui; c'est indigne! j'aurais tout pardonné, vos dettes, vos créanciers, tout ce que vous auriez pu faire; mais ne pas avoir mon anneau! c'est fini, tout est rompu; je ne vous aime plus.

DERVIÈRE.

Bravo!

SCÈNE IX.

EMMELINE.

Air du Charmelle.

ENSEMBLE.

Lui que je croyais sincère,
Il a trompé mon espoir;
Rien n'égale ma colère,
Je ne veux plus le revoir.

RINVILLE.

Que devenir, et que faire,
Quand tout comblait mon espoir?
Je me vois, dans cette affaire,
Coupable sans le savoir.

DERVIÈRE.

Bravo, bravo, sa colère
Comble ici tout mon espoir.

(A Emmeline.)

Je suis comme toi, ma chère,
Je ne veux plus le revoir.

RINVILLE, à Dervière.

Vous êtes inexorable...

(A Emmeline.)

D'ici vous me bannissez,
Et pour un motif semblable?

DERVIÈRE.

Quoi, cela n'est pas assez?

EMMELINE.

Quand on trahit ses promesses,
Quand on change tout à coup,
Quand on a plusieurs maîtresses...

DERVIÈRE.

On est capable de tout.

ENSEMBLE.

EMMELINE.

Lui que je croyais sincère, etc.

RINVILLE.

Que devenir, et que faire? etc.

DERVIÈRE.

Bravo, bravo, sa colère, etc.

SCÈNE X.

Les mêmes; LAPIERRE.

LAPIERRE.

Monsieur, c'est un étranger, un jeune homme qui arrive; et comme il n'y a personne pour le recevoir...

EMMELINE.

Il s'agit bien de cela; je suis bien en train de faire les honneurs.

DERVIÈRE.

Quel est ce jeune homme? que nous veut-il? nous n'attendions personne à cette heure que M. de Rinville.

EMMELINE, à Lapierre.

Et tu lui as porté ce matin la lettre que je t'ai donnée?

LAPIERRE.

C'est-à-dire, mademoiselle, c'était bien mon intention; mais j'ai rencontré ici (montrant Rinville) monsieur qui a bien voulu se charger de la porter lui-même en s'en allant.

EMMELINE, à Rinville.

O ciel! et vous l'avez encore?

RINVILLE.

Oui, mademoiselle.

DERVIÈRE, à Lapierre.

C'est lui, c'est mon gendre, et je n'étais pas prévenu! Je cours m'habiller. (A Rinville.) Vous, monsieur, je ne vous retiens plus; toi, ma fille, vite à ta toilette; songe donc! une première entrevue!

SCÈNE XI.

EMMELINE.

Est-ce ennuyeux! faire une toilette pour ce vilain jeune homme, que je déteste, que je ne voulais pas voir; (à Rinville.) et c'est vous, monsieur, qui l'avez amené, qui êtes cause de tout : eh bien! tant mieux! cela se trouve à merveille; je vais maintenant m'efforcer de le trouver aimable; de l'aimer pour me venger et pour obéir à mon père.

DERVIÈRE.

C'est cela, l'obéissance filiale. Viens, ma fille ; toi, Lapierre, fais entrer ce jeune homme et prie-le d'attendre.

(Il sort avec Emmeline par la porte à gauche, et Lapierre par le fond.)

SCÈNE XI.

RINVILLE, SEUL.

Bravo! cela va bien! brouillé avec le père, brouillé avec la fille; voilà une ruse qui m'a joliment réussi. J'en suis d'autant plus désolé, que maintenant ce n'est plus pour plaisanter. Emmeline est charmante, et je ne renoncerais pas à sa main. Je sais bien que d'un mot je puis me justifier; mais pour dire ce mot, il faudrait être sûr que c'est moi que l'on aime, et non le souvenir de M. Charles.

Air de la Sentinelle.

L'hymen, dit-on, craint les petits cousins,
Moi je frémis sitôt que l'on en parle,
Et je voudrais, pour fixer mes destins,
Faire oublier tout-à-fait monsieur Charle.

Sans cela, j'en conviens ici,
Pour moi la chance est au moins incertaine ;
Si je prends sa place aujourd'hui,
Plus tard, quand je serai mari,
Il pourrait bien prendre la mienne.

SCÈNE XII.

RINVILLE, CHARLES.

CHARLES, à la cantonade.

Je vous remercie, monsieur, vous êtes bien honnête, je ne suis pas fâché de me reposer, parce qu'il n'y a rien de fatigant comme les pataches, surtout quand on les prend à jeun.

RINVILLE.

Voilà un jeune cadet qui a une tournure assez originale.

CHARLES.

Il paraît que M. Dervière n'y est pas.

RINVILLE.

Non, monsieur.

CHARLES.

Ni sa fille non plus.

RINVILLE.

Non, monsieur.

CHARLES.

Tant mieux.

RINVILLE.

Et pourquoi ?

CHARLES.

Je dis tant mieux, parce que j'ai à leur parler, et

SCÈNE XII.

qu'alors cela me donnera le temps de chercher ce que je veux leur dire. Monsieur est de la maison?

RINVILLE.

A peu près.

CHARLES.

Vous pourriez alors me rendre un service; c'est peut-être indiscret, mais entre jeunes gens...

RINVILLE.

Parlez, monsieur.

CHARLES.

N'est-il pas venu ici un nommé Zacharie, un capitaliste allemand?

RINVILLE.

Un usurier! il sort d'ici.

CHARLES.

Voilà ce que je craignais; je ne sais pas comment il aura su l'adresse de mon oncle.

RINVILLE.

O ciel! est-ce que vous seriez M. Charles? Charles Desroches?

CHARLES.

Lui-même, qui, après huit ans de courses et d'erreurs, revient incognito, comme l'enfant prodigue, dans la maison paternelle de son oncle. J'espérais arriver ici avant qu'on ne se doutât de rien; c'est pourquoi j'ai pris la patache, la poste de la petite propriété; je ne me suis pas même arrêté pour déjeûner en route, et cependant ce maudit Zacharie m'a encore devancé, et je suis sûr qu'il a prévenu contre moi l'esprit de toute ma famille.

RINVILLE.

Nullement, il a seulement présenté une lettre de change, que votre oncle a acquittée, et que voici.

(Il lui donne la lettre de change.)

CHARLES.

Il se pourrait! le bon oncle! oh! oui! liens sacrés de la nature et du sang! voilà justement ce que je me disais en route : on a des parens ou on n'en a pas; (montrant la lettre de change.) c'est bien une lettre de change; mais les autres, ses sœurs, car la famille est nombreuse.

RINVILLE.

M. Dervière ne veut pas les payer; il en a assez comme cela.

CHARLES.

Déjà! Et qu'est-ce que mon oncle a dit de l'autre affaire, de la grande? Il a dû être furieux?

RINVILLE.

Quoi donc?

CHARLES.

Ce que j'ai fait à Besançon l'autre mois. Est-ce que vous ne savez pas?

RINVILLE.

Non, sans doute, ni votre oncle non plus.

CHARLES.

Vraiment! Alors n'en dites rien; nous pouvons nous en retirer, parce que pour l'adresse et la persuasion, je suis là : j'ai de l'esprit naturel et de la lecture; j'ai été élevé par ma vieille tante Judith, qui m'a appris la littérature dans les romans et dans les comédies. Il y a cinq ou six manières d'attendrir les

SCÈNE XII.

oncles et de les forcer à pardonner, pourvu qu'ils ne vous connaissent pas; par exemple, il ne faut pas être connu; c'est de rigueur; et je ne sais comment me déguiser aux yeux de mon oncle.

RINVILLE.

Voulez-vous un moyen?

CHARLES.

Je ne demande pas mieux.

RINVILLE.

On attend aujourd'hui un prétendu, M. de Rinville, propriétaire des environs. Je sais, de bonne part, qu'il ne viendra pas et qu'il n'est pas connu de votre famille.

CHARLES.

Attendez! une idée! je vais passer pour lui.

RINVILLE.

C'est ce que j'allais vous dire.

CHARLES.

Par exemple, la farce sera bonne, ça en fera une de plus; mais j'en ai déjà tant fait! sans compter celles qu'on m'a fait faire. Mais, oserai-je vous demander, monsieur, à qui je suis redevable?...

RINVILLE.

Je suis neveu de votre oncle.

CHARLES.

Vous êtes mon cousin? Ah! c'est du côté de mon oncle Laverdure.

RINVILLE.

Précisément! mais service pour service. Quand vous allez être M. de Rinville, je vous prie de ne pas parler de moi à mon oncle; car nous sommes brouillés, et il vient de me renvoyer de chez lui.

CHARLES.

Vraiment! Vous avez donc fait aussi des farces?

RINVILLE.

Les mêmes que vous.

CHARLES.

Oh! diable! Alors c'est fameux! Il paraît que c'est dans le sang. Touchez là, cousin, et promettons-nous alliance mutuelle.

RINVILLE, lui prenant la main.

Qu'est-ce que vous avez donc là? et quelle est cette bague?

CHARLES.

C'est d'autrefois, dans le temps où j'étais simple et innocent; c'est un cadeau de ma cousine, un souvenir d'enfance; et je suis sûr qu'elle a conservé le pareil.

RINVILLE, la retirant de son doigt.

Gardez-vous alors de le porter si vous ne voulez pas qu'elle vous reconnaisse.

CHARLES.

C'est ma foi vrai, je n'y pensais pas.

RINVILLE.

Pour plus de sûreté, je le garde aujourd'hui.

CHARLES.

Tant que vous voudrez, mon cousin.

RINVILLE.

Silence! c'est notre famille, et je ne veux pas qu'on me voie. N'oubliez pas qu'on attendait M. de Rinville, le prétendu; ainsi laissez-les faire, et ne dites rien.

CHARLES.

A la bonne heure ; c'est plus commode pour les frais d'imagination.

(Rinville sort par la porte à droite.)

SCÈNE XIII.

CHARLES ; M. DERVIÈRE et EMMELINE,
ENTRANT PAR LE FOND.

DERVIÈRE.

Où est-il ? où est-il que je l'embrasse ! mille pardons, mon cher Rinville, de t'avoir fait attendre... le temps seulement de prendre un costume plus convenable.

CHARLES.

Certainement, mon cher monsieur... (A part.) Dieu ! qu'il est changé, mon bon oncle ! je ne l'aurais pas reconnu.

DERVIÈRE.

Voici ma fille, mon Emmeline, que j'ai l'honneur de te présenter.

EMMELINE, s'avançant et faisant la révérence.

Monsieur... (Bas à son père.) Ah ! mon Dieu ! qu'il est laid ! et quelle tournure !

DERVIÈRE.

Du tout, je ne trouve pas cela, ce jeune homme est bien, il a l'air plus jeune et plus élancé que ton cousin.

EMMELINE, à part.

Il a beau dire ; quelle différence avec Charles !

DERVIÈRE, à Charles.

Il y a bien long-temps, mon cher Rinville, que tu n'es venu dans notre pays?

CHARLES.

Aussi, vous ne croiriez pas qu'en arrivant ici, j'avais un peu peur de vous.

DERVIÈRE.

Il se pourrait!

CHARLES.

Eh! mon Dieu, oui; timide comme un commençant.

DERVIÈRE.

Tu l'entends, ma fille, la crainte de ne pas nous plaire. (A Charles.) Mais maintenant, j'espère que tu agiras sans cérémonie, et tout ce qui pourra te faire plaisir...

CHARLES.

Dieu! si j'osais.

DERVIÈRE.

Est-ce que tu aurais quelque chose à me demander?

CHARLES.

Non certainement... je vous prie seulement de ne pas oublier cette phrase, vous avez dit : *Tout ce qui pourrait te faire plaisir, tout ce qui pourrait...* parce que plus tard peut-être... mais dans ce moment, le plus pressé serait de me refaire un peu; car depuis ce matin, je suis à jeun.

DERVIÈRE.

Je vais avant le dîner te conduire à la salle à manger. (A Emmeline.) Tu le vois, c'est la franchise même.

SCÈNE XIV.

EMMELINE.

Il ne m'a pas dit un seul mot galant, et à peine arrivé, il va se mettre à table.

DERVIÈRE.

Encore tes idées romanesques; tu ne veux pas que l'on mange.

CHARLES, à part.

A merveille! cela commence bien. En continuant l'incognito, mon oncle est séduit, entraîné; au moment où il tombe dans mes bras, je tombe à ses pieds, et je risque l'aveu de mes fredaines.

DERVIÈRE.

Allons donc, venez-vous, mon gendre?

CHARLES.

Voilà! je vous suis. (A Emmeline.) Mademoiselle, j'ai bien l'honneur.

(Il sort avec Dervière.)

SCÈNE XIV.

EMMELINE, seule.

Il va manger, il va se mettre à table! et voilà le mari qu'on me destine! je ne pourrai jamais m'y habituer. Rien qu'en le voyant, son aspect m'a causé une répugnance que sa conversation et ses manières n'ont fait qu'augmenter. J'ai cependant promis de l'épouser, d'oublier Charles, de ne plus le revoir. Ne plus le revoir! sans doute, je suis trop fière pour lui montrer le chagrin que j'éprouve; mais l'oublier! jamais. Ma pauvre tante avait bien raison : on revient toujours à ses premières amours.

SCÈNE XV.

EMMELINE, RINVILLE.

EMMELINE.

Comment, monsieur, vous êtes encore ici?

RINVILLE.

Je partais, mademoiselle, je venais prendre congé de vous.

EMMELINE.

Vous avez bien fait; car, dès que mon père le veut, vous devez lui obéir sans murmurer, (soupirant) et moi aussi.

RINVILLE.

Son ordre était inutile; il eût suffi pour m'éloigner de la présence de M. de Rinville, de ce nouveau prétendu, que sans doute vous avez trouvé charmant, adorable.

EMMELINE.

Là-dessus, monsieur, je n'ai pas de comptes à vous rendre. Comme c'est moi qui l'épouse, je suis la maîtresse de le trouver comme je veux.

RINVILLE.

Vous l'épousez sans l'aimer?

EMMELINE.

Qui vous dit que je ne l'aime pas? et quand ce serait? Eh bien! tant mieux; j'aurai plus de mérite.

RINVILLE.

Ainsi donc vous m'oubliez!

EMMELINE.

C'est vous qui avez commencé.

SCÈNE XV.

RINVILLE.

Dites plutôt que vous ne m'avez jamais aimé.

EMMELINE.

Si, autrefois, un peu; maintenant pas du tout.

RINVILLE.

C'est clair, et comme je vois que tout est fini entre nous, que nous sommes brouillés à jamais, je vous rends cet anneau que jadis j'ai reçu de vous.

EMMELINE.

O ciel! quoi, monsieur, vous ne l'aviez pas donné à une autre? Oui, c'est bien lui; il l'avait conservé. Ah! que c'est mal à vous de m'avoir causé tant de chagrins.

RINVILLE.

Je suis bien coupable, sans doute.

EMMELINE.

Non, non, vous ne l'êtes plus, quoi que vous ayez fait, je ne vous en veux plus, je vous pardonne. Vous avez gardé mon anneau, tout le reste n'est rien. Si tu savais, Charles, combien j'étais malheureuse! j'éprouvais là un serrement de cœur, un malaise dont je ne puis me rendre compte; et maintenant encore...

DUO.

Air: Redites-moi, je vous en prie (d'UNE HEURE DE MARIAGE).

RINVILLE.

Qu'ai-je entendu! surprise extrême!
Mais dois-je croire à mon bonheur?
M'aimes-tu bien comme je t'aime?

EMMELINE.

Je n'ose lire dans mon cœur.

RINVILLE.

Ce mot charmant, redis-le-moi.

EMMELINE.

On vient de ce côté, je croi.
Charle, de grace, éloigne-toi.

RINVILLE.

Oui, je m'éloigne à l'instant même ;
Mais un seul mot.

EMMELINE.

Non, il le faut :
Partez, ou bien
Je ne dis rien.

ENSEMBLE.

RINVILLE.

Je t'obéis à l'instant même,
Mais l'espoir rentre dans mon cœur.

EMMELINE.

Non, je ne puis dire moi-même
Ce qui se passe dans mon cœur.

(Rinville sort par la porte à gauche.)

SCÈNE XVI.

EMMELINE, puis CHARLES.

EMMELINE.

Ah! mon Dieu! voici ce M. de Rinville; je vais tout lui avouer.

CHARLES, entrant par le fond.

Comme vous dites, sans façons; allez à vos affaires; (A part.) je puis maintenant attendre le dîner; car j'ai bu et mangé, toujours incognito, le cher oncle est entraîné, je le tiens; et si je puis détacher de moi ma

SCÈNE XVI.

petite cousine, et la faire renoncer à nos anciens sermens, mon pardon est assuré.

EMMELINE, timidement.

Monsieur.

CHARLES, l'apercevant.

Mille excuses, mademoiselle, auriez-vous à me parler?

EMMELINE.

Oui, monsieur, mais je n'ose pas.

CHARLES, à part.

Ah! mon Dieu! est-ce que, malgré moi, l'effet seul de l'extérieur!.... (Haut.) C'est probablement au sujet de ce mariage...

EMMELINE.

Qui me rendrait bien malheureuse, car j'en aime un autre.

CHARLES, à part.

Dieu! comme ça se rencontre! (Haut.) Achevez, mademoiselle, ne craignez rien, cet autre que vous aimez...

EMMELINE.

Est un ami d'enfance; c'est mon cousin Charles.

CHARLES, à part.

Ah! diable, voilà qui va mal! (Haut.) Votre cousin Charles, celui avec qui vous avez été élevée?

EMMELINE.

Oui, monsieur.

CHARLES.

Celui qui est parti depuis huit ans? un joli garçon?

EMMELINE.

Oui, monsieur.

CHARLES, à part.

C'est bien moi, il y a identité; je ne sais plus comment je vais sortir de là. (Haut.) Quoi, mademoiselle, vous y tenez encore? Vous l'aimez toujours?

EMMELINE.

Puisque je le lui avais promis.

CHARLES.

Certainement, pour quelques personnes, c'est une raison; mais c'est que Charles, de son côté, n'y a peut-être pas mis une constance aussi obstinée; d'abord, j'ai appris de bonne part qu'il a fait ce que nous appelons des folies.

EMMELINE.

Je le sais.

CHARLES.

Il a fait des dettes.

EMMELINE.

Peu m'importe.

CHARLES.

Il est devenu mauvais sujet.

EMMELINE.

Ça m'est égal.

CHARLES, à part.

Alors, il n'y a pas moyen de la détacher, à moins de risquer le dernier aveu. (A Emmeline.) Voyez-vous, mademoiselle, moi, j'ai beaucoup connu votre cousin Charles; je l'ai vu dans mes voyages; un aimable cavalier, de la grace, de la sensibilité, peut-être trop parce que son imagination exaltée par une éducation romanesque, l'a entraîné, comme je vous le disais, dans des fredaines, toujours aimables, mais quelquefois trop fortes, et la dernière entre autres, dont j'ai été témoin...

EMMELINE.

Que dites-vous? serait-ce cette aventure, dont ce matin on nous faisait un mystère?

CHARLES.

Précisément; il n'a pas encore osé en parler à son oncle, ni à personne de la famille; et il ne sait même comment l'avouer; mais si vous daignez l'aider, et vous joindre à lui, pour obtenir sa grace.

EMMELINE.

Parlez; que faut-il faire? Je veux tout savoir.

CHARLES, à part.

Dieu! l'excellente cousine! (Haut.) Vous saurez donc que Charles a connu à Besançon une jeune et jolie personne, nommée Paméla, qui de son état, était couturière.

EMMELINE.

Comment, monsieur?

CHARLES.

Elle exerçait la couture; mais elle n'y était pas née; elle était d'une excellente famille, une famille anglaise, que l'on ne connaît pas, et qui avait eu des malheurs.

EMMELINE.

Dieu! qu'est-ce que j'apprends là?

CHARLES.

Voir Charles et l'aimer fut pour elle l'effet d'un instant. Charles était vertueux, mais il était sensible, et Paméla, dans son désespoir, voulait mettre fin à son existence. Déjà l'arme fatale était levée sur son sein; c'était une paire de ciseaux que je crois voir encore, grands dieux!... Il fallait qu'elle fût unie à Charles, ou qu'elle cessât d'exister.

EMMELINE.

Eh bien?

CHARLES.

Eh bien! elle existe encore.

EMMELINE.

O ciel! achevez. Charles l'aurait épousée!

CHARLES.

Pour lui sauver la vie, seulement.

EMMELINE.

Grands dieux! il se pourrait! le monstre, le perfide! Mon père, mon père, où êtes-vous?

CHARLES.

Prenez garde, des ménagemens; il faudrait quelque moyen adroit pour lui dire...

EMMELINE.

Ne craignez rien. Mon père! ah! vous voilà.

SCÈNE XVII.

Les mêmes; DERVIERE.

DERVIÈRE.

Eh! mais qu'as-tu donc?

EMMELINE.

O mon papa! quelle horreur! quelle indignité! à qui se fier désormais! Apprenez que mon cousin Charles...

SCÈNE XVII.

DERVIÈRE.

Eh bien?

EMMELINE.

Il est marié.

DERVIÈRE.

Marié!

CHARLES.

Là, elle va lui dire tout net; moi qui lui avais recommandé des précautions.

DERVIÈRE.

Sans ma permission, sans m'en prévenir! jamais je ne lui pardonnerai; et pour ses dettes, qu'il fasse comme il l'entendra, je n'en paie pas un sou.

CHARLES, à part.

C'est ça! le voilà plus en colère que jamais. Dieu! que ces petites filles sont niaises! celle-là surtout. Quelle différence avec ma femme! elle aurait soutenu la scène, et filé la reconnaissance.

DERVIÈRE, montrant Charles.

Voilà celui qui te convient, voilà mon gendre, et dès demain nous faisons la noce; n'est-il pas vrai?

CHARLES, à part.

Dès demain; ô Paméla! que devenir?

DERVIÈRE.

Quant à ton cousin Charles, à mon scélérat de neveu, s'il ose se présenter ici, je le fais sauter par la fenêtre. (A Charles, qui fait un geste d'effroi, et qui veut sortir.) Qu'avez-vous donc, mon gendre? ne craignez rien.

EMMELINE.

Taisez-vous, le voici.

CHARLES, regardant autour de lui.

Comment! le voici?

EMMELINE, à Dervière.

Mais, de grace, modérez-vous; c'est à moi de le confondre, et après, ne craignez rien, je vous obéirai.

DERVIÈRE.

A la bonne heure. (Haut à Rinville qui est dans le fond du théâtre.) Approchez, monsieur, approchez.

SCÈNE XVIII.

Les précédens ; RINVILLE.

CHARLES.

Quoi! c'est là votre neveu Charles, ce mauvais sujet?

DERVIÈRE.

Oui, monsieur.

CHARLES.

Ah çà, est-ce qu'il y en aurait un autre que moi qui aurait épousé Paméla?

RINVILLE, les regardant tous.

Eh! mon Dieu! d'où vient cet accueil solennel?

EMMELINE.

Vous allez le savoir. Je dois à mon père et à vous, (Montrant Charles.) et surtout à monsieur, de m'expliquer ici sans détour. Je vous aimais, monsieur, du moins je le croyais, car j'ignorais mes propres sentimens, et surtout je ne vous connaissais pas; mais maintenant je sais qui vous êtes : après votre lâche conduite et la feinte à laquelle vous n'avez pas craint d'avoir recours...

RINVILLE.

Quoi! vous savez enfin la vérité?

EMMELINE.

Oui, monsieur, nous savons tout : voilà pourquoi je ne vous aime plus; je ne vous aimerai jamais.

RINVILLE.

O ciel!

EMMELINE.

Et afin que vous soyez bien sûr de mon indifférence... Si j'élève ici la voix, ce n'est pas pour vous accuser, mais pour demander votre grace. (A M. Dervière.) Oui, mon père; désormais soumise à vos volontés je suivrai vos conseils, je vous obéirai en tout; mais, pour prix de mon obéissance, daignez pardonner à mon cousin; qu'il soit heureux avec celle qu'il a choisie.

CHARLES, qui s'est attendri, et qui tire son mouchoir.

O ma bonne cousine!

RINVILLE.

Voilà que nous n'y sommes plus.

EMMELINE.

Qu'il parte, qu'il ne nous voie plus; mais qu'il emporte avec lui, et votre pardon, et votre consentement à son mariage.

RINVILLE.

Mon mariage! qui a pu vous dire?...

EMMELINE, pleurant.

Monsieur qui y était.

CHARLES, pleurant.

Oui, monsieur, j'ai tout dit; j'ai dit que Charles était marié.

RINVILLE, avec joie.

Charles marié! il se pourrait! (Se jetant aux pieds d'Emmeline.) Mon cher beau-père, ma chère Emmeline, que je suis heureux! Non, non, ne me regardez pas ainsi, n'ayez pas peur; j'ai toute ma raison : car celui que vous voyez à vos pieds a le bonheur de ne pas être votre cousin ; c'est votre amant, c'est votre époux, celui qui vous était destiné.

DERVIÈRE.

M. de Rinville?

RINVILLE.

Lui-même.

DERVIÈRE.

Et mon fripon de neveu?

CHARLES, à genoux, à la gauche de M. Dervière.

Par ici.

DERVIÈRE.

Eh quoi! mauvais sujet?

RINVILLE.

Comme j'avais pris son nom, je lui ai donné le mien en dédommagement.

CHARLES.

Je vous dois du retour, car vous n'avez pas gagné au change.

EMMELINE.

Je ne reviens pas encore de ma surprise. (A Charles.) Comment, mon pauvre Charles, c'était toi que je détestais ainsi? Et vous, monsieur, que je n'avais jamais vu...

SCENE XVIII.

RINVILLE.

Vous croyiez m'avoir aimé autrefois.

EMMELINE.

Je me suis trompée; j'ai pris le passé pour l'avenir.

VAUDEVILLE.

<small>Air du vaudeville de la Somnambule.</small>

DERVIÈRE.

D'une passion chimérique,
Tu reconnais enfin l'erreur;
L'amour constant et platonique
N'existe pas, et par bonheur.
Pour nous rappeler notre aurore,
Pour embellir nos derniers jours,
Le ciel permet qu'on aime encore,
Même après ses premiers amours.

RINVILLE.

Du système de l'inconstance
Je m'applaudis en un seul point.
Jadis aussi j'aimai, je pense;
Mais je ne vous connaissais point.
Et vous devinerez peut-être
Ce que je perdais pour toujours,
Si j'avais eu le malheur d'être
Fidèle à mes premiers amours.

CHARLES.

Ma femme, quoique l'honneur même,
Eut à Londres deux passions;
Je ne suis venu qu'en troisième,
Tant mieux... c'est aux derniers les bons.
Car les Anglaises, je l'atteste,
Innocentes et sans détours,
Ont tant de candeur qu'il en reste
Même après les premiers amours.

EMMELINE, au public.

En vain leur froide expérience
Vont m'ôter mon illusion,
Malgré leur système, je pense
Que la chanson a quelquefois raison !
Pour le prouver, messieurs, je vous implore,
Revenez nous voir tous les jours,
Afin qu'ici nous puissions dire encore :
On revient aux premiers amours.

FIN DES PREMIÈRES AMOURS.

LE

CHARLATANISME,

COMÉDIE-VAUDEVILLE EN UN ACTE;

Représentée pour la première fois, à Paris, sur le théâtre du Gymnase dramatique, le 10 mai 1825.

EN SOCIÉTÉ AVEC M. MAZÈRES.

PERSONNAGES.

DELMAR, homme de lettres.
RONDON, journaliste.
RÉMY, médecin.
M. GERMONT.
SOPHIE, sa fille.
Madame DE MELCOUR, nièce de M. Germont.
JOHN,
FRANÇOIS, } domestiques de Delmar.

La scène se passe à Paris, dans la maison de Delmar, rue du Mont-Blanc.

Le théâtre représente un salon élégant; porte au fond, et deux portes latérales; aux côtés de la porte du fond, deux corps de bibliothèque garnis de livres, et surmontés, l'un du buste de Piron, l'autre de celui de Favart; à la droite du théâtre, un bureau; à gauche, une table sur laquelle Delmar est occupé à écrire au lever du rideau.

RONDON, LISANT.

« ON A REÇU AUJOURD'HUI AU THÉATRE DE MADAME.
« UN VAUDEVILLE QU'ON ATTRIBUE A DEUX AUTEURS
« CONNUS PAR DE NOMBREUX SUCCÈS. »

Le Charlatanisme, Scène IV

LE CHARLATANISME.

SCÈNE PREMIÈRE.

DELMAR, JOHN.

DELMAR, travaillant à son bureau.

Heim! qui vient là me déranger? Voilà une scène que je n'achèverai jamais. Eh bien, John! qu'est-ce que c'est?

JOHN.

Monsieur, c'est aujourd'hui le 15 avril; et le monsieur qui a retenu l'appartement du quatrième vient s'y installer.

DELMAR.

Est-ce que je l'en empêche?

JOHN.

Non, monsieur; mais il veut vous parler, parce que c'est lui qui a aussi retenu l'appartement du premier, vis-à-vis: c'est pour des personnes de province.

DELMAR.

Je dis qu'il n'y a pas moyen de travailler, quand on est homme de lettres, et qu'on a le malheur d'être propriétaire. Je sais bien que l'inconvénient est rare. Mais enfin, voilà une scène d'amour, une situation dramatique...

Air de Partie carrée.

A chaque instant on m'importune !
Il faut quitter les muses pour l'argent;
On veut avoir et génie et fortune,
Tout à la fois! impossible, vraiment !
Lorsque l'on est au sein de l'opulence,
   L'esprit ne fait qu'embarrasser;
Voilà pourquoi tant de gens de finance
   Aiment mieux s'en passer.

JOHN.

Monsieur, je vais renvoyer le locataire.

DELMAR.

Eh non! ce ne serait pas honnête. Qu'est-ce que c'est?

JOHN.

Je crois que c'est un médecin.

DELMAR.

Un médecin! diable, les médecins, c'est bien usé ! J'aurais préféré un locataire qui eût un autre état, un état original; cela m'aurait fourni quelques sujets. (A John.) C'est égal, fais entrer. (John sort.) J'ai justement un vieux médecin à mettre en scène; et peut-être, sans qu'il s'en doute, ce brave homme pourra me servir.

SCÈNE II.

DELMAR, RÉMY, JOHN.

JOHN, annonçant.

M. le docteur Rémy.

DELMAR, se levant.

Rémy! (Courant à Rémy.) Mon ami, mon ancien camarade! Comment! c'est toi qui viens loger chez moi?

RÉMY.

Cette maison t'appartient?

DELMAR.

Eh oui, vraiment!

RÉMY.

Je n'en savais rien. Il y a si long-temps que nous ne nous sommes vus!

DELMAR.

Tu as raison. Autrefois, quand nous étions étudians, moi à l'école de droit, toi à l'école de médecine...

RÉMY.

Nous ne nous quittions pas, nous vivions ensemble.

DELMAR.

Et quand j'étais malade, quel zèle! quelle amitié! comme tu me soignais! deux fois je t'ai dû la vie. Mais que veux-tu? je suis un malheureux, un ingrat; depuis que je me porte bien, je t'ai oublié.

RÉMY.

Non, tu ne m'as pas oublié; tu m'aimes toujours,

je le vois à la franchise de ton accueil; mais les événemens nous ont séparés. J'ai été passer deux ans à Montpellier. Je travaillais beaucoup, je t'écrivais quelquefois; et toi, lancé au milieu des plaisirs de la capitale, tu n'avais pas le temps de me répondre. Cela m'a fait un peu de peine; et pourtant je ne t'en ai pas voulu; tu as la tête légère, mais le cœur excellent; et en amitié, cela suffit.

DELMAR.

Ainsi donc, tu abandonnes le quartier Saint-Jacques pour la rue du Mont-Blanc? Tant mieux, morbleu!

<small>Air de Préville et Taconnet.</small>

Comme autrefois nous vivrons, je l'espère :
Pour commencer, plus de bail, plus d'argent.

RÉMY.

Quoi, tu voudrais?...

DELMAR.

Je suis propriétaire!
Tu garderas pour rien ton logement,
Où nous aurons un procès sur-le-champ.

RÉMY.

Mais permets donc...

DELMAR.

Allons, cher camarade,
Daigne accepter les offres d'un ami;
Ne souffre pas que l'on dise aujourd'hui
Qu'Oreste envoie un huissier à Pilade,
Pour le forcer à demeurer chez lui.

RÉMY.

Un procès avec toi! certes, je ne m'y exposerai pas; car, autant que j'y puis voir, tu es devenu un avocat distingué, tu as fait fortune au barreau.

DELMAR.

Du tout.

RÉMY.

Cependant, quand j'ai quitté Paris, tu venais de passer ton dernier examen.

DELMAR.

J'en suis resté là; et de l'étude d'avoué, je me suis élancé sur la scène.

RÉMY.

Vraiment! tu as toujours eu du goût pour la littérature.

DELMAR.

Non pas celle de Racine et de Molière, mais une autre qu'on a inventée depuis, et qui est plus expéditive. Je me rappelais l'exemple de Gilbert, de Malfilâtre et compagnie, qui sont arrivés au Temple de Mémoire en passant par l'hôpital; et je me disais : « Pourquoi les gens qui ont de l'esprit n'auraient-ils pas celui de faire fortune? pourquoi la richesse serait-elle le privilège exclusif des imbécilles et des sots? pourquoi surtout un homme de lettres irait-il fatiguer les grands de ses importunités? Non, morbleu! il est un protecteur auquel on peut, sans rougir, consacrer ses travaux, un *Mécène* noble et généreux qui récompense sans marchander, et qui paie ceux qui l'amusent; c'est le public. »

RÉMY.

Je comprends; tu as fait quelques tragédies, quelques poëmes épiques.

DELMAR.

Pas si bête! Je fais l'opéra-comique et le vaudeville. On se ruine dans la haute littérature; on s'enrichit dans la petite. Soyez donc dix ans à créer un chef-d'œuvre ! Nous mettons trois jours à composer les nôtres; et encore souvent nous sommes trois : ainsi calcule.

RÉMY.

C'est l'affaire d'un déjeûner.

DELMAR.

Comme tu dis, les déjeûners jouent un grand rôle dans la littérature : c'est comme les dîners dans la politique. De nos jours, combien de réputations et de fortunes enlevées à la fourchette ! Je sais bien que nos chefs-d'œuvre valent à peu près ce qu'ils nous coûtent. Mais on en a vu qui duraient huit jours; quelques-uns ont été jusqu'à quinze; et quand on vit un mois, c'est l'immortalité, et on peut se faire lithographier avec une couronne de laurier.

RÉMY.

Et tu es heureux ?

DELMAR.

Si je suis heureux !

Air des Amazones.

N'allant jamais implorer la puissance,
Je ne crains pas qu'on m'arrête en chemin;
Libre et tout fier de mon indépendance,
Par le travail j'embellis mon destin;
Aux malheureux je peux tendre la main.
Quand je le veux, je cède à la paresse;
L'amour souvent vient agiter mon cœur.

(Prenant la main de Rémy.)

J'ai retrouvé l'ami de ma jeunesse,
Dis-moi, mon cher, n'est-ce pas le bonheur?

Et toi, mon cher, comment vont les affaires?

SCÈNE II.

RÉMY.

Assez mal; j'ai peu de réputation, peu de cliens.

DELMAR.

C'est inconcevable! car je ne connais pas dans Paris de médecin qui ait plus de talent.

RÉMY.

Dans notre état, il faut du temps pour se faire connaître : nous ne jouissons que dans l'arrière-saison; et quand la réputation arrive...

DELMAR.

Il faut s'en aller; comme c'est gai! Mais, dis-moi, pour qui est cet appartement que tu as loué sur le même palier que moi?

RÉMY.

Ce n'est pas pour moi, mais pour une famille qui arrive de Montpellier, et qui m'a prié de lui retenir un logement. Le père d'abord est un excellent homme, et puis la jeune personne...

DELMAR.

Ah, ah! il y a une jeune personne! Permettez donc, monsieur le docteur, est-ce que nous serions amoureux?

RÉMY.

A toi je peux te le confier. Eh bien! oui, je suis amoureux, et sans espoir.

DELMAR.

Sans espoir! laisse donc : c'est quand les médecins n'en ont plus, que cela va toujours à merveille.

RÉMY.

Le père est un riche propriétaire, M. Germont.

DELMAR.

M. Germont, de Montpellier! Nous voilà en pays de connaissance. Il a ici à Paris une nièce, madame de Melcourt, chez laquelle je suis reçu, et qui me parle souvent de son oncle, un original sans pareil, qui tient à la gloire et à la réputation, et qui a pensé mourir de joie en voyant un jour son nom imprimé dans le journal du département.

RÉMY.

C'est lui-même. Il ne recherche pas la fortune, car il en a beaucoup; mais quand j'étais à Montpellier, il m'a promis la main de sa fille à condition que je retournerais à Paris, que je m'y ferais connaître, que je deviendrais un docteur à la mode; et pour tout cela, il ne m'a donné que trois ans.

DELMAR.

C'est plus qu'il n'en faut.

RÉMY.

Non, vraiment; car nous voilà à la fin de la troisième année, j'ai travaillé sans relâche, et je suis encore inconnu.

Air: Connaissez mieux le grand Eugène.

Ma clientelle est bien loin d'être bonne.

DELMAR.

Les vivans sont tous des ingrats.

RÉMY.

Pourtant je n'ai tué personne.

DELMAR.

Mon pauvre ami, tu ne parviendras pas.

Il faut à vous d'illustres funérailles !
Un médecin est comme un conquérant :
Autour de lui, sur les champs de batailles,
Plus il en tombe et plus il paraît grand.

C'est ta faute; si tu m'étais venu voir plus tôt, nous aurions cherché à te lancer. D'abord, j'aurais parlé de toi dans mes vaudevilles; cela aurait couru la province, cela se serait peut-être joué à Montpellier; et si ton beau-père va au spectacle, ton mariage était décidé.

RÉMY.

Laisse donc. Est-ce que j'aurais jamais consenti?...

DELMAR.

Pourquoi pas? mais il est encore temps; nous avons vingt-quatre heures devant nous; et en vingt-quatre heures, il se fait à Paris bien des réputations. Justement, voici mon ami Rondon, le journaliste.

SCÈNE III.

LES PRÉCÉDENS ; RONDON.

RONDON.

Bonjour, mon cher Delmar. (A Rémy, qu'il salue.) Monsieur, votre serviteur. (A Delmar.) Je t'apporte de bonnes nouvelles, car je sors du comité de lecture, et l'ouvrage que nous avons terminé hier a produit un effet...

DELMAR.

C'est bien; nous en parlerons dans un autre moment. Tu viens pour travailler ?

RONDON.

Oui, morbleu! (Appelant.) John! à déjeûner! car moi, je suis un bon convive et un bon enfant.

DELMAR.

Je te présente le docteur Rémy, mon camarade de collége, et mon meilleur ami, un jeune praticien, qui est persuadé que, pour réussir, il suffit d'avoir du mérite.

RONDON.

Monsieur vient de province?

DELMAR.

Non; du faubourg Saint-Jacques.

RONDON.

C'est ce que je voulais dire.

DELMAR, à Rémy.

Apprends donc, et mon ami Rondon te le dira, que, dans ce siècle-ci, ce n'est rien que d'avoir du talent.

RONDON.

Tout le monde en a.

DELMAR.

L'essentiel est de le persuader aux autres; et pour cela, il faut le dire, il faut le crier.

RONDON.

Monsieur a-t-il composé quelque ouvrage?

RÉMY.

Un *Traité sur le croup* qui renferme, je crois, quelques vues utiles; mais toute l'édition est encore chez Ponthieu et Delaunay mes libraires.

RONDON.

Nous l'enlèverons; j'en ai enlevé bien d'autres.

SCÈNE III.

DELMAR.

Ne fais-tu pas un cours ?

RÉMY.

Oui, tous les soirs, je réunis quelques étudians.

DELMAR.

Nous en parlerons.

RONDON.

Nous vous ferons connaître. Avez-vous une nombreuse clientelle ?

RÉMY.

Non, vraiment.

RONDON.

C'est égal, on le dira de même.

DELMAR.

Cela encouragera les autres! et puis, j'y pense, il y a une place vacante à l'académie de médecine de Paris.

RONDON.

Pourquoi ne vous mettez-vous pas sur les rangs ?

RÉMY.

Moi! et des titres ?

DELMAR.

Des titres! à l'académie! c'est du luxe. As-tu adopté quelque innovation, quelque système? pourquoi n'entreprends-tu pas l'*Acupuncture ?*

RONDON.

Ah, oui! le système des aiguilles ?

Air du vaudeville de Fanchon.

Pour guérir on vous pique,
Système économique,
Qui, depuis ce moment,
Répand
La joie en nos familles ;
Car nous avons en magasins
Plus de bonnes aiguilles
Que de bons médecins.

DELMAR.

Les jeunes ouvrières,
Les jeunes couturières,
Ont remplacé la Faculté ;
Ces novices gentilles
Vont, en servant l'humanité,
Avec un cent d'aiguilles,
Nous rendre la santé.

RONDON.

Je te prends ce trait-là pour mon journal, car je parle de tout dans mon journal ; mais je ne me connais pas beaucoup en médecine ; et si monsieur veut me donner deux ou trois articles tout faits...

RÉMY.

Y pensez-vous ! Employer de pareils moyens, ce serait mal, ce serait du charlatanisme.

DELMAR.

Raison de plus.

RONDON.

Du charlatanisme ! mais tout le monde en use à Paris ; c'est approuvé, c'est reçu, c'est la monnaie courante.

SCÈNE III.

DELMAR.

Témoin notre dernier succès.

RONDON.

D'abord la représentation était au bénéfice d'un acteur, qui se retirait définitivement pour la quatrième fois.

DELMAR.

Depuis un mois, les journaux annonçaient qu'il n'y avait plus de places, que tout était loué.

RONDON.

Et la composition du spectacle !

DELMAR.

Et celle du parterre ! je ne t'en parle pas; mais il ne faut pas croire que nous soyons les seuls. Dans tous les états, dans toutes les classes, on ne voit que charlatanisme.

RONDON.

Le marchand affiche une cessation de commerce qui n'arrive jamais.

DELMAR.

Le libraire publie la troisième édition d'un ouvrage avant la première.

RONDON.

Le chanteur fait annoncer qu'il est enrhumé, pour exciter l'indulgence. Charlatans, charlatans! tout ici-bas n'est que charlatans.

DELMAR.

Je ne te parle pas des compères.

RONDON.

Nous serons les vôtres. Je vous offre mes services et mon journal, car moi je suis bon enfant.

RÉMY.

Je vous remercie, messieurs, mais j'ai aussi mon système, et je suis persuadé que, sans intrigue, sans prôneurs, sans charlatanisme, le véritable mérite finit toujours par se faire connaître et acquérir une gloire solide et plus durable.

DELMAR.

Oui, une gloire posthume : essaie, et tu m'en diras des nouvelles.

RÉMY.

Adieu; je vais faire quelques visites.

DELMAR, le retenant.

Mais, écoute donc.

RÉMY.

Si les personnes que j'attends arrivaient pendant mon absence, charge-toi de les recevoir et de leur montrer leur appartement.

DELMAR.

Air : En attendant que le punch se présente.

Quand par nos soins, notre appui tutélaire,
Tu peux marcher à la célébrité ;
Quand des honneurs nous t'ouvrons la carrière,
Tu vas languir dans ton obscurité.
Songe à l'amour que ton cœur abandonne !
Songe à la gloire...

RÉMY.

On doit en être épris,
Quand d'elle-même à nous elle se donne ;
Dès qu'on l'achète, elle n'a plus de prix.

SCÈNE IV.

RONDON ET DELMAR.

ENSEMBLE.

Quand par nos soins, notre appui tutélaire,
Tu peux marcher à la célébrité;
Quand des honneurs nous t'ouvrons la carrière,
Tu vas languir dans ton obscurité.

RÉMY.

Quand par vos soins, votre appui tutélaire,
Je puis marcher à la célébrité;
Quand des honneurs vous m'ouvrez la carrière,
Moi, j'aime mieux mon humble obscurité.

(Il sort.)

SCÈNE IV.

RONDON, DELMAR.

RONDON.

C'est donc un philosophe que ton ami le médecin?

DELMAR.

Non, mais c'est un obstiné qui, par des scrupules déplacés, va manquer un beau mariage.

RONDON.

C'est cependant quelque chose qu'un beau mariage, et puisque nous en sommes sur ce chapitre, j'ai une confidence à te faire. Il est question, en projet, d'un superbe établissement pour moi; vingt mille livres de rente.

DELMAR.

Vraiment! et quelle est la famille?

RONDON.

Je ne te le dirai pas, car je n'en sais rien encore; mais on doit me présenter au beau-père, dès qu'il sera arrivé.

DELMAR.

Ah! il n'est pas de Paris?

RONDON.

Non; mais il vient s'y fixer; un homme immensément riche, qui aime les arts, qui les cultive lui-même, et qui ne serait pas fâché d'avoir pour gendre un littérateur distingué et un bon enfant; et je suis là.

DELMAR.

C'est cela, te voilà marié, et tu ne feras plus rien.

Air de la Robe et les Bottes.

Prends-y bien garde, tu t'abuses!
Oui, tu compromets ton état;
Quand on se voue au commerce des muses,
On doit rester fidèle au célibat.

RONDON.

Crois-tu l'hymen si funeste à l'étude?

DELMAR.

L'hymen, mon cher, est funeste aux auteurs;
A nous surtout, nous qui, par habitude,
Avons toujours des collaborateurs.

Et voilà pourquoi je veux rester garçon.

RONDON.

Oui, et pour quelqu'autre raison encore. Il y a, de par le monde, une jolie petite dame de Melcourt.

DELMAR.

Y penses-tu? la femme d'un académicien! Un instant, monsieur, respect à nos chefs, aux vétérans de la littérature!

RONDON.

Oh! je suis prêt à ôter mon chapeau; mais il n'en est pas moins vrai qu'un mari académicien est ce qu'il y a de plus commode! d'abord, l'habitude qu'ils ont de fermer les yeux.

DELMAR.

Halte là, ou nous nous fâcherons. Madame de Melcourt est la sagesse même. Avant son mariage, c'était une amie de ma sœur; et il n'y a entre nous que de la bonne amitié. Ingrat que tu es! c'est à elle que nous devons nos succès; c'est notre providence littéraire. Vive, aimable, spirituelle, répandue dans le grand monde, partout elle vante tous nos ouvrages. *Divin! délicieux! admirable!* elle ne sort pas de là; et il y a tant de gens qui n'ont jamais d'avis, et qui sont enchantés d'être l'écho d'une jolie femme! Et aux premières représentations, il faut la voir aux loges d'avant-scènes. Elle rit à nos vaudevilles, elle pleure à nos opéras-comiques. Dernièrement encore, j'avais fait un mélodrame... qui est-ce qui ne fait pas de sottise? j'avais fait un mélodrame à Feydeau; elle a eu la présence d'esprit de s'évanouir au second acte, cela a donné l'exemple; cela a gagné la première galerie; toutes les dames ont eu des attaques de nerfs, et moi un succès fou. Si ce ne sont pas là des obligations!...

RONDON.

Allons! allons! tu as raison; mais il faudra lui parler de notre pièce d'aujourd'hui, celle que je viens de lire, pour que d'avance elle l'annonce dans les bals et dans les sociétés; cela fait louer des loges.

DELMAR.

A propos de cela, parlons donc de notre ouvrage, donne-moi des détails sur la lecture.

RONDON.

Je sors du comité, il était au grand complet. Comme c'est imposant, un comité! On y voit de tout, de graves professeurs, des militaires, des employés, des avoués, et même des hommes de lettres.

DELMAR.

As-tu bien lu?

RONDON.

Comme un ange.

DELMAR.

Et nous sommes reçus?

RONDON.

Je n'en doute pas, ils ont ri; et le directeur m'a reconduit jusqu'au bas de l'escalier, en disant qu'on allait m'écrire. (Se mettant à la table.) Aussi, je vais annoncer notre réception dans le journal de ce soir.

DELMAR.

Il n'y a en toi qu'une chose qui me fâche, c'est que tu sois à la fois auteur et journaliste; tu te fais des pièces et tu t'en rends compte, tu te distribues, à toi, des éloges, et à tes rivaux, des critiques; cela ne me paraît pas bien.

AIR: Le choix que fait tout le village.

Lorsque l'on est sorti de la carrière,
Lorsque l'on goûte un glorieux repos,
On peut porter un arrêt littéraire,
On peut alors parler de ses rivaux.
Oui, le pouvoir que déjà tu te donnes,
A nos anciens il faut l'abandonner:
Ceux qui jadis ont gagné des couronnes,
Seuls à présent ont le droit d'en donner.

SCÈNE IV.

RONDON.

Écoute donc ; il faut se faire craindre des directeurs et des confrères.

DELMAR.

Et même dans les pièces où tu ne travailles pas avec moi, tu ne m'épargnes jamais les épigrammes.

RONDON.

C'est vrai ; je t'aime, je t'estime, j'aime tous mes confrères, mais je n'aime pas leurs succès. — Moi ! un succès me fait mal ; j'en conviens franchement, je suis bon enfant, mais... Tiens, écoute. (Il lit ce qu'il vient d'écrire.) « On a reçu aujourd'hui au théâtre de... » Faut-il nommer le théâtre ?

DELMAR.

Pourquoi pas ?

RONDON, lisant.

« On a reçu aujourd'hui, au théâtre de Madame,
« un vaudeville qu'on attribue à deux auteurs connus
« par de nombreux succès. »

DELMAR.

La phrase de rigueur, et si la pièce tombe, tu mettras : « Elle est de deux hommes d'esprit, qui
« prendront leur revanche. »

RONDON.

C'est juste ! (Continuant à lire.) « On assure que cette
« pièce ne peut qu'augmenter la prospérité d'un
« théâtre qui s'efforce de mériter, chaque jour, la
« bienveillance du public. Le zèle des acteurs, l'acti-
« vité de l'administration, l'intelligence du directeur,
« du comité... »

DELMAR.

Il y en a pour tout le monde.

RONDON.

Dam! ils ont tous ri. Et puis, si une pièce est bonne, il ne faut pas, parce qu'elle est de nous, que cela m'empêche d'en dire du bien. Moi, je ne connais personne; la vérité avant tout.

SCÈNE V.

Les précédens; JOHN.

JOHN.

Monsieur, c'est de l'argent.

DELMAR.

Bon, mes droits d'auteur du mois dernier.

JOHN.

Oui, monsieur, quatre mille francs.

DELMAR.

Quatre mille francs! ô Racine! ô Molière! (Les prenant de la main de John.) C'est bien; mille francs pour l'économie, et mille écus pour les plaisirs. (Il les renferme dans son secrétaire.)

JOHN.

Et puis, voici une lettre qu'un garçon de théâtre vient d'apporter.

RONDON, se levant, et prenant la lettre.

Eh! c'est la lettre de réception! (Il lit tout haut.) « Messieurs, votre petite pièce » petite pièce, elle est parbleu bien grande! « votre petite pièce pétille d'esprit « et d'originalité; les caractères sont bien tracés, le

« dialogue est vif et naturel, les scènes abondent en
« intentions comiques; mais on a trouvé que le genre
« de l'ouvrage ne convient pas à notre théâtre. Je vous
« annonce donc à regret que la pièce a été refusée. »

DELMAR.

Refusée !

RONDON.

« A l'unanimité. Croyez bien, messieurs, que l'ad-
« ministration....... » Oui, les termes de consolation !
C'est une horreur !

DELMAR.

Tu disais qu'ils avaient ri.

RONDON.

Mais à mes dépens, à ce qu'il paraît. C'est prendre
les gens en traître. C'est une indignité.

DELMAR.

Ils sont fiers, parce qu'ils ont la vogue.

RONDON.

Ils ne l'auront pas long-temps, je me vengerai; et
pour commencer, un bon article, bien juste... (Il se met
à la table, et écrit:) « Les recettes du théâtre de MADAME
commencent à baisser; son astre pâlit ! »

DELMAR.

Comment ! tu vas...

RONDON.

Écoute donc! je suis bon enfant; mais cela a des
bornes : il ne faut pas non plus se laisser faire la loi.
(Il écrit et répète à haute voix:) « La négligence de l'adminis-
« tration, la révoltante partialité des directeurs, la
« nullité des membres du comité, le honteux mono-

« pole, le marivaudage, etc., etc., etc. » Au lieu de prendre pour modèle les administrations voisines; celle de Feydeau, par exemple, si douce, si paternelle...

DELMAR.

Est-ce que tu veux porter notre pièce à l'Opéra-Comique?

RONDON.

Sans doute.

DELMAR.

On sonne.

RONDON.

Feydeau est un théâtre royal, un théâtre estimable, ennemi des cabales.

DELMAR.

Oui, si l'on nous reçoit.

JOHN, annonçant.

Madame de Melcourt.

SCÈNE VI.

LES PRÉCÉDENS; MADAME DE MELCOURT.

DELMAR.

Qu'entends-je? madame de Melcourt chez moi! quel bonheur inattendu!

MADAME DE MELCOURT, étonnée.

Monsieur Delmar! eh mais! monsieur, comment êtes-vous ici pour me recevoir? Je venais voir mon oncle, pour qui on a retenu un logement dans cette maison, et l'on m'a dit : « Montez au premier. »

SCÈNE VI.

DELMAR.

Je récompenserai mon portier; c'est un homme qui a d'heureuses idées.

MADAME DE MELCOURT.

Et moi, je le gronderai. M'exposer à vous faire une visite! Que dira M. Rondon, qui est mauvaise langue?

RONDON.

Oh! madame, je suis bon enfant.

DELMAR.

N'allez-vous pas me reprocher un bonheur que je ne dois qu'au hasard? Monsieur votre oncle va arriver dans l'instant; j'ai promis au docteur Rémy de le recevoir.

MADAME DE MELCOURT.

Le jeune Rémy! vous le connaissez? vous êtes bien heureux; c'est l'homme invisible : il m'était recommandé, mais jamais il ne s'est présenté chez moi, et cependant j'y prends le plus vif intérêt. J'ai reçu de ma jeune cousine une lettre si pressante!... Il faut absolument faire connaître ce jeune homme.

DELMAR.

Il ne le veut pas.

MADAME DE MELCOURT.

Comment! il ne le veut pas! il le faudra bien; nous lui donnerons de la vogue malgré lui, et sans qu'il s'en doute.

DELMAR.

Ce serait admirable!

MADAME DE MELCOURT.

Et pourquoi pas, si vous me secondez?

RONDON.

Ce sera une conspiration.

MADAME DE MELCOURT.

Air : Au temps heureux de la chevalerie.

Oui, conspirons pour l'unir à sa belle.

DELMAR ET RONDON.

Nous sommes prêts.

MADAME DE MELCOURT.

Marchons donc hardiment;
Et si le sort nous était infidèle,

(Montrant son aigrette.)

Ralliez-vous à mon panache blanc.

DELMAR.

Du Béarnais jadis c'était l'emblème.

MADAME DE MELCOURT.

Avec raison je l'invoque en ces lieux :
Notre entreprise est digne de lui-même,
Nous conspirons pour faire des heureux.

ENSEMBLE.

Notre entreprise est digne de lui-même,
Nous conspirons pour faire des heureux.

MADAME DE MELCOURT.

Il faut d'abord quelques articles de journaux.

DELMAR.

Voici Rondon qui s'en chargera.

RONDON.

Certainement, un médecin, ce n'est pas un confrère ; moi, je suis bon enfant. Donne-moi des notes. (Il va s'asseoir à la table, et écrit.) « Le docteur Rémy. »

DELMAR.

Auteur d'un ouvrage *sur le croup.*

SCÈNE VI.

RONDON, écrivant.

« Le docteur Rémy, le sauveur de l'enfance, l'es-
« poir des mères de famille... »

DELMAR.

Il fait tous les soirs un petit cours de physiologie.

RONDON.

Un petit cours! (Écrivant.) « C'est aujourd'hui que le
« célèbre docteur Rémy termine son cours de physio-
« logie. On commencera à sept heures précises. Les
« voitures prendront la file au coin de la rue Neuve-
« des-Mathurins, et sortiront par la rue Joubert. »

DELMAR.

Parfait! Dès qu'on promet de la foule, tout le monde y court. (Il appelle.) John, John! tu iras à la préfecture demander deux gendarmes.

JOHN.

Oui, monsieur.

DELMAR.

Gendarmes à cheval surtout! on les voit mieux, et cela attire de plus loin.

MADAME DE MELCOURT.

Attendez donc : il y a une place vacante à l'académie de médecine de Paris.

DELMAR.

C'est ce que nous disions ce matin.

RONDON.

Il faut qu'il l'ait.

MADAME DE MELCOURT.

Il l'aura; c'est aujourd'hui que l'on prononce. On est incertain entre deux rivaux; de sorte qu'un troisième qui se présenterait pourrait tout concilier.

RONDON.

Oui; mais encore faudrait-il faire quelques visites; et jamais ce monsieur ne s'y décidera.

DELMAR.

Je les ferai pour lui, et sans qu'il le sache. J'irai voir le président, et je mettrai des cartes chez les autres.

MADAME DE MELCOURT.

Moi, j'irai voir leurs femmes.

Air : Amis, voici la riante semaine.

Je tâcherai de séduire ces dames,
Qui séduiront leurs époux. C'est ainsi
Que l'on parvient, c'est toujours par les femmes ;
Voilà comment j'ai placé mon mari.

RONDON.

Nous courrons tous.

MADAME DE MELCOURT.

Grace à nos promenades,
Notre docteur est dans le bon chemin ;
Rien ne lui manque.

DELMAR.

Excepté des malades,
Et le voilà tout-à-fait médecin !

MADAME DE MELCOURT.

C'est vrai; il faut lui trouver quelques malades riches, des malades de bonne compagnie ou des petits malades de grande maison. Attendez! l'ambassadrice d'Espagne me demandait ce matin un médecin pour sa femme de chambre. Ensuite, je connais une princesse polonaise dont le singe s'est cassé la cuisse, la princesse *Jockoniska*.

SCÈNE VI.

DELMAR.

Cela suffit pour commencer. (Il appelle.) John, John ! Dès que le docteur Rémy sera rentré, et qu'il y aura du monde... (Il lui parle bas.) Tu m'entends, l'air inquiet, effaré.

JOHN.

Oui, monsieur.

MADAME DE MELCOURT.

On monte l'escalier ; je reconnais la voix de mon oncle, celle de sa fille ; ce sont nos voyageurs.

RONDON.

Moi, je vais à l'imprimerie ; je sors par la porte dérobée.

MADAME DE MELCOURT.

Ah ! monsieur a deux sorties à son appartement.

DELMAR.

Les architectes ont tout prévu.

RONDON.

Sans doute, un garçon ! et un auteur dramatique !.. mais je n'en dis pas davantage, parce que je suis bon enfant.

(Il sort par la porte à droite.)

SCÈNE VII.

DELMAR, MADAME DE MELCOURT, M. GERMONT, SOPHIE.

TOUS.

Air du Valet de chambre.

Ah! quel plaisir (*bis.*)
De s'embrasser après l'absence!
Ah! quel plaisir
De pouvoir tous se réunir!

(Ils s'embrassent.)

DELMAR, les regardant.

Les scènes de reconnaissance
Ont toujours l'art de m'attendrir!

TOUS.

Ah! quel plaisir!

GERMONT.

Paris, Paris! j'en suis avide;
Que rien n'échappe à mes regards!

MADAME DE MELCOURT.

C'est moi qui serai votre guide.

GERMONT.

Tu sais que je tiens aux beaux arts,
A la peinture, à la musique;
Mais j'aime avant tout, je m'en pique,
La littérature...

DELMAR.

Bravo!
Nous vous mènerons voir Jocko.

TOUS.

Ah! quel plaisir
De s'embrasser après l'absence!
Ah! quel plaisir
De pouvoir tous se réunir!

SCÈNE VII.

MADAME DE MELCOURT.

Ah çà, mon oncle, vous venez sans doute à Paris pour marier ma cousine..

GERMONT.

Mais, oui, c'est mon intention.

MADAME DE MELCOURT.

Elle sera vraiment charmante quand elle aura un mari, et une robe de chez Victorine. Victorine, ma chère, il n'y a qu'elle pour les robes, Nattier pour les fleurs, Herbault pour les toques ; c'est cher, mais c'est distingué.

GERMONT.

C'est bon, c'est bon ; à demain les affaires sérieuses. Occupons-nous de notre appartement ; et, avant tout, montons chez ce cher Rémy : à quel étage demeure-t-il ?

DELMAR, bas à madame de Melcourt.

Décemment, je ne peux pas dire qu'il loge au quatrième. (Haut.) Monsieur, vous êtes chez lui.

MADAME DE MELCOURT.

Y pensez-vous ?

DELMAR, bas.

Je partagerai avec lui : ce n'est pas la première fois.

GERMONT.

Comment diable ! au premier, dans la Chaussée-d'Antin !

DELMAR.

Et l'appartement qui vous est réservé est ici en face, sur le même palier.

GERMONT.

Et un mobilier charmant, d'une fraîcheur! d'une élégance! une bibliothèque! et des bustes!

Air : Il me faudra quitter l'empire.

J'aperçois là deux docteurs qu'on renomme,
C'est Hippocrate et Galien.

DELMAR, bas à madame de Melcourt.

Oui, c'est Favart, c'est Piron... le brave homme!

GERMONT.

Ah! tous les deux je les reconnais bien. (bis.)
N'est-il pas vrai? c'étaient deux fortes têtes?
Deux grands docteurs...

DELMAR.

C'étaient deux grands talens

(A part.)
Pour les couplets.

GERMONT.

Ils ont l'air bons vivans!

DELMAR.

Je le crois bien. Si j'avais leurs recettes,
Je serais sûr de vivre bien long-temps.

GERMONT, à Delmar.

Monsieur est de la maison?

DELMAR.

Je suis le propriétaire; et si ce n'étaient les services que M. Rémy m'a rendus, il y a long-temps que je lui aurais donné congé.

SOPHIE.

Et pourquoi donc?

DELMAR.

Pourquoi, mademoiselle? parce que je ne peux pas dormir, parce qu'on m'éveille toutes les nuits. La nuit dernière encore, deux équipages qui s'arrêtent à ma

SCÈNE VII.

porte, et l'on frappe à coups redoublés. « N'est-ce pas « ici le célèbre docteur Rémy? on le demande chez un « riche financier qui a une indigestion, chez la femme « d'un ministre destitué qui a des attaques de nerfs. » C'est à n'y pas tenir. Je n'ose pas le renvoyer; mais à l'expiration du bail, je serai obligé de l'augmenter, je vous en préviens.

GERMONT.

Qu'est-ce que vous me dites là? Ce pauvre Rémy a donc un peu de réputation?

DELMAR.

Lui! il n'a pas un moment de repos, ni moi non plus.

SOPHIE.

Ah! que je suis contente! vous voyez bien, mon père, j'étais sûre qu'il parviendrait.

GERMONT.

Et où est-il en ce moment?

DELMAR.

Dieu le sait! il est monté dans son cabriolet, et il court Paris.

GERMONT.

Qu'entends-je! il a un cabriolet?

DELMAR.

Air du Piége.

Eh! oui, monsieur; c'est bien juste en effet :
 Tous les docteurs un peu célèbres
 Ont au moins un cabriolet
 Payé par les pompes funèbres.
 On doit beaucoup à leurs secours;
 Pourrait-on, sans leur faire injure,
Les voir à pied? eux qui font tous les jours
 Partir tant de gens en voiture.

GERMONT.

Et vous, ma chère nièce, que dites-vous de tout cela ?

MADAME DE MELCOURT.

Qu'il y a beaucoup d'exagération.

GERMONT.

Quoi ! vous pensez que le docteur Rémy ?...

MADAME DE MELCOURT.

Moi, je n'en dis rien, parce que je ne puis pas le souffrir. C'est un homme insupportable, qu'on ne trouve jamais : toutes les dames en sont folles, et je ne sais pas pourquoi.

SOPHIE, à voix basse.

Mais taisez-vous donc !

MADAME DE MELCOURT.

Et pourquoi donc me taire ? je dis ce que je pense ; il m'a enlevé mes spasmes nerveux, j'en conviens ; car il guérit, c'est vrai, il guérit ; il n'a que cela pour lui : il faut bien qu'il ait quelque chose.

DELMAR.

Vous voilà ! toujours injuste, exagérée quand vous n'aimez pas les gens.

MADAME DE MELCOURT.

Et vous, toujours prêt à partager l'engoûment général.

GERMONT.

Mais, ma nièce... mais, monsieur...

MADAME DE MELCOURT.

Vous verrez ce que deviendra votre docteur Rémy. Malgré tous ses succès, je ne lui donne pas dix ans de vogue.

DELMAR.

Eh bien! par exemple!

SOPHIE.

Fi! ma cousine; c'est indigne à vous!

SCÈNE VIII.

Les précédens; RÉMY.

MADAME DE MELCOURT.

Eh! tenez; voici encore quelqu'un qui vient le demander, et qui ne le trouvera pas.

DELMAR, bas à madame de Melcourt.

C'est lui-même.

MADAME DE MELCOURT, à part.

Ah, mon Dieu! ce que c'est que de ne pas connaître les personnes que l'on vante!

RÉMY.

Enfin, vous voilà donc arrivés!

GERMONT.

Ce cher Rémy! embrasse-moi donc.

RÉMY.

Bonjour, monsieur; bonjour, mademoiselle; un si aimable accueil...

GERMONT.

Ne doit pas t'étonner, toi qui partout es reçu et fêté; nous savons de tes nouvelles.

RÉMY.

De mes nouvelles! et comment?

GERMONT.

Parbleu! par la renommée.

RÉMY.

Par la renommée? je ne croyais pas qu'elle s'occupât de moi.

MADAME DE MELCOURT.

Ah! quoique médecin, monsieur est modeste; voilà une qualité qui va nous raccommoder ensemble.

SOPHIE, à Rémy.

C'est madame de Melcourt, ma cousine, et une de vos malades.

RÉMY.

De mes malades! je ne pense pas avoir eu l'honneur...

MADAME DE MELCOURT.

Qu'est-ce que je vous disais? c'est insupportable! et nous allons de nouveau nous brouiller; il ne reconnaît pas même ceux à qui il a rendu la santé!

DELMAR.

Parbleu! je le crois bien, sur la quantité! Mais, pardon, monsieur, avant de sortir, j'aurais un mot de consultation à demander au docteur sur des douleurs que j'éprouve.

RÉMY.

Il serait vrai! qu'est-ce que c'est? parle vite, mon cher Delmar.

DELMAR, conduisant Rémy à l'extrémité du théâtre à gauche.

Rien; mais j'ai une confidence à te faire. M. Germont a pris l'appartement en face, sur le même palier; je lui ai dit que tu demeurais ici avec moi.

RÉMY.

Et pourquoi donc?

DELMAR.

Belle question! pour que tu aies plus d'occasion de voir ta prétendue.

RÉMY.

Je te remercie; quel bonheur! Mais quant à cette dame, elle se trompe, je ne la connais pas.

DELMAR.

Qu'est-ce que cela te fait? ne va pas la contredire, ce n'est pas honnête.

MADAME DE MELCOURT, bas à Germont.

Ce jeune homme qui cause avec lui, est M. Delmar, son propriétaire, un auteur très distingué.

GERMONT.

Comment, c'est M. Delmar, l'auteur? je logerais dans la maison d'un auteur! Tu sais bien, ma fille, cet opéra que nous avons vu à Montpellier... M. Delmar... les paroles de cet air que tu chantes si bien sur ton piano... M. Delmar...

MADAME DE MELCOURT.

J'espère que vous vous rencontrerez chez moi avec monsieur, qui me fait souvent l'honneur d'y venir; c'est aussi un ami du docteur.

GERMONT.

Je lui en fais compliment. Si je me fixais à Paris, je ne voudrais voir que des poètes, des artistes, des gens célèbres. J'aimerais à paraître en public avec eux, parce que c'est agréable d'être remarqué, d'être suivi, d'entendre dire autour de soi : « C'est monsieur un tel, c'est sûr, le voilà; et quel est donc ce monsieur qui lui donne le bras? C'est M. Germont de Montpellier, son ami intime. » C'est une manière de se faire connaître. Voilà pourquoi j'ai toujours voulu pour gendre un homme célèbre ; il en rejaillit sur la famille et sur le beau-père une illustration... relative.

RÉMY.

Je suis désolé, monsieur, de vous voir de pareilles idées, non pas qu'elles ne soient très louables en elles-mêmes ; mais, malheureusement pour moi, mon peu de réputation...

SOPHIE.

Que voulez-vous donc de plus ?

DELMAR.

Tu es bien difficile ; après les ouvrages que tu as faits, après ton *Traité sur le croup.*

MADAME DE MELCOURT.

C'est-à-dire que c'est une modestie qui ressemble beaucoup à de l'orgueil.

RÉMY, à Delmar qui lui fait des signes.

Non, morbleu ! je ne veux point tromper un honnête homme ; je veux qu'il sache que j'ai peu de réputation, peu de cliens.

SCÈNE IX.

Les précédens ; JOHN.

JOHN.

Monsieur le docteur, on vous fait demander chez l'ambassadeur d'Espagne.

RÉMY.

Moi ?

JOHN.

Oui, vous, le docteur Rémy, et on vous prie de ne pas perdre de temps, car madame l'ambassadrice est très inquiète.

GERMONT.

L'ambassadrice !

SCÈNE X.

Les précédens ; FRANÇOIS.

FRANÇOIS.

Monsieur le docteur, c'est de la part d'une princesse polonaise, qui vous supplie de passer chez elle ce matin.

RÉMY.

A moi ! une princesse polonaise ?

FRANÇOIS.

La princesse Jockoniska ; elle vous attend en consultation pour une personne de sa maison qui est gravement indisposée.

RÉMY.

Je vous jure que je ne les connais pas.

MADAME DE MELCOURT.

C'est tous les jours de nouveaux cliens.

DELMAR.

Air de Marianne.

Voyez combien d'argent il gagne !
Il n'a pas un moment à lui !
C'est la Pologne et c'est l'Espagne ;
Il soigne le Nord, le Midi.

GERMONT.

Chez la princesse,
Chez son altesse,
Puisqu'on t'attend,
Allons, pars à l'instant.

RÉMY.

Non, je l'atteste,
Ici je reste;
L'ambassadeur
Me fait par trop d'honneur.

GERMONT.

Hé quoi! dans l'état qu'il exerce,
Refuser un pareil client!

DELMAR.

C'est Hippocrate refusant
Les présens d'Artaxerce.

GERMONT.

Et moi j'exige que vous partiez. Tantôt, à dîner, nous nous reverrons.

DELMAR, lui donnant son chapeau.

Voilà ton chapeau, le cabriolet est en bas, et le cheval est attelé.

RÉMY.

Mais est-ce que je peux profiter?...

DELMAR, bas.

Eh! oui, sans doute; tu reviendras plus vite.

RÉMY.

A la bonne heure; mais il y a dans tout cela quelque chose que je ne comprends pas.

(Il sort.)

SCÈNE XI.

Les précédens, hors RÉMY.

DELMAR.

Il doit vous paraître fort original; mais il a une ambition telle qu'il croit toujours n'être rien.

GERMONT.

Tant mieux, tant mieux! C'est ainsi qu'on arrive; et je vois maintenant que c'est là le gendre qu'il me faut.

SOPHIE.

N'est-ce pas, mon père?

GERMONT.

Oui, mais je me trouve dans un grand embarras, dont il faut que je vous fasse part.

MADAME DE MELCOURT.

Ah! mon Dieu! qu'est-ce que c'est?

GERMONT.

Ne me doutant pas de la réputation du docteur Rémy, j'avais renoncé à cette alliance; et ma fille sait que j'avais donné ma parole à un de mes amis qui demeure à Paris.

SOPHIE.

Aussi, c'est bien malgré moi.

GERMONT.

Que veux-tu! il m'avait proposé pour gendre un littérateur connu.

DELMAR.

Il faut rompre avec lui.

GERMONT.

Sans doute, mais cela demande des ménagemens. Il faudrait le voir, lui parler. C'est un homme qui travaille pour le théâtre, et pour les journaux. (A Delmar.) Et vous, qui fréquentez ces messieurs, si vous vouliez me donner quelques renseignemens.

DELMAR, bas à madame de Melcourt.

Comme si j'avais le temps! et nos visites à l'académie?

GERMONT, fouillant dans sa poche.

J'ai là son nom, et une note sur ses ouvrages.

SCÈNE XII.

LES PRÉCÉDENS; RONDON.

DELMAR.

Mais, tenez; voici un de mes amis qui connaît tout le monde, et qui vous dira tout ce qu'il sait, et tout ce qu'il ne sait pas; c'est un dictionnaire biographique ambulant. (Bas à Rondon.) C'est le provincial que nous attendions, le beau-père du docteur; ainsi, soigne-le.

RONDON.

Sois tranquille, tu sais que je suis bon enf...

DELMAR.

Eh oui, c'est connu. Adieu, monsieur; je vais faire quelques courses.

MADAME DE MELCOURT.

Et moi, je vais conduire Sophie dans votre nouvel appartement. Viens, ma chère, nous avons tant de choses à nous dire. Messieurs, nous vous laissons.

(Ils sortent.)

SCÈNE XIII.

RONDON, GERMONT.

GERMONT.

Monsieur est un ami du jeune M. Delmar? un auteur, sans doute?

RONDON.

Oui, monsieur, connu par quelques succès agréables.

GERMONT.

Monsieur, je cultive aussi les sciences et les arts, mais en amateur. J'ai composé un *Cours d'Agriculture*; et, dans ma jeunesse, je maniais le pinceau; j'ai fait un *Massacre des Innocens*, qui, j'ose dire, était effrayant à voir.

RONDON.

Monsieur, je m'en rapporte bien à vous; mais, que puis-je faire pour votre service?

GERMONT.

Je ne sais comment reconnaître votre obligeance, monsieur; c'est sur un de vos confrères que je voudrais vous consulter. (Regardant le papier qu'il tire de sa poche.) Connaissez-vous un monsieur Rondon?

RONDON.

Heim! qu'est-ce que c'est?

GERMONT.

Un littérateur qui travaille à plusieurs ouvrages périodiques.

RONDON.

Oui, monsieur, oui, je le connais beaucoup, je ne suis pas le seul.

GERMONT.

Eh bien! monsieur, qu'est-ce que vous en pensez?

RONDON.

Mais, monsieur, je dis que... (A part.) Quelque habitué qu'on soit à faire son éloge, on ne peut pas, comme cela de vive voix... si c'était imprimé, encore passe. (Haut.) Je dis, monsieur, que c'est un garçon à qui généralement l'on reconnaît du mérite.

GERMONT.

Tant mieux; mais est-ce un homme aimable, un bon enfant?

RONDON.

Oh! pour cela, il s'en vante; mais oserai-je vous demander pourquoi toutes ces questions?

GERMONT.

Je m'en vais vous le dire. Sans le connaître, je suis presque engagé avec lui. Un ami commun, M. Derbois...

RONDON.

M. Derbois! je le connais beaucoup.

GERMONT.

Un conseiller à la cour royale, M. Derbois, lui avait proposé ma fille en mariage.

SCÈNE XIII.

RONDON, à part.

Quoi c'était là le parti qu'il me destinait! A merveille. (Haut.) Eh bien! monsieur?

GERMONT.

Eh bien! monsieur, je n'ose pas l'avouer à mon ami Derbois, qui a cette affaire très à cœur; mais je ne veux plus de M. Rondon pour gendre.

RONDON.

Comment, monsieur?

GERMONT.

Je cherche quelque moyen de le lui faire savoir avec politesse et avec égards. Si vous vouliez vous en charger.

RONDON.

Je vous remercie de la commission.

GERMONT.

Est-ce que vous croyez qu'il le prendra mal?

RONDON.

Sans doute, car encore voudra-t-il savoir pour quelles raisons.

GERMONT.

Oh! c'est trop juste; et je m'en vais vous le dire, c'est que j'ai préféré pour gendre le docteur Rémy.

RONDON, à part.

Qu'entends-je? notre jeune protégé! c'est bien différent. (Haut.) Rémy! qu'est-ce que c'est que ça?

GERMONT.

Le célèbre docteur Rémy! ce médecin si connu dans Paris!

RONDON.

Je ne le connais pas, et je vous dirai même que jamais je n'en ai entendu parler.

GERMONT.

Il serait possible! et ses malades? et ses ouvrages?

RONDON.

Pour des malades, il est possible qu'il en ait fait; mais pour des ouvrages, je crois qu'excepté ses libraires, personne n'en a eu connaissance.

GERMONT.

<small>Air : Du partage de la richesse.</small>

Qu'ai-je entendu! ma surprise est extrême!

RONDON.

Mon témoignage est peut-être douteux ;
Voyez, monsieur, interrogez vous-même.

GERMONT.

Dans mes projets je suis bien malheureux ;
Moi qui cherchais à donner à ma fille
Un nom fameux... Dès long-temps je voulais
Voir un génie au sein de ma famille ;
Ah! c'en est fait... nous n'en aurons jamais.

SCÈNE XIV.

<small>Les précédens; madame DE MELCOURT.</small>

MADAME DE MELCOURT.

Mon oncle, mon oncle, je quitte ma cousine qui vient de me faire ses confidences.

GERMONT.

Il suffit, ma nièce. Je ne croirai désormais aucun rapport; je ne veux me fier qu'à moi-même, à mon propre jugement ; je vais chez mon ami Derbois, un conseiller, un excellent homme qui est toujours malade, et qui toutes les semaines change de médecins, ainsi il doit en avoir l'habitude ; il doit connaître les meilleurs ; je lui parlerai du docteur Rémy.

MADAME DE MELCOURT.

Pourquoi me dites-vous cela?

GERMONT.

Suffit, je m'entends. Je passerai après cela chez les libraires du Palais-Royal ; et je verrai si, par hasard, l'édition entière ne serait pas dans leurs boutiques ; car il ne faut pas croire que nous autres provinciaux...

MADAME DE MELCOURT.

Voulez-vous que je vous accompagne? J'ai là ma voiture.

GERMONT.

Du tout, je rentre chez moi, je vais m'habiller ; je demanderai un fiacre, et nous verrons. Monsieur, enchanté d'avoir fait votre connaissance.

RONDON.

Monsieur, je descends avec vous. (A madame de Melcourt.) Madame, j'ai bien l'honneur...

SCÈNE XV.

MADAME DE MELCOURT, SEULE, PUIS DELMAR.

MADAME DE MELCOURT.

Nous voilà bien ! toute la conspiration est découverte ! C'est vous, Delmar.

DELMAR, entrant par la porte à gauche.

Je rentre par mon escalier dérobé, j'ai fait nos visites ; j'ai vu beaucoup de monde, tout va bien, et je vous apporte de bonnes nouvelles.

MADAME DE MELCOURT.

Et moi, j'en ai de mauvaises. Sophie m'a tout raconté. Cet homme de lettres, qu'on lui destinait pour mari, n'est autre que votre ami Rondon.

DELMAR.

Dieu ! quelle faute nous avons faite en le mettant dans notre parti !

MADAME DE MELCOURT.

Il n'en est déjà plus ; il est passé à l'ennemi.

DELMAR.

Eh bien ! tant mieux, si vous me secondez.

Air de Julie.

J'étais jaloux, au fond de l'ame,
De le voir en tiers avec nous.
Je suis bien plus heureux, madame,
De ne conspirer qu'avec vous :
Ne craignez point qu'ici je vous trahisse ;
Que n'avez-vous (c'est là mon seul souhait)
Un secret qui vous forcerait
A n'avoir que moi pour complice ?

SCÈNE XV.

MADAME DE MELCOURT.

Il ne s'agit pas de cela, monsieur, mais de mon oncle à qui l'on a tout dit, et qui va lui-même courir aux informations chez M. Derbois, conseiller, qui connaît tous les médecins de Paris; il va partir dans l'instant, car il a même fait demander un fiacre.

DELMAR.

Un fiacre! c'est bon; nous avons du temps à nous; vite l'Almanach des 25,000 adresses.

(Il l'ouvre.)

MADAME DE MELCOURT.

De là, il doit aller au Palais-Royal, chez les libraires du docteur, pour demander le fameux *Traité du Croup*, et sa visite fera époque, car c'est peut-être le premier exemplaire qui se sera vendu de l'année.

DELMAR.

Rassurez-vous, car l'on peut tout réparer. (Appelant.) John! François! Toute la maison! (Allant à son secrétaire.)

MADAME DE MELCOURT.

Eh bien! que faites-vous donc?

DELMAR.

Air: L'amour qu'Edmond a su me taire.

Dans notre sagesse ordinaire,
Notre budget tantôt fut arrêté;
Et voilà, dans mon secrétaire
Trois mille francs que j'ai mis de côté.

MADAME DE MELCOURT.

Chez un auteur, mille écus! quel prodige!

DELMAR.

Pour mes plaisirs je les avais laissés;
Ils vont sauver un ami que j'oblige;
Selon mes vœux les voilà dépensés.

(A John et à François qui entrent.)

Approchez, vous autres, et écoutez bien. Il me faut du monde, des amis dévoués, et il m'en faut beaucoup; enfin, comme s'il s'agissait d'une première représentation.

JOHN.

Je comprends, monsieur, on fera comme la dernière fois.

DELMAR.

C'est bien, ce sera enlevé! quatre de vos gens iront à dix minutes de distance, chez M. Derbois conseiller, rue du Harlay; ils monteront, ils sonneront fort; ils demanderont si on n'a pas vu M. le docteur Rémy. Ils ajouteront qu'on le cherche dans tout le quartier, qu'il doit y être, qu'il faut qu'on le trouve, attendu qu'il est demandé par un ministre, par un prince et par un banquier.

JOHN.

Oui, monsieur.

DELMAR.

Pendant ce temps, les autres courront les galeries du Palais-Royal, entreront chez tous les libraires, et achèteront tous les exemplaires qu'ils pourront trouver d'un *Traité sur le Croup*, par le docteur Rémy. Comprends-tu bien?

JOHN.

Oui, monsieur.

DELMAR.

Surtout ne va pas te tromper et en acheter un autre! quelque confrère dont on enlèverait l'édition!

JOHN.

Soyez tranquille.

DELMAR.

Tous les exemplaires, à quelque prix que ce soit ; quand les derniers devraient coûter 20 francs! tenez, prenez, voilà de l'argent; et s'il en faut encore, n'épargnez rien.

JOHN.

Monsieur sera content.

DELMAR.

Ce gaillard-là a de l'intelligence. Il faudra que je le pousse au théâtre. Partez.

MADAME DE MELCOURT.

Moi, je vais porter les derniers coups. Tout ce que je crains maintenant, ce sont les articles de Rondon.

DELMAR.

Ne craignez rien, c'est lui, je l'entends ; je vais parer ce dernier coup, car je connais son côté faible.

(Madame de Melcourt sort.)

SCÈNE XVI.

DELMAR, RONDON.

RONDON.

J'avais fait pour le docteur un article d'amitié, mais la justice doit reprendre ses droits ; et dans celui-ci, je l'ai traité en conscience.

DELMAR.

Ah! te voilà Rondon? as-tu envoyé l'article de ce matin sur l'ouvrage du docteur Rémy?

RONDON.

Oui, oui, il était même imprimé ; et dans un quart d'heure, il va paraître, si je ne fais rien dire. Mais j'ai prié qu'on attendît, parce que je veux en envoyer un autre que je viens de composer dans ton cabinet.

DELMAR.

Un second ! c'est trop beau, et je t'en remercie. Mais tu as bien fait, et sans t'en douter, tu te seras rendu service à toi-même.

RONDON.

Que veux-tu dire ?

DELMAR.

Le journal où tu travailles vient d'être acheté secrètement par M. de Melcourt, l'académicien.

RONDON.

Secrètement ?

DELMAR.

Sans doute, à cause de sa dignité. Madame de Melcourt, enchantée de la complaisance, de la bonne grace que tu as mise à la seconder, te fera d'abord conserver ta place qui est, je crois, de cinq à six mille francs ?

RONDON.

C'est vrai.

DELMAR.

Elle peut encore, par la suite, te faire augmenter, tandis que, si tu avais refusé de la servir, si tu y avais mis de la mauvaise volonté.... Tu sais ce que peut le ressentiment d'une femme.

SCÈNE XVI.

RONDON, *ployant et déchirant son article.*

Oui, sans doute, mais ce que j'en fais dans cette occasion, c'est plutôt pour toi que pour elle ; car, s'il faut te parler à cœur ouvert, j'ai découvert que ce docteur était mon rival.

DELMAR.

Vraiment ?

RONDON.

Il vient m'enlever un très-beau mariage ; et la délicatesse ne m'oblige pas à le servir. Je laisse aujourd'hui le premier article comme il est, parce qu'il est imprimé, et qu'il ne faut pas se brouiller avec le propriétaire de son journal ; mais j'en resterai là, je serai neutre.

DELMAR.

On ne t'en demande pas davantage ; et pourvu que tu ne dises rien au beau-père, et que tu le laisses choisir entre vous deux.

RONDON.

Non pas, non pas, j'ai déjà parlé ; j'en conviens franchement, parce que je suis bon enfant ; j'ai dit du mal ! mais de vive voix.

DELMAR.

Il se pourrait ! Ah, tant mieux ! sa réputation est faite. Il ne lui manquait plus que cela ; il ne lui manquait plus que des ennemis, et j'allais lui en chercher ; mais te voilà.

RONDON.

Dam ! on me trouve toujours dans ces occasions-là ; et puis cela te fait plaisir, tu peux être tranquille ;

mais nous allons voir comment il se tirera des informations que le beau-père a été prendre sur lui.

DELMAR.

Tiens, justement, les voilà de retour.

SCÈNE XVII.

LES PRÉCÉDENS; M. GERMONT, RÉMY.

GERMONT, tenant Rémy embrassé.

Mon cher Rémy, mon gendre! Je te trouve au moment où tu descendais de ta voiture, et je ne te quitte plus; il faut que je te demande pardon des soupçons que j'ai osé concevoir.

RÉMY.

A moi! des excuses!

GERMONT.

Oui, sans doute, je viens de chez M. Derbois, un conseiller à la cour, rue du Harlay, un de mes vieux amis, qui est toujours malade, et entouré de médecins.

RÉMY.

Je ne le connais pas.

GERMONT.

Oui, mais lui te connaît. Depuis ce matin il n'entend parler que de toi dans son quartier; on est même venu chez lui, trois ou quatre fois, et, comme il est mécontent de son docteur, il le quitte, et c'est toi qu'il choisit; il te supplie, dès demain, de vouloir bien lui donner tes soins, si tes occupations te le permettent.

SCÈNE XVII.

RÉMY.

Comment donc ? et avec plaisir.

GERMONT.

Encore un client.

DELMAR, à part.

Encore un compère; mais celui-là est de bonne foi, et ce sont les meilleurs.

GERMONT.

De là, je suis passé au Palais-Royal; j'ai demandé ton *Traité sur le Croup*.

RÉMY, à part.

Ah, mon dieu !

RONDON, de même.

Je respire.

DELMAR.

Eh bien ! monsieur ?

GERMONT.

Impossible d'en trouver un exemplaire !

RONDON.

Cela n'est pas croyable !

RÉMY.

Vous vous êtes mal adressé.

GERMONT.

Je me suis adressé à tout le monde, et tous les libraires du Palais-Royal m'ont assuré qu'excepté la campagne de Moscow de M. de Ségur, et les brochures de M. de Sthendal, il n'y avait pas un exemple d'une vogue pareille; c'était une rage, une furie; on s'arrachait les exemplaires; aujourd'hui surtout, il paraît que la vente a pris un élan...

DELMAR.

Et vous n'avez pas pu vous procurer...

GERMONT.

Si, vraiment; un seul, et le voilà; c'est, je crois, le dernier; et je l'ai payé quarante francs.

RÉMY.

Au lieu de deux francs?

GERMONT.

Oui, mon ami; et encore le libraire ne voulait pas me le donner. Mais c'est l'ouvrage de mon gendre, lui ai-je dit; je veux l'avoir, je l'aurai, dût-il m'en coûter cent écus. Votre gendre, m'a-t-il répondu en ôtant son chapeau! Vous êtes le beau-père du docteur Rémy? Monsieur, dites-lui de ma part que s'il veut 10,000 francs de la seconde édition, je les ai à son service.

RÉMY.

Il se pourrait!

DELMAR, à part.

Encore des compères.

RONDON.

C'est ça, voilà comme ils sont à Paris! maintenant qu'il est lancé, je voudrais l'arrêter que je ne pourrais pas!

SCÈNE XVIII.

Les précédens; SOPHIE.

SOPHIE.

Mon père! mon père! voilà des voitures, des gendarmes!

GERMONT.

Des voitures! des gendarmes!

DELMAR.

Oui, ils arrivent pour son *Cours de Physiologie* qu'il termine aujourd'hui!

GERMONT.

Nous y assisterons tous! un cours de physiologie, c'est très-amusant.

SOPHIE.

Et puis, voici les journaux du soir; ils viennent d'arriver; il y a un article superbe sur M. Rémy. Tenez, lisez plutôt. On y dit en toutes lettres qu'il y a une place vacante à l'académie de médecine, et que s'il y avait une justice, c'est lui qui devrait être nommé.

RÉMY.

Vraiment!

GERMONT, qui a regardé le journal.

C'est ma foi vrai, c'est imprimé.

RONDON.

Il ne manquait plus que cela pour leur tourner la tête.

GERMONT.

Ah, mon Dieu ! ma fille ! mes enfans ! il est question de moi.

DELMAR, prenant le journal.

Ce n'est pas possible !

RONDON, bas.

Si vraiment, j'avais soigné le beau-père.

DELMAR, lisant le journal en regardant Germont.

« Un peintre célèbre, l'honneur de la province, « vient d'arriver à Paris ; c'est M. Germont, auteur « du fameux tableau du *Massacre des Innocens*. On « dit qu'il s'est enfin déterminé à publier son *Cours* « *d'Agriculture*, si impatiemment attendu par les « savans. »

GERMONT.

Je commence donc à percer ?

DELMAR.

C'est à votre gendre que vous devez cela. Tout ce qui tient à un homme célèbre acquiert de la célébrité.

GERMONT, à Rondon.

Eh bien ! monsieur, vous qui prétendiez que Rémy n'avait ni talent ni réputation, que dites-vous de cet article-là, de cet article où on lui donne de si grands éloges ?

RONDON, avec noblesse.

Je dis, monsieur, que l'article est de moi.

GERMONT et RÉMY.

Il se pourrait !

RONDON.

Je suis Rondon, homme de lettres, celui qu'on

vous avait proposé pour gendre. Comme rival, je n'étais point obligé de dire du bien de monsieur ; mais comme juge, je devais la vérité, et je l'ai dite.

DELMAR, à part.

C'est bien cela ! charlatanisme de générosité !

RÉMY, allant à Rondon.

Monsieur, je n'oublierai jamais un trait aussi généreux ; vous êtes un homme d'honneur, vous êtes un galant homme.

RONDON.

Monsieur, je suis un bon enfant, et voilà tout.

SCÈNE XIX.

Les précédens ; madame DE MELCOURT.

MADAME DE MELCOURT.

Mes amis, mon cher Rémy, recevez mon compliment, j'étais chez la femme du vice-président à attendre le résultat de l'élection académique : vous êtes nommé.

TOUS.

Il serait vrai !

RÉMY.

Je ne peux pas en revenir ; car enfin je ne m'étais pas mis sur les rangs ; je n'avais pas même fait de visites. Eh bien ! mes amis, que vous disais-je ce matin ? Vous voyez bien que, sans intrigues, sans cabale, sans charlatanisme, on finit toujours par arriver.

DELMAR.

Oui, tu as raison. (A part.) Mes chevaux sont en nage. (S'essuyant le front.) Et moi, je n'en puis plus.

SCÈNE XX.

Les précédens ; JOHN, avec un gros ballot sur les épaules.

JOHN.

Monsieur, nous sommes sur les dents; il y a encore deux ballots comme ceux-là en bas : c'est toute l'édition.

DELMAR.

Veux-tu bien te taire !

JOHN.

Il n'y manque qu'un seul exemplaire qui a été enlevé.

DELMAR.

C'est bon ; porte la première édition dans ma chambre : (A part.) cela servira pour la seconde.

RÉMY.

Que veux-tu dire, et quels sont ces livres ?

DELMAR.

Tu le sauras plus tard ; jouis de ton triomphe ; tu le peux sans rougir, car cette fois du moins la vogue a rencontré le mérite ; mais disons, en l'honneur de la morale, que les réputations qui se font en vingt-quatre heures se détruisent de même ; et que si le hasard ou l'amitié commencent les renommées, c'est le talent seul qui les soutient et qui les consolide.

SCÈNE XX.

VAUDEVILLE.

Air du vaudeville du *Ménage de garçon*.

GERMONT.

Lorsque l'on vante à tous propos
Les savans et leur modestie,
La conscience des journaux,
Les travaux de l'Académie,
Les nymphes du Panorama,
Les beaux effets du magnétisme,
La clémence du grand pacha,
La morale de l'Opéra,
Encore du *charlatanisme!*

RONDON.

Des noces j'observe parfois
Les brillantes cérémonies;
Et je me dis, lorsque je vois
L'air content des bonnes amies,
Des parens le ton doctoral,
Et du maire le pédantisme,
De l'époux l'air sentimental,
Et... jusqu'au bouquet virginal...
Encore du *charlatanisme!*

RÉMY.

Celui qui fait l'indépendant,
Et qui par d'autres sollicite;
Et celui qui fait l'important,
Pour que l'on croie à son mérite;
Et ces gros banquiers, nos amis,
Qui, grace à leur patriotisme,
A nos frais se sont enrichis,
En criant : « C'est pour mon pays! »
Encore du *charlatanisme!*

GERMONT.

Pour se déguiser à grands frais,
Comme à Paris chacun travaille!
Ces chapeaux qui cachent les traits!
Ces blouses qui cachent la taille!

Et ces corsets si séduisans,
Qui feraient croire à l'optimisme !
Et ces pantalons complaisans,
Si favorables aux absens !
Encore du *charlatanisme !*

DELMAR.

Traînant les amours sur ses pas,
Riche d'attraits et de jeunesse,
Cette mère tient dans ses bras
Son jeune fils qu'elle caresse ;
Et regardant sur un sofa
Son vieil époux à rhumatisme,
Elle dit : « Vois cet enfant-là ;
« Comme il ressemble à son papa ! »
Encore du *charlatanisme !*

MADAME DE MELCOURT, au public.

Quand une pièce va finir,
Les auteurs viennent, d'ordinaire,
Dire : « Daignez nous applaudir. »
Nous, messieurs, c'est tout le contraire ;
Nous venons, mais pour signaler
La pièce à votre rigorisme ;
Nous vous prions même d'aller
Cent fois de suite la siffler...
Est-ce là du *charlatanisme ?*

FIN DU CHARLATANISME.

SIMPLE HISTOIRE,

COMÉDIE-VAUDEVILLE EN UN ACTE,

Représentée, pour la première fois, à Paris, sur le théâtre du Gymnase dramatique, le 26 mai 1826.

EN SOCIÉTÉ AVEC M. DE COURCY.

PERSONNAGES.

Lord ELMVOOD.

Miss MILNER, sa pupille.

Le docteur SANDFORT, ancien précepteur de lord Elmvood.

Lord FRÉDÉRIC, jeune lord, amant de miss Milner.

Un domestique.

La scène se passe dans l'hôtel habité par lord Elmvood et miss Milner.

Le théâtre représente un riche salon ; grande porte au fond, deux portes latérales sur le premier plan, et deux croisées latérales sur le second ; sur le devant, à gauche de l'acteur, une table couverte d'un riche tapis.

ELMWOOD,

VENEZ, MON ENFANT, VENEZ, MISS MILNER; EMBRASSEZ-MOI ET PARTONS!

Simple histoire. (Sc. XVII.)

SIMPLE HISTOIRE.

SCÈNE PREMIÈRE.

SANDFORT, lord ELMVOOD.

SANDFORT.

Oui, morbleu, je vous répète que vous avez eu un grand tort.

ELMVOOD.

Mais, mon cher Sandfort...

SANDFORT.

Vous en avez deux, le premier d'accepter une pareille tutelle, et le second de prendre avec vous une pupille de dix-sept ans.

ELMVOOD.

Et le moyen de faire autrement? la fille d'un ancien ami.

SANDFORT.

N'importe, on refuse toujours, et vous aviez vingt raisons à alléguer; car à trente-trois ans, on est encore un jeune homme. Ensuite votre position dans le monde, le célibat auquel vous vous êtes engagé, les vœux que vous avez prononcés.

ELMVOOD.

Quoi, vous pensez?...

SANDFORT.

Oui, monsieur, l'ordre de Malte vous compte parmi ses premiers commandeurs. Ce titre seul vous impose des devoirs, des obligations, une sévérité de principes et de conduite à laquelle vous avez dérogé en cette circonstance. J'ai donc raison de vous dire ce que je vous dis depuis trente ans : Vous avez tort.

ELMVOOD.

Mais...

SANDFORT.

Vous avez tort, et je ne sors pas de là. Parce que vous êtes grand seigneur, que vous êtes riche, que vous êtes puissant, vous croyez peut-être que j'oublierai qu'au collége d'Oxford vous avez été mon lève, et que j'ai le droit de vous gronder.

ELMVOOD.

M'en préserve le ciel !

SANDFORT.

A la bonne heure, et cette fois vous avez raison ; car, entre nous, voyez-vous, il faut que la partie soit égale, sinon, votre serviteur.

Air de Préville et Taconnet.

> Quand on jugea ma présence inutile,
> Quand je quittai la classe où je régnais,
> Je voulus bien partager votre asile,
> Car de vous seul j'accepte des bienfaits ;
> Mais vous savez la clause que j'y mets :
> De mon humeur je prétends rester maître,
> Libre aujourd'hui comme j'étais hier...
> Si je donnais, je me tairais peut-être ;
> Mais je reçois, j'ai le droit d'être fier.

ELMVOOD.

Rassurez-vous, mon cher professeur, je n'ai pas voulu porter atteinte à votre indépendance ; vous avez le droit de remontrances, c'est vrai; mais j'ai au moins celui de discuter et de vous répondre.

SANDFORT.

C'est juste, la réplique est permise, comme autrefois dans nos thèses de logique et de théologie.

ELMVOOD.

Eh bien donc, puisque vous me rappelez ce temps-là, je vous dirai que ces graves conférences, que vous présidiez au collége avec tant de talent...

SANDFORT.

Vous êtes bien bon.

ELMVOOD.

Vous ont donné dans le monde l'habitude de la controverse et de la discussion. Vous êtes rarement de l'opinion générale, et si je ne craignais de vous fâcher, j'ajouterais...

SANDFORT.

Allez toujours; je serai enchanté d'entendre la vérité, à charge de revanche.

ELMVOOD.

J'ajouterais que vous, qui êtes la bonté même, vous avez l'air quelquefois d'en manquer, non pas avec moi, mais avec miss Milner, ma pupille; vous vous plaisez à la contredire; vous n'êtes jamais de son avis.

SANDFORT.

C'est elle qui n'est jamais du mien; parce que la raison et elle ne peuvent pas être d'accord; mais vous, son tuteur, vous êtes aveuglé sur son compte, vous ne voyez que ses perfections.

ELMVOOD.

Et vous, Sandfort, vous ne voyez que ses défauts. Elle en a, je ne puis le nier, mais ils tiennent à sa jeunesse, à son inexpérience, à sa fortune même, qui attire autour d'elle cette foule de jeunes gens à la mode, d'adorateurs passionnés, toujours épris d'une jolie femme et de cent mille livres de rente. Mais à côté de ces légers travers qui frappent vos yeux, que d'excellentes qualités vous ne voulez pas voir !

Air du vaudeville des Maris ont tort.

> Est-il un esprit plus aimable ?
> Est-il un cœur plus généreux ?
> Pour la trouver plus excusable,
> Interrogez les malheureux.
> Et si de ses étourderies
> Vous ne voyez que les effets,
> C'est qu'elle montre ses folies,
> Et qu'elle cache ses bienfaits.

SANDFORT.

Et qui vous parle de cela, ou qui vous dit le contraire ? Ce que je blâme en elle, c'est... c'est vous, c'est votre partialité à son égard, c'est la chaleur avec laquelle vous la défendez, vous que j'ai toujours vu le calme et la gravité même ; ce que je blâme surtout, c'est la liberté que vous laissez à une jeune personne de son âge.

ELMVOOD.

Liberté qui ne doit vous blesser en rien ; car nos usages l'autorisent.

SANDFORT.

C'est la coutume de Londres, je le sais ; et ce n'en

est pas mieux pour cela. Chez nos voisins d'outre-mer, en France par exemple, ce n'est pas ainsi qu'on élève une demoiselle : elle ne quitte pas sa mère ; elle ne sort jamais seule.

Air : *L'amour qu'Edmond a su me taire.*

En France, avant qu'on la marie,
On la surveille avec rigueur ;
Il n'est rien qu'on ne sacrifie
A la décence, à la pudeur.

ELMVOOD.

Plus tard, peut-être, elle s'en dédommage,
Et si j'en crois quelques journaux français,
Des sacrifices du jeune âge
L'hymen souvent paya les intérêts.

SANDFORT.

Fort bien ; mais ici, comment justifierez-vous les assiduités de lord Frédéric, ce jeune seigneur tant connu par ses duels et ses galantes aventures, et qui, pour avoir été trois mois à Paris, se croit l'oracle du goût et de la mode ; ce brillant militaire, qui a fait toutes ses campagnes à Londres dans les boudoirs de nos ladys, ou dans les foyers de l'Opéra. Eh bien ! c'est le chevalier, l'amant déclaré de miss Milner ; tout le monde le sait ; mais ce qu'on ne sait pas encore, et ce dont je ne puis douter, c'est la préférence qu'elle lui accorde.

ELMVOOD.

Il serait vrai ?

SANDFORT.

Hier encore, dans cette brillante cavalcade qui se rendait au parc Saint-James, qu'ai-je aperçu ? Lord Frédéric à côté de miss Milner ; et celle-ci l'écoutait avec tant d'attention qu'elle en oubliait même le soin de son cheval, l'animal le plus vif et le plus fougueux, qui soudain s'est emporté.

ELMVOOD.

O ciel ! elle est blessée !

SANDFORT.

Eh ! non, eh ! non, vous savez bien le contraire, puisque vous l'avez vue hier au soir, quand elle est revenue de l'Opéra, où elle était allée avec la tante de Frédéric, qui probablement avait accompagné ces dames. Eh bien ! eh bien ! qu'avez-vous donc? A peine si vous êtes remis de votre frayeur.

ELMVOOD.

Qui? moi! si vraiment : mais je pensais aux nouvelles que vous venez de m'apprendre. Vous savez que depuis long-temps je cherche à marier ma pupille, et voilà plus de vingt partis qu'elle a refusés. A coup sûr, lord Frédéric n'aurait pas été l'époux que j'aurais désiré pour elle; mais enfin il est d'une grande famille, d'une illustre naissance; et puis, comme vous le dites, s'il est vrai qu'elle l'aime, il n'y a rien à répondre.

SANDFORT.

Oui, morbleu, c'est un mariage qu'il faut faire le plus tôt possible.

Air des Scythes.

Un étourdi qui prend une coquette;
C'est convenable, et la moralité
Doit elle-même en être satisfaite;
Car si chacun, d'un beau feu transporté,
Eût, hélas ! fait un choix de son côté,

Cela nous eût fait deux mauvais ménages.
Mais par cet hymen fortuné,
Ça n'en fait qu'un : en fait de mariage,
C'est, vous voyez, cent pour cent de gagné.

Mais taisons-nous, il ne s'agit plus de parler raison ; car voici miss Milner.

SCÈNE II.

Les précédens ; miss MILNER, précédée par un domestique qui porte un tableau.

MISS MILNER, à la cantonade.

Portez chez moi les vases, les porcelaines, et prenez garde de rien abîmer ; (au domestique) vous, placez là ce tableau.

(Le domestique place le tableau à gauche en entrant.)

ELMVOOD.

Eh ! mon Dieu, miss Milner, qu'est-ce donc ?

MISS MILNER.

Ah ! vous voilà ; bonjour, milord, comment avez-vous passé la nuit ?

ELMVOOD.

Fort bien, je vous remercie ; mais je vois que vous êtes déjà sortie.

MISS MILNER.

Je rentre à l'instant. Je viens de la vente de lady Sydenham, c'était charmant, c'était admirable, nous avons été trois quarts d'heure pour descendre de voiture : une foule, un monde, une cohue de gens comme il faut ; et surtout une chaleur ; deux dames se sont trouvées mal. Miss Arabelle, que vous connaissez, et pour laquelle vous avez une admiration particulière.

ELMVOOD.

Miss Arabelle! et vous me dites cela bien gaîment.

MISS MILNER.

D'abord, il n'y avait pas de danger, et puis imaginez-vous qu'elle mettait du rouge, ce qu'on ne savait pas; de sorte qu'elle s'est évanouie sans changer de couleur!

SANDFORT.

Que de légèreté, et quelle folie !

MISS MILNER.

Hein, qui a parlé? pardon. (Lui faisant la révérence.) Si je n'avais pas vu M. Sandford, je l'aurais deviné à l'obligeance ordinaire de ses réflexions; me permettra-t-il de l'en remercier ?

SANDFORT.

Je vous permettrais plutôt d'en profiter, si vous étiez femme à user de la permission.

MISS MILNER.

Trop aimable; mais, vous avez beau faire, vous ne me fâcherez pas ce matin; je suis trop heureuse. Imaginez-vous, milord, que j'ai fait des acquisitions charmantes; entr'autres, ce tableau que vous désiriez tant, ce fameux portrait de VILLIERS DE L'ISLE-ADAM, grand-maître de l'ordre de Malte.

ELMVOOD.

O ciel! que dites-vous ?

MISS MILNER, montrant le tableau.

Le grand-maître est là !

SCÈNE II.

ELMVOOD, courant au tableau et l'examinant.

Je n'en reviens pas encore, une pareille surprise.

SANDFORT.

Eh bien! milord, vous voilà séduit par une prévenance, une flatterie : comme si le désir de vous causer cette surprise était le seul motif qui l'eût conduite à cette vente. Elle y allait parce que la belle société de Londres s'y était donné rendez-vous; elle y allait pour y paraître, pour y briller; elle y allait parce que lord Frédéric y était.

MISS MILNER.

Et pourquoi pas? parmi nos jeunes gens à la mode, en est-il un plus brave? plus spirituel? qui soit de meilleur ton? Je conviens qu'à ses hommages se mêle beaucoup de flatterie, et que peut-être tous ses éloges ne sont pas vrais; mais, à n'en croire que la moitié, c'est déjà très-satisfaisant; et si vous aviez entendu ce qu'il me disait ce matin sur cette course de Hyde-Parc, où nous devons aujourd'hui nous trouver ensemble!

ELMVOOD.

Il y a une course à Hyde-Parc?

MISS MILNER.

Eh! oui, sans doute, un pari de dix mille guinées; on en parle depuis un mois : chacun a déjà fait emplette de ses chevaux, de ses livrées...

Air : Ce que j'éprouve en vous voyant.

Que d'équipages élégans!
Jugez quelle magnificence!
Ce sera, dit-on, comme en France
Dans les plus beaux jours de Longchamps.

SANDFORT.

Oui, je connais ce passe-temps;
Mais parmi ceux qui se hasardent
Dans ces lieux de foule inondés,
Quels sont, de grace, répondez,
Les plus sots, de ceux qui regardent,
Ou de ceux qui sont regardés?

MISS MILNER, prête à sortir.

Je vous le dirai à mon retour, car je vais m'occuper de ma toilette.

ELMVOOD.

Un instant, miss Milner, comme votre tuteur, comme votre ami, il faut que je vous parle, ici même, d'un sujet très-important.

SANDFORT.

Je me retire.

ELMVOOD.

Au contraire, je désire que vous soyez présent à notre conversation; j'ai besoin que vous m'aidiez de vos lumières.

MISS MILNER.

Quant à moi, je serais désolée de gêner monsieur.

SANDFORT, s'asseyant à gauche du spectateur.

Je reste donc; car les moindres désirs de milord sont des ordres pour moi.

ELMVOOD, de l'autre côté, près de la table, prenant aussi un siège, et faisant signe à miss Milner d'en faire autant.

Depuis deux ans que vous êtes sous ma tutelle, j'ai pu remarquer en vous de la légèreté, de l'étourderie; mais j'ai toujours rendu justice à votre extrême franchise; c'est elle que j'invoque aujourd'hui; c'est elle seule qui doit dicter votre réponse à la question

SCÈNE II.

que je vais vous adresser. Est-il vrai, comme on le dit, que vous aimiez lord Frédéric?

MISS MILNER.

En vérité, monsieur, une pareille demande a droit de m'étonner; mais moins encore que le ton avec lequel vous me l'adressez. Je ne vous ai jamais vu avec moi un air aussi froid et aussi sévère.

SANDFORD.

Le ton n'y fait rien; on vous demande oui, ou non.

MISS MILNER.

Est-ce à vous, monsieur, ou à mon tuteur que je dois répondre?

ELMVOOD.

C'est à moi, à moi seul. Eh bien! pourquoi hésitez-vous?

SANDFORD.

Pourquoi? pourquoi? c'est bien facile à voir : c'est qu'elle l'aime, c'est qu'elle l'adore.

ELMVOOD.

Enfin, de grace, répondez! aimez-vous lord Frédéric?

MISS MILNER, *froidement.*

Non, monsieur.

SANDFORT.

Qu'entends-je! vous ne l'aimez pas?

MISS MILNER, *de même, et d'un ton résolu.*

Non, monsieur, je ne l'aime pas.

SANDFORD.

Eh bien! mademoiselle, je n'en crois pas un mot.

22

ELMVOOD.

Et pour quelle raison ?

SANDFORT.

Je n'en sais rien ; mais je suis sûr qu'elle nous trompe.

ELMVOOD.

Quant à moi, miss Milner, qui n'ai aucun motif de douter de votre sincérité, je vous crois ; mais je vous demanderai alors pourquoi vous avez encouragé à ce point les assiduités de ce jeune homme ?

MISS MILNER.

Je ne sais ; pour des motifs que je ne pourrais peut-être m'expliquer moi-même.

ELMVOOD.

Il faut cependant se décider : ou le nommer votre époux, ou ne plus recevoir ses visites.

MISS MILNER.

J'aimerais mieux qu'il pût les continuer.

SANDFORT.

Et pourquoi ?

MISS MILNER.

Parce qu'il m'amuse.

SANDFORT, se levant.

O honte ! vous l'entendez, si ce n'est pas là de la coquetterie !...

ELMVOOD, se levant, ainsi que miss Milner.

Eh bien ! miss, j'exige que vous me promettiez de ne plus revoir lord Frédéric.

MISS MILNER.

Je vous le promets, monsieur.

SCÈNE II.

ELMVOOD.

Dès aujourd'hui.

MISS MILNER.

Dès aujourd'hui ! je le voudrais ; mais cette course à Hyde-Parc, depuis si long-temps je m'en faisais un plaisir, j'en ai rêvé cette nuit, et puis j'ai promis à lady Seymour, et je ne puis y manquer, car vous savez, monsieur, qu'un engagement antérieur...

ELMVOOD.

Et ceux que vous venez de prendre avec moi, vous n'y attachez aucune importance ?

MISS MILNER.

Beaucoup ! si vous y en attachez vous-même ; mais le sujet dont il s'agit en mérite si peu, que je ne puis croire, milord, que vous, qui d'ordinaire êtes si bon et si indulgent...

ELMVOOD, sévèrement.

Il est des circonstances où l'indulgence est faiblesse, et je vous ai fait connaître mes intentions.

MISS MILNER.

Vos intentions.

SANDFORT.

A la bonne heure, voilà ce qu'il fallait dire tout de suite, et si l'on suivait mes conseils : si vous étiez ma pupille...

MISS MILNER.

Si j'étais votre pupille, monsieur, je...

SANDFORT.

Eh bien ! que feriez-vous ?

MISS MILNER.

Je ferais... ce que je ferai aujourd'hui, car bien certainement j'irai à cette course.

ELMVOOD.

Et moi, je vous défends de sortir d'aujourd'hui. Je vous le défends, entendez-vous ?

(Il entre dans l'appartement à gauche.)

SCÈNE III.

Miss MILNER, SANDFORT.

MISS MILNER.

L'ai-je bien entendu! un pareil langage! C'est la première fois...

SANDFORT.

C'est là le mal.

MISS MILNER.

Lui! milord Elmvood se fâcher contre moi! me parler avec colère!

SANDFORT.

Oh! mon Dieu oui! Il a dit : Je vous le défends ; ces propres paroles ; il n'y a pas moyen de rien changer au texte.

MISS MILNER.

Air : Et voilà comme tout s'arrange.

Quoi! dans ces lieux, contre mon gré,
Il faut que son ordre m'enchaîne!
Puisqu'il le veut, je resterai,
J'obéis, mais non pas sans peine.

SCÈNE III.

SANDFORT.

Fort aisément, je le conçois,
Le sacrifice est des plus rudes ;
Il veut, abusant de ses droits,
Que vous soyez raisonnable une fois...
C'est déranger vos habitudes.

MISS MILNER.

Monsieur...

SANDFORT.

C'est fâcheux ; mais quand on a un tuteur, et un tuteur qui montre du caractère, ce qu'on a de mieux à faire, c'est de céder.

MISS MILNER.

Si je cède, monsieur, ce n'est point dans la crainte de son ressentiment; mais dans la crainte de l'affliger en lui désobéissant.

SANDFORT.

A la bonne heure, vous avez raison; il vaut mieux le prendre comme cela. C'est ce que nous appelons une capitulation d'amour-propre.

MISS MILNER.

Moi, de l'amour-propre?

SANDFORT.

Ou, si vous l'aimez mieux, une retraite honorable et prudente. On se retranche dans les sentimens et dans le sublime, quand on ne peut pas faire autrement.

MISS MILNER.

Il me semble, monsieur, que si je voulais faire autrement, cela dépendrait de moi.

SANDFORT.

Je ne le pense pas.

MISS MILNER.

Et qui m'empêcherait de répondre à l'invitation de lady Seymour? de me rendre ce matin à cette partie de plaisir où je suis attendue?

SANDFORT.

Qui vous en empêchera? vous-même.

MISS MILNER.

Moi?

SANDFORT.

Oui, sans doute; vous réfléchirez aux ordres de votre tuteur, à la défense qu'il vous a faite ; défense très-sage et très-judicieuse, que je louerais davantage encore, si la modestie me le permettait.

MISS MILNER.

Je comprends, c'est monsieur qui la lui a suggérée.

SANDFORT.

Comme vous dites, conseils purement désintéressés, et pour lesquels je ne demande pas même de reconnaissance; ma satisfaction intérieure me suffit.

MISS MILNER.

Votre satisfaction; et laquelle?

SANDFORT.

Air : On dit que je suis sans malice.

J'ai pour moi l'heureuse pensée
Que vous allez être forcée,
Malgré vous, indirectement,
De m'obéir en ce moment.

MISS MILNER.

Vous, monsieur, me parler en maître!
Alors, je dois le reconnaître,
Je vous devrai donc un plaisir,
Celui de vous désobéir.

SCÈNE IV.

Les précédens; UN DOMESTIQUE.

LE DOMESTIQUE.

Madame, on demande à vous parler.

MISS MILNER.

Et qui donc?

LE DOMESTIQUE.

Lord Frédéric.

MISS MILNER, avec joie.

Lord Frédéric! ah! tant mieux.

SANDFORT.

Miss Milner sait bien qu'il lui est défendu de le recevoir; mais vous pouvez avertir lord Elmvood. Où est-il dans ce moment?

LE DOMESTIQUE.

Il s'est enfermé dans son cabinet pour lire des papiers qu'un courrier venait de lui apporter. Il ne veut recevoir personne, et ne descendra que pour le dîner.

SANDFORT.

Alors, j'en suis fâché pour le jeune seigneur; mais vous pouvez lui dire qu'il n'y a personne au logis. Allez. (Le domestique va pour sortir.)

MISS MILNER.

George, restez. Je voudrais savoir, monsieur, qui vous a permis de donner des ordres à mes gens?

SANDFORT.

Qu'est-ce à dire, mademoiselle? Qu'est-ce que cela signifie?

MISS MILNER.

Que je suis chez moi.

SANDFORT.

D'accord. Cet hôtel vous appartient ; mais il me semble qu'en l'absence de milord...

MISS MILNER.

C'est à moi seule de commander ; j'en ai le droit, et j'en use. (Au domestique.) Dites à lord Frédéric que je serai charmée de le recevoir. Allez.

(Le domestique sort.)

SANDFORT.

Quoi, mademoiselle ! une pareille audace ! braver ainsi la défense de votre tuteur.

MISS MILNER.

C'est à lui seul, et non à ses conseillers intimes que je dois compte de ma conduite.

SANDFORT.

Vous ne connaissez point milord Elmvood ; et quand il sera instruit de ce qui se passe, car il le saura.

MISS MILNER.

Je n'en doute point, et déjà, je le suppose, vous avez préparé votre rapport.

SANDFORT.

Des rapports ; et pour qui me prenez-vous ?

Air : Un page aimait la jeune Adèle.

Moi, des rapports ! vous êtes mal instruite ;
Sachez, morbleu ! que le docteur Sandfort,
Des gens, tout haut, peut blâmer la conduite,
Mais n'a jamais su faire de rapport.

Il est des gens bien francs en apparence,
Qui, lorsqu'hélas ! on les blessa,
Pour mieux vous perdre attendent votre absence ;
Pour attaquer, moi, j'attends qu'on soit là.

(Il rentre dans l'appartement à droite.)

SCÈNE V.

Miss MILNER, FRÉDÉRIC.

MISS MILNER.

A merveille ; je l'ai mis en fuite, et le champ de bataille me reste. (A lord Frédéric qui entre, et qui la salue respectueusement.) Lord Frédéric ! Je ne m'attendais pas, monsieur, au plaisir de cette visite.

FRÉDÉRIC.

Aussi, n'aurais-je pas pris la liberté de me présenter ; mais je viens par ordre supérieur. Un message important que lady Seymour, ma tante, m'a chargé de vous transmettre, et je me suis empressé d'obéir ; car vous savez que les ordres des dames...

MISS MILNER.

Oh ! je sais, milord, que vous êtes la galanterie même.

FRÉDÉRIC.

Oui, depuis mon voyage en France, et si j'ai obtenu quelques succès, c'est à cela seul que je les dois, parce que vous sentez bien que toutes nos ladys, qui sont habituées à la gravité et à la pesanteur nationales, voyant tout à coup un jeune gentleman, qui joint à un fond anglais des formes parisiennes ; elles n'y sont plus, cela les trouble, les étonne, et on ne peut plus se défendre.

MISS MILNER.

C'est un succès de surprise.

FRÉDÉRIC.

Comme vous dites ; il est vrai que cela m'a valu quelques querelles de la part des maris, et de nos jeunes lords, qui m'appellent fat !

MISS MILNER.

Fat !

FRÉDÉRIC.

Oui, fat ! c'est un mot français qui veut dire un homme aimable, un homme aimé des dames ; aussi je trouve l'expression originale, et je fais gloire d'être fat, d'autant que ça ne m'empêche pas d'être brave, et depuis les trois coups d'épée que j'ai donnés, et les deux que j'ai reçus, on me permet d'être fat à volonté.

MISS MILNER.

Je ne vois pas en effet qui pourrait s'opposer...

FRÉDÉRIC.

Nous avons mon oncle Clarendon, un pair du royaume ; véritable Anglais qui de sa nature est toujours de l'opposition, et qui goûte peu mes manières françaises ; aussi nous sommes brouillés : vous ne croiriez pas qu'il refuse de payer mes dettes.

MISS MILNER, riant.

Vous en avez donc, et beaucoup ?

FRÉDÉRIC.

Oui, depuis mon voyage en France, parce que, voyez-vous, à Paris, cela s'apprend si facilement ;

SCÈNE V.

mais à dater de mon mariage, je deviens raisonnable, et vous savez mieux que personne de qui dépend ma raison.

MISS MILNER.

Moi! milord, je n'en sais rien, je vous jure. Mais revenons au message dont vous a chargé lady Seymour.

FRÉDÉRIC.

Comment, je ne vous en ai pas encore parlé! c'est admirable; mais à qui la faute? à vous seule qui me faites tout oublier. Je voulais donc vous prévenir que lady Seymour viendra vous prendre ici à deux heures, pour se rendre à Hyde-Parc.

MISS MILNER.

A Hyde-Parc; je suis désolée; mais je voulais vous prévenir qu'il m'est impossible de m'y rendre.

FRÉDÉRIC.

O ciel! que me dites-vous, et pour quelle raison?

MISS MILNER.

Pour une raison très-grave! j'ai une migraine, des vapeurs qui me font souffrir horriblement.

FRÉDÉRIC.

Cela n'est pas possible : je ne puis croire à une pareille indisposition.

MISS MILNER.

Comment, milord, vous ne croyez pas aux vapeurs et aux migraines?

FRÉDÉRIC.

Non, madame, depuis mon voyage en France; et j'en appelle à vous-même et à votre miroir, jamais vous n'avez été plus jolie.

MISS MILNER.

Vraiment ! Alors, c'est dommage ; car décidément, il ne m'est pas permis...

FRÉDÉRIC.

Pas permis ! Eh ! qui donc peut vous en empêcher ? J'y suis ! lord Elmvood, votre sévère tuteur.

Air : Restez, restez, troupe jolie.

> Est-il donc vrai, comme on l'assure,
> Qu'il est soupçonneux et jaloux !
> Est-il vrai qu'il vous fait l'injure
> De vous tenir sous les verrous ?
> C'est un vrai scandale chez nous.
> Ici, grace à nos lois fidèles,
> Les droits de tous sont respectés,
> Et nous ne permettons qu'aux belles
> D'attenter à nos libertés.

Enfin, il paraît que c'est un véritable tuteur à l'italienne ; et vous savez comment on les traite.

MISS MILNER.

Je sais, monsieur, que, depuis mon enfance, il veille sur moi avec la tendresse d'un père et d'un ami. Au milieu des circonstances les plus difficiles, c'est sa prudence qui a conservé, qui a augmenté mon héritage. Dans cette maladie si dangereuse qui mit mes jours en péril, c'est à ses soins que je dus la vie. Enfin, monsieur, c'est le meilleur des hommes ; la perfection même. Mais, pardon de vous parler ici de perfection ; il est des genres de mérite trop graves et trop sérieux pour que ni vous ni moi puissions jamais y atteindre ; et ce que nous avons de mieux à faire, c'est de les respecter sans les comprendre.

SCÈNE V.

FRÉDÉRIC.

Je vois, d'après votre raisonnement, que votre tuteur a un genre de mérite incompréhensible, et je le croirais assez d'après les bruits qui courent dans le monde.

MISS MILNER.

Des bruits sur lui! Et que peut-on dire?

FRÉDÉRIC.

Quoi! vous ne le savez pas? On dit que ce grave tuteur, cet homme si admirable, qui tient de la perfection et presque de la Divinité, est amoureux comme un simple mortel.

MISS MILNER.

Amoureux! et de qui?

FRÉDÉRIC.

Dans ces cas-là, on ne sait jamais au juste, parce que souvent les personnes elles-mêmes n'en sont pas bien sûres; mais on cite surtout miss Arabelle, cette jeune prude si sévère et si froide.

MISS MILNER.

Miss Arabelle! ce n'est pas possible. Oubliez-vous, monsieur, que lord Elmvood est engagé dans l'ordre de Malte, et que les vœux qu'il a prononcés l'empêchent de jamais se marier?

FRÉDÉRIC.

Je le sais comme vous; mais cela n'empêche pas d'être amoureux et de s'occuper d'une jolie femme.

MISS MILNER.

Comment! vous pensez que miss Arabelle...

FRÉDÉRIC.

Franchement, je le croirais assez ; une prude a des attraits pour un sage : en l'aimant il croit encore aimer la vertu, et c'est commode pour les principes. Du reste, lord Elmvood ne perd pas une occasion de louer miss Arabelle, et de la citer partout comme un modèle à suivre.

MISS MILNER.

Il est vrai.

FRÉDÉRIC.

Au point qu'il approuve en elle ce qu'il blâme dans les autres. Tenez, aujourd'hui, par exemple, cette fête brillante où l'on vous défend d'assister ; elle y sera, et certainement lord Elmvood trouvera cela tout naturel.

MISS MILNER.

Vous croyez ?

FRÉDÉRIC.

Tandis que vous, il vous est défendu de vous amuser ; vous êtes sa pupille. Et si vous saviez cependant de quels plaisirs il prétend vous priver ! Ce spectacle si varié et si piquant, ce monde, cette foule, ces riches landaux, ces brillantes cavalcades qui entourent votre char et qui vous servent d'escorte ; cette arène magnifique, où mille femmes viennent disputer le prix des graces et de la parure, et où vous verrez tous les regards vous chercher et vous proclamer la plus belle !

MISS MILNER.

La plus belle ; c'est pourtant bien séduisant, surtout si miss Arabelle y doit être.

SCÈNE VI.

FRÉDÉRIC.

Elle y sera, je vous le jure; car elle l'a promis à lady Seymour. Ces dames doivent s'y rencontrer.

MISS MILNER.

Eh bien! j'irai, j'irai aussi, quand je devrais forcer mon tuteur à m'y accompagner; je vous le promets maintenant.

FRÉDÉRIC.

Et maintenant je suis le plus heureux des hommes. Je cours prévenir lady Seymour, et je reviens avec elle. Adieu, adieu, je reviens à l'instant.

(Il sort.)

SCÈNE VI.

Miss MILNER, seule.

Au fait, il a raison, lord Elmvood est mon tuteur; mais il n'est pas mon maître, je ne suis pas son esclave, et s'il osait me refuser, je lui dirais que je le v..., ou plutôt je ne vois pas pourquoi je lui demanderais cette permission; il ne doit descendre de son cabinet que pour dîner, je cours à ma toilette : par bonheur ma nouvelle parure est délicieuse, le chapeau le plus à la mode; c'est bien fait, je serai charmante; ce n'est pas pour moi, ça m'est égal, je n'y tiens pas; mais nous verrons ce que dira miss Arabelle. Oui, courons vite. Dieux! lord Elmvood.

SCÈNE VII.

Miss MILNER, lord ELMVOOD.

ELMVOOD.

Ah! vous voici, miss Milner, le ciel en soit loué.

MISS MILNER.

Et pourquoi donc, monsieur? (A part.) Allons, du courage et de la fermeté.

ELMVOOD.

J'avais entendu de mon cabinet le bruit d'une voiture, et je craignais que ce ne fût la vôtre; pardon d'avoir pu vous soupçonner. Je vois à votre toilette que vous n'avez pas même eu l'idée de me désobéir; je vous en remercie, miss Milner; car c'eût été une offense que je n'aurais jamais pardonnée, et si vous saviez combien je suis malheureux quand il faut me fâcher contre vous, combien il m'en coûte de vous traiter avec sévérité.

MISS MILNER.

Vous, monsieur!

ELMVOOD.

Mais daignez m'écouter maintenant, et permettez-moi de me justifier à vos yeux.

MISS MILNER, à part.

O ciel! voilà à quoi je ne m'attendais pas. (Haut.) Vous, milord! vous justifier auprès de moi!

ELMVOOD.

Oui, votre réputation est un bien qui m'a été confié et dont je suis responsable; c'est la plus belle dot que je puisse offrir à celui que vous choisirez, et je veux qu'elle lui soit remise comme vos autres richesses, pure et intacte.

Air: T'en souviens-tu?

Voilà pourquoi, me montrant si sévère,
J'ai cependant dérangé vos plaisirs;
Moi, ce matin, qui d'ordinaire
Vole au devant de vos désirs.
Jugez alors si je vous aime,
Puisque l'espoir seul de vous protéger,
Aujourd'hui m'a fait braver même
La crainte de vous affliger.

Il m'a donc semblé que les assiduités de lord Frédéric...

MISS MILNER.

Lord Frédéric? ne vous ai-je pas dit, milord, ce que je pensais de lui?

ELMWOOD.

M'avez-vous dit votre pensée tout entière? Peut-être avez-vous été retenue par la présence de Sandfort, par la crainte de voir désapprouver votre choix; mais vous êtes seule avec moi, avec votre ami, avec celui qui donnerait ses jours pour vous, et qui d'avance vous assure de son consentement. Eh! quoi, vous vous taisez; allons, miss Milner, ma fille, mon enfant, ne craignez rien, quand votre aveu devrait m'affliger, votre confiance est déjà un bonheur, et je serai toujours heureux par l'idée seule que vous allez l'être.

MISS MILNER.

Et je le suis en effet; car jamais rien n'a été plus

doux pour mon cœur que l'amitié que vous me témoignez en ce moment.

ELMVOOD.

Eh bien donc, répondez-moi; lord Frédéric serait-il l'époux de votre choix? a-t-il reçu de vous quelque espérance?

MISS MILNER.

Lord Frédéric n'est pas celui que je choisirais. Je n'ai jamais encouragé sa tendresse; mon seul désir est de rester auprès de vous comme je suis, et de vous obéir en tout.

ELMVOOD.

M'obéir! Eh bien, dans ce moment j'exige une preuve de votre soumission et de votre amitié. Habillez-vous, et allez à cette fête où l'on vous attend.

MISS MILNER.

Que dites-vous?

ELMVOOD.

C'est moi maintenant qui vous le demande et qui vous en supplie.

MISS MILNER.

Ah! je ne suis pas digne de tant de bonté, je ne la mérite pas; cette fête maintenant me serait odieuse : permettez-moi de ne pas vous quitter, de passer ma journée ici avec vous en famille.

ELMVOOD.

Vous m'accuserez encore d'être l'ennemi de vos plaisirs.

MISS MILNER.

Oui, si vous me forcez à sortir : ainsi vous n'insisterez plus, n'est-pas? je reste.

SCÈNE VIII.

ELMVOOD.

Si telle est vraiment votre volonté...

MISS MILNER.

Oui, ma volonté, mon désir, je n'en ai pas d'autre.

ELMVOOD.

Eh bien ! tant mieux ; car je voulais vous parler, ainsi qu'à Sandfort, d'un événement très important pour moi, d'un changement qui arrive dans ma fortune.

MISS MILNER.

Parlez vite, quel bonheur ! j'ai donc aussi une part dans votre confiance : eh bien ! monsieur...

SCÈNE VIII.

Les précédens ; UN DOMESTIQUE, *annonçant.*

LE DOMESTIQUE.

Lord Frédéric.

MISS MILNER.

Lord Frédéric ! ah ! mon Dieu, je l'avais oublié.

FRÉDÉRIC.

J'ai l'honneur de saluer lord Elmvood que je ne me croyais pas être assez heureux pour rencontrer. (A Miss Milner.) Comment, miss, vous n'êtes pas encore prête ? ces dames sont en bas qui vous attendent ; et j'ai réclamé l'honneur de vous donner la main. (Regardant lord Elmvood.) Eh bien ! est-ce arrangé, est-ce convenu ? Monsieur nous priverait-il de sa présence ? ou est-il des nôtres ? vient-il avec nous ?

ELMVOOD.

Où donc ?

FRÉDÉRIC.

A Hyde-Parc, à cette course si brillante où miss Milner m'a permis d'être son chevalier.

ELMVOOD.

Vous, son chevalier !

MISS MILNER, à lord Elmvood.

Oui, monsieur ; (A lord Frédéric.) mais je voulais vous dire...

FRÉDÉRIC.

Oh! je n'accepte pas d'excuse, j'ai votre parole.

ELMVOOD.

Je croyais que miss Milner m'avait dit qu'elle n'avait aucun engagement; il paraît qu'elle aura oublié...

FRÉDÉRIC.

Oublié, c'est impossible; car c'est aujourd'hui, c'est ici même que miss Milner a daigné me promettre...

ELMVOOD.

Aujourd'hui ! comment, monsieur nous avait déjà fait l'honneur de nous rendre visite ?

FRÉDÉRIC.

Oh ! mon Dieu, oui ; il n'y a qu'un instant, je me suis présenté, par malheur vous n'y étiez pas, c'est votre aimable pupille qui en votre absence a daigné me recevoir.

ELMVOOD.

Vous recevoir (à demi-voix à miss Milner) ici même, aujourd'hui ; quand ce matin vous m'aviez juré... ah ! miss Milner...

SCÈNE IX.

MISS MILNER.

Permettez, monsieur, je dois avant tout vous expliquer...

ELMVOOD.

C'est inutile ; il est déjà fâcheux que pour me persuader vous ayez besoin d'explication, autrefois un mot aurait suffi ; mais, comme je vous le disais tout à l'heure, je n'ai jamais prétendu vous contraindre ; permis à vous d'aller à cette fête avec lady Seymour et avec monsieur.

FRÉDÉRIC.

C'est admirable ! vous êtes le modèle des tuteurs. Eh bien ! partons-nous ?

MISS MILNER.

Non ! monsieur ; (Regardant lord Elmvood) j'espère que plus tard on pourra m'entendre ; mais, en attendant, je vous prie de faire mes excuses à lady Seymour et à ces dames ; car, bien décidément, je reste ici, et je ne sortirai pas.

(Elle fait la révérence et sort.)

SCÈNE IX.

ELMVOOD, FRÉDÉRIC.

FRÉDÉRIC.

Comment, milord ? elle s'éloigne, elle refuse de nous suivre à cette fête, qui tout à l'heure encore était l'objet de tous ses vœux. Qu'est-ce que cela signifie ?

ELMVOOD.

Cela signifie qu'elle a changé d'idée.

FRÉDÉRIC.

Non, morbleu! ce n'est pas naturel, ni moi, ni ces dames ne seront dupes d'une pareille conduite; sa réponse était dictée par vous, et ce consentement que vous donnez, en apparence, et avec tant de générosité, n'était qu'un prétexte adroit.

ELMVOOD.

Un prétexte; je pourrais vous répondre, monsieur, que je suis maître ici! et que quand je commande, chacun obéit; mais en supposant, comme vous le dites, que j'aie besoin de prétexte, il me semble que je n'en manquerais point, et que, comme tuteur de miss Milner, j'aurais droit de défendre les visites et les assiduités d'un jeune homme dont j'ignore même les intentions et les motifs.

FRÉDÉRIC.

Si, jusqu'ici, monsieur, j'ai tardé à me déclarer, c'est que ma position ne me le permettait pas; c'est que je sollicitais un régiment que je n'ai encore pu obtenir; c'est que, brouillé avec lord Clarendon, le chef de ma famille, je craignais qu'il ne refusât son consentement; mais, puisque vous l'exigez, monsieur, je viens formellement vous demander miss Milner en mariage; je vous déclare que je l'aime, que je l'adore, que je suis aimé.

ELMVOOD.

Aimé? et quelles raisons avez-vous de le croire?

FRÉDÉRIC.

Là-dessus, monsieur, c'est moi que cela regarde. Dieu merci, je m'y connais et j'ai su lire dans son cœur; mais si, après un tel aveu, vous hésitez encore; si vous refusez un parti aussi brillant qu'honorable, modestie à part, parce qu'en affaires la vérité avant tout; si vous refusez enfin d'agréer ma recherche, je commencerai à croire à un bruit auquel, pour votre honneur, je refusais d'ajouter foi : c'est que vous êtes amoureux, non pas comme on le dit, de miss Arabelle, mais de votre pupille elle-même.

ELMVOOD.

Moi ! monsieur, on pourrait supposer !... apprenez que dans ma position, un tel doute est une offense.

FRÉDÉRIC.

Comme vous voudrez, monsieur; mais si je me suis trompé, il faut me le prouver autrement que par des discours; car, malgré la sévérité de vos principes, je vous déclare que je n'ai point de confiance dans les protestations d'un tuteur hypocrite.

ELMVOOD.

Et moi, monsieur, heureusement pour vous, je n'attache pas d'importance au discours d'un fat.

FRÉDÉRIC.

Un fat, encore un qui emploie l'expression; eh bien ! oui monsieur, je suis un fat; car tel est mon plaisir, et je ne vois pas pourquoi, dans l'Angleterre, qui est le pays de la liberté, il ne serait pas permis à chacun d'être comme il lui plaît; je suis ainsi parce que je le trouve bon, et je vous demanderai raison de ce que vous le trouvez mauvais.

ELMVOOD.

Vous auriez fort affaire, monsieur, s'il vous fallait

chercher querelle à tous ceux qui partagent mon opinion sur votre compte. Mais, dans tous les cas, vous me trouverez toujours à vos ordres.

FRÉDÉRIC.

Aujourd'hui même, milord, à moins que sur-le-champ vous ne me donniez votre consentement pour épouser votre pupille.

ELMVOOD.

Voilà une condition qui rend le mariage impossible.

FRÉDÉRIC.

Et c'est ce que nous verrons ; car je vous déclare que malgré vous-même, malgré votre tyrannie, miss Milner sera à moi ; et quand je devrais la soustraire à votre pouvoir, l'enlever de ces lieux.

ELMVOOD, mettant la main à son chapeau.

L'enlever ! enlever miss Milner ! c'est trop fort, monsieur ; et si je ne me respectais moi-même, je vous aurais déjà fait chasser par mes gens ; mais vous avez besoin d'une leçon, et c'est un soin que je me réserve. Sortons.

SCÈNE X.

Les précédens; SANDFORT.

SANDFORT.

Eh bien! eh bien! où courez-vous donc ainsi comme des étourdis?

FRÉDÉRIC.

Ne faites pas attention. C'est une demande en mariage que je vais faire à monsieur.

ELMVOOD.

Oui, Sandford, nous avons à sortir ensemble. Laissez-nous.

SANDFORT.

Non, parbleu! je saurai auparavant ce dont il s'agit, et quelle est cette calèche qui depuis une heure est à la porte, et où sont des dames qui s'impatientent.

FRÉDÉRIC.

Dieu! lady Seymour, ma respectable tante. Milord, je vais lui faire mes excuses, la prier de partir sans miss Milner et sans moi; de là je passe chez un ami, et dans un quart d'heure je serai ici dans votre jardin avec deux témoins.

SANDFORT.

Deux témoins!

Air de Turenne.

Vous voulez donc vous battre, je suppose?

FRÉDÉRIC.

Comme vous dites, dans l'instant.

SANDFORT.

Quoi! vous pouvez d'une pareille chose
Parler aussi tranquillement ?

FRÉDÉRIC.

Et pourquoi pas? il est permis, je pense,
De se brûler la cervelle en riant.
Moi, j'y suis fait.

SANDFORT.

Et depuis quand?

FRÉDÉRIC.

Mais... depuis mon voyage en France.

(Il sort.)

SCÈNE XI.

ELMVOOD, SANDFORT.

SANDFORT.

Qu'est-ce que cela signifie ? Depuis quand avez-vous des relations avec un pareil étourdi. Est-ce que vous savez avec qui il va se battre ?

ELMVOOD, froidement.

Oui, c'est avec moi.

SANDFORT.

Bonté de Dieu ! que m'apprenez-vous là ?

ELMVOOD.

Taisez-vous, Sandfort, taisez-vous. Il n'y a pas moyen de faire autrement ; mon honneur, celui de miss Milner...

SANDFORT.

Miss Milner ! j'en étais sûr. C'est elle qui est cause de tout.

ELMVOOD.

C'est ce qui vous trompe, c'est moi qui ai insulté, qui ai outragé ce jeune homme; je l'ai menacé de le mettre à la porte, de le faire chasser par mes gens ; et, entre gentilshommes, ce sont des injures qui ne se pardonnent point.

SANDFORT.

Et que m'importe à moi ? Est-ce que vous croyez que je le souffrirai ?

ELMVOOD.

Sandfort ! au nom du ciel ! si l'on vous entendait.

SANDFORT.

Et je veux qu'on m'entende, je veux que l'on connaisse votre extravagance, votre folie, je veux que l'univers entier...

SCÈNE XII.

Les précédens; miss MILNER.

MISS MILNER.

Ah ! mon Dieu ! d'où vient ce bruit ? et qu'y a-t-il donc ?

SANDFORT.

Ce qu'il y a, mademoiselle, ce qu'il y a...

ELMVOOD, lui mettant la main sur la bouche.

Sandfort ? je vous en conjure...

SANDFORT.

Je me tairai, milord, je me tairai pour votre honneur, mais il n'en est pas moins vrai que je l'avais prévu, que je l'ai toujours dit ; et sans les caprices, sans les inconséquences de mademoiselle, le plus honnête homme d'Angleterre ne serait pas exposé à aller aujourd'hui se couper la gorge avec un étourdi.

MISS MILNER.

O ciel! que dites-vous?

SANDFORT.

Eh bien! oui, c'est plus fort que moi, je ne veux pas me taire. Tel que vous le voyez, il va dans l'instant même se battre avec lord Frédéric.

MISS MILNER.

C'est fait de moi. Je me meurs.

ELMVOOD.

Sandfort! elle se trouve mal.

SANDFORT, allant à elle.

Eh non! morbleu! eh non! Il ne s'agit pas de cela; il faut le détourner de ce dessein, il faut qu'il y renonce! il faut qu'il nous donne sa parole, et encore il nous la donnerait que je n'y croirais pas; car je n'ai plus de confiance en lui ni en son caractère. Lui qu'engagent des vœux sacrés et solennels, lui! un chevalier de Malte, aller se battre pour une femme!

MISS MILNER.

Grand Dieu! c'est pour sa pupille!

SANDFORT.

Et pour qui donc? à coup sûr ce n'est pas pour moi. Mais s'il est sourd à nos prières, s'il résiste à notre amitié, j'ai mon projet, je saurai bien l'en empêcher. (A milord Elmvood.) Milord, je ne vous quitte pas, je vous suivrai partout, je m'attache à vos pas; je me

SCÈNE XII.

mettrai entre vous deux ; et si je suis tué, vous penserez quelquefois à votre vieux précepteur et à la dernière leçon qu'il vous aura donnée.

MISS MILNER, joignant les mains.

Monsieur Sandfort, monsieur Sandfort, je vous demande pardon d'avoir jamais pu vous offenser.

SANDFORT.

Eh! il n'est pas question de pardon, il faut qu'il nous réponde. (Regardant par la fenêtre.) Dieu! lord Frédéric qui entre dans le jardin. (Allant à lord Elmvood qui veut sortir.) Milord, vous ne sortirez pas d'ici.

ELMVOOD.

Mes amis, mes chers amis, un instant de réflexion vous prouvera à tous deux qu'il est impossible que ce combat n'ait pas lieu. Mais pourquoi d'avance vous alarmer? considérez combien il y a peu de duels vraiment funestes.

MISS MILNER.

Quelles qu'en soient les suites, c'est moi, milord, c'est moi qui serai éternellement malheureuse; car j'aurai été la cause de ce combat, et s'il renversait toutes mes espérances, s'il devait me donner le coup de la mort, ne renonceriez-vous pas à ce cruel dessein?

ELMVOOD.

Que dites-vous?

MISS MILNER.

Qu'il est quelqu'un au monde qui possède mes plus chères affections; l'idée seule que ses jours sont menacés me ferait tout sacrifier; et s'il faut vous avouer enfin un amour que je n'ai pu vaincre...

ELMVOOD.

Achevez.

MISS MILNER.

Ah! j'en rougis de honte; mais les dangers rendent cet aveu nécessaire, j'aime...

SANDFORT.

Eh qui donc, malheureuse ?

MISS MILNER.

Lord Frédéric.

SANDFORT.

Eh bien ! qu'est-ce que je vous disais ce matin? et que de peine n'a-t-il pas fallu pour le lui faire avouer !

ELMVOOD.

Je ne vous cache pas, miss Milner, que je suis profondément affecté de tant de ruses et de tant contradictions, moi qui tout à l'heure encore vous suppliais de me dire la vérité.

MISS MILNER.

Je ne suis pas digne de votre amitié, monsieur, et dès ce moment abandonnez-moi.

ELMVOOD.

Non, pas en ce moment; car, grace à vous, je connais enfin le moyen d'assurer votre bonheur : oui, mademoiselle, je vous promets, et je ne vous tromperai pas, quoique vous m'ayez si souvent trompé vous-même, que dès ce moment lord Frédéric ne court aucun danger : au prix du monde entier, je ne voudrais pas maintenant mettre ses jours en péril.

Vous pouvez, Sandfort, me laisser sortir ; je vais le trouver, et j'espère que vous serez tous contens de moi. Adieu.

SCÈNE XIII.

MISS MILNER, SANDFORT.

SANDFORT.

Mademoiselle, je ne risquerai pas un mot sur ce qui vient de se passer ; car, dans ce moment-ci, j'ai trop d'avantage, et en ennemi généreux, je ne veux pas en profiter ; mais comme depuis long-temps je cherche à connaître le cœur humain, surtout celui des femmes, je vous demanderai seulement, pour mon instruction et mes études particulières, pourquoi, lorsqu'on vous offrait lord Frédéric pour mari, vous n'avez jamais voulu en entendre parler, et pourquoi maintenant...

MISS MILNER.

Pardon, monsieur Sandfort ; je suis si troublée, si inquiète... Quelle idée lord Elmvood va-t-il avoir de moi ? lui qui est si noble, si généreux !

SANDFORT.

Cette fois vous avez raison ; et voilà un sujet du moins sur lequel nous n'aurons pas de dispute ; c'est le premier.

MISS MILNER.

Croyez-vous, monsieur Sandfort, que cela s'arrange ?

SANDFORD.

Parbleu ! maintenant il n'y a plus rien à craindre,

et tout va se terminer à l'amiable. Votre tuteur racontera à lord Frédéric ce que vous venez de lui avouer; il lui apprendra que vous l'aimez.

MISS MILNER.

Comment, monsieur, vous croyez qu'il le lui dira?

SANDFORT.

Le moyen de faire autrement?

MISS MILNER.

Voilà ce qui me désespère; s'il avait pu ne pas lui en parler, le lui laisser ignorer...

SANDFORT.

C'est cela, pour qu'ils se disputent encore.

MISS MILNER.

Non vraiment, et j'espère bien qu'il ne sera plus question de duel et de combat.

(On entend un coup de pistolet.)

Dieu! que viens-je d'entendre? lord Elmvood m'a donc trompée. (Sandfort court à la fenêtre qu'il ouvre, et il regarde dans le jardin.) Et bien! est-il blessé?

SANDFORT.

Qui? lord Frédéric?

MISS MILNER.

Eh non! milord Elmvood.

SANDFORT.

Grace au ciel, je les vois tous les deux; les témoins les entourent; ils s'embrassent, ils se séparent: l'un revient de ce côté, et l'autre remonte à cheval.

MISS MILNER.

Dieu soit loué! et vous êtes bien sûr qu'il ne lui est rien arrivé?

SANDFORT.

A lord Frédéric ?

MISS MILNER.

Eh non ! je vous parle de lord Elmvood, de mon tuteur, de celui à qui je dois tout.

SANDFORT.

Eh ! tenez, le voici.

SCÈNE XIV.

Les précédens, Lord ELMVOOD.

MISS MILNER, courant à lui.

Ah, c'est vous, milord ! qu'est-il donc arrivé ?

ELMVOOD.

Rassurez-vous : celui que vous aimez n'a couru aucun danger.

SANDFORT.

Mais ce bruit que nous venons d'entendre ?

ELMVOOD.

En essuyant le feu de lord Frédéric, je lui ai accordé la satisfaction qu'il me demandait.

SANDFORT.

Ah ! milord ! je ne vous reconnais pas là ; c'était manquer à votre parole.

ELMVOOD.

Non, car en refusant de tirer sur lui, (à miss Milner) j'ai tenu la promesse que j'avais faite de ne point exposer sa vie.

SANDFORT.

Et la vôtre, morbleu ! la vôtre, qui nous appartenait !

ELMVOOD, lui prenant la main.

Pardon, j'avais oublié qu'il me restait un ami.

MISS MILNER.

Ah, monsieur!

ELMVOOD.

Alors seulement j'ai pu avouer à lord Frédéric que vous l'aimez, que vous l'acceptez pour époux.

MISS MILNER.

O ciel! il le sait!

ELMVOOD.

J'ai ajouté que désormais ce mariage était mon seul vœu, mon seul désir. Si vous aviez vu quelle joie il a fait éclater! avec quelle reconnaissance il s'est jeté dans mes bras en me demandant pardon! Eh bien, miss, qu'avez-vous?

MISS MILNER.

Rien, monsieur; je suis contente, je suis heureuse; j'ai sauvé des jours qui m'étaient bien précieux! mais je ne puis vous dire ce que j'éprouve.

ELMVOOD.

Ah! je le devine, vous êtes inquiète de ne pas le voir paraître; malgré mes protestations, vous tremblez encore pour lui. Rassurez-vous : dans son impatience, il m'a quitté pour tout disposer; car il faut que ce mariage se fasse aujourd'hui même.

MISS MILNER.

Quoi, monsieur! il pourrait exiger...

ELMVOOD.

C'est moi qui l'ai voulu; c'est moi, miss Milner, qui vous le demande.

SCÈNE XIV.

MISS MILNER.

Et moi, si je vous suis chère, je vous supplie de différer de quelques semaines.

ELMVOOD, vivement.

Pas d'un jour, pas d'un instant, ou je ne le pourrais pas.

SANDFORD.

Que dites-vous?

ELMVOOD, froidement.

Je ne pourrais pas y assister; car demain de grand matin, je pars, je quitte l'Angleterre.

MISS MILNER.

O ciel!

SANDFORT.

Vous partez seul?

ELMVOOD.

Non, car j'ai pensé que vous viendriez avec moi.

SANDFORT.

Et vous avez bien fait.

ELMVOOD, à miss Milner.

Des affaires particulières m'appellent en Italie. Depuis quelque temps, depuis la mort de mon frère, j'étais le seul descendant des comtes d'Elmvood. Or, on a pensé qu'il ne fallait point, après moi, laisser passer à une branche protestante les biens et les titres d'une famille catholique; et c'est dans l'intérêt même de notre cause que la cour de Rome vient de me délier de mes vœux.

MISS MILNER.

Que dites-vous?

ELMVOOD.

Ce sont là ces papiers que j'ai reçus ce matin, et

dont je voulais vous faire part à tous deux; ce changement d'état, que du reste je voyais avec indifférence, m'affligeait seulement par l'idée de vous laisser seule.

Air: Faut l'oublier.

>J'avais promis à votre père
>De remplir un devoir bien doux;
>Et je suis resté près de vous
>Tant que je vous fus nécessaire.
>Je vous guidais avec effroi
>Sur une route périlleuse;
>Mais un autre obtient votre foi:
>Un autre peut vous rendre heureuse,
>Vous n'avez plus besoin de moi.

Oui, lord Frédéric a ma parole, il a la vôtre, il faut donc, avant mon départ, hâter ce mariage.

SANDFORD.

Vous avez raison.

ELMVOOD.

Et comme lord Clarendon, l'oncle de Frédéric, est le seul qui pourrait former obstacle à cette union, j'y vais de ce pas.

MISS MILNER.

Milord!

ELMVOOD.

Avez-vous quelques ordres à me prescrire, quelque chose à me demander?

MISS MILNER.

Non, milord, je n'ai plus rien à vous dire, et je suis prête à vous obéir.

ELMVOOD.

Adieu donc. (A Sandfort.) Adieu.

(Il sort par le fond.)

SCÈNE XV.

Miss MILNER, SANDFORT.

SANDFORT.

Enfin, nous voilà donc tous d'accord; ce n'est pas sans peine. Je puis vous le dire maintenant, j'ai cru que jamais nous n'en sortirions; mais, grace au ciel, tout est fini à la satisfaction générale, et j'espère que vous devez être bien contente.

MISS MILNER.

Ah! je n'y tiens plus; j'en mourrai, je crois.

SANDFORD.

Eh bien! qu'avez-vous donc? n'allez-vous pas pleurer? Maintenant que vous êtes heureuse, maintenant que vous épousez celui que vous aimez...

MISS MILNER.

Et si je ne l'aimais pas!

SANDFORD.

Qu'est-ce que cela signifie? Est-ce que nous allons recommencer?

MISS MILNER.

Monsieur Sandfort, daignez m'écouter.

SANDFORT.

Non, mademoiselle; c'en est trop, et je n'écoute rien. Il s'agit ici de l'aimer une fois pour toutes, et que cela finisse.

MISS MILNER.

Et si je ne le puis... si j'en aime un autre.

SANDFORT.

Un autre! Est-ce que cela est possible? est-ce que je puis récuser le témoignage de mes yeux? est-ce que je n'ai pas vu tout à l'heure encore la tendresse que vous portez à lord Frédéric? votre pâleur, votre effroi au moment du combat...

MISS MILNER.

Était-il donc le seul dont les jours étaient menacés? Êtes-vous donc si aveugle, monsieur Sandfort, et pensez-vous que je ne prenne aucun intérêt à lord Elmvood?

SANDFORT.

Lord Elmvood!

MISS MILNER.

Oui, je l'aime, et c'est lui seul que j'ai toujours aimé.

SANDFORT.

Bonté de Dieu! que me dites-vous là? et que de malheurs je prévois! dans ce moment surtout, après ce duel, ce combat, après la parole donnée. Pourquoi aussi ne pas dire ce que vous pensez? et pourquoi ne pas le dire de suite?

MISS MILNER.

Est-ce que je le pouvais, lorsque mon tuteur n'était pas libre, quand des nœuds sacrés l'enchaînaient à jamais? Cette idée même était un crime; et, loin d'avouer un tel amour, j'aurais voulu me le cacher à moi-même. De là les inconséquences, les contradictions que vous blâmiez dans ma conduite, ces adorateurs dont j'encourageais les hommages, ces soirées brillantes, ces plaisirs dont je m'environnais : tout cela était autant d'armes que je cherchais contre lui ; et, loin de l'oublier, je me trouvais encore plus malheureuse.

SANDFORT.

Eh bien ! alors, puisque cela vous rendait malheureuse, pourquoi l'aimiez-vous ?

MISS MILNER.

Ah ! c'est que ces tourmens mêmes avaient leurs charmes.

SANDFORT.

Par exemple, voilà des choses dont je n'avais jamais eu l'idée.

MISS MILNER.

Je suis bien coupable, sans doute ; mais je souffre, et je n'ai plus d'amis ; je n'en avais qu'un, et il ne m'est pas permis de lui confier mes peines. Il ne me reste donc que vous, monsieur Sandfort, mon bon monsieur Sandfort ! soyez mon guide, mon conseil, que dois-je faire ?

SANDFORT.

Pauvre jeune fille ! vous êtes venue à moi dans le jour de l'affliction, et je ne tromperai point votre confiance. Quoique ce soit la première fois que je suis consulté dans une pareille affaire, il me semble qu'il faut de la franchise avant tout ; et puisque vous aimez lord Elmvood, eh bien ! dites-le-lui.

MISS MILNER.

Y pensez-vous ? un pareil aveu... plutôt mourir de honte.

SANDFORT.

C'est juste, cela ne se peut pas : cela n'est pas convenable; mais pourquoi l'aimez-vous? Il n'y aurait qu'un moyen, c'est de faire cet aveu à lord Frédéric.

MISS MILNER.

C'est encore pis : après ce qui s'est passé, il croira qu'on s'est joué de lui, et ce duel que je voulais empêcher sera maintenant inévitable, ce sera un combat à mort.

SANDFORT.

Vous avez raison, il y va de ses jours; mais alors je vous demanderai encore, pourquoi l'aimez-vous? est-ce donc une chose si difficile? que diable! on se raisonne, on se dit : je n'y dois plus penser; et on n'y pense plus.

MISS MILNER.

Monsieur Sandfort, vous n'avez jamais aimé.

SANDFORT.

C'est vrai, et je m'en félicite; car cela m'a permis au moins de conserver quelque rectitude dans le jugement, et quelque suite dans les idées. Or, voici mon raisonnement : Si lord Elmvood était resté dans l'ordre de Malte, s'il n'avait pas été dégagé de ses vœux, vous auriez fini par renoncer à lui, et vous auriez épousé Frédéric.

MISS MILNER.

Je ne sais; cela se peut.

SANDFORT.

Eh bien! ce sacrifice, que la nécessité vous forçait de faire, faites-le de vous-même; mais sans autre mobile que votre propre générosité, que le sentiment de vos devoirs; dites-vous, pour mieux vous y dé-

SCÈNE XV.

cider, que vos goûts, vos humeurs, votre caractère, ne conviennent peut-être point à lord Elmvood; dites-vous que peut-être vous n'auriez pas fait son bonheur.

MISS MILNER.

C'est que je crois que si.

SANDFORT.

C'est égal, il faut vous dire le contraire; il faut vous dire surtout que ce généreux sacrifice vous acquitte envers lui de tout ce que vous lui devez; que vous lui conservez l'honneur; que vous lui sauvez la vie.

MISS MILNER.

Air : Ainsi que vous, je veux, mademoiselle.

En m'offrant une telle idée,
Vous m'enchaînez, et pour toujours :
Oui, ce seul mot m'a décidée,
Je me tairai pour conserver ses jours.
Je cacherai mon trouble extrême,
J'en aurai la force aujourd'hui !
Vous ne voulez pas que je l'aime,
J'y consens... par amour pour lui.

SANDFORT.

Voilà encore de ces raisonnemens qui ne sont pas à ma portée; mais c'est égal, c'est bien; vous en serez récompensée par la paix de l'ame que vous retrouverez, par votre propre estime.

MISS MILNER.

Obtiendrai-je la vôtre? c'est tout ce que je demande.

SANDFORT.

Si je vous l'accorde! écoutez-moi, miss Milner,

vous pouvez maintenant me fâcher, me contrarier, me poursuivre comme autrefois de vos railleries; je vous permets tout; je vous pardonne tout, car vous avez eu moi un ami véritable, et si jamais... c'est le bruit d'une voiture.

MISS MILNER.

Ah! mon Dieu! serait-ce lord Elmvood! je suis toute tremblante.

SANDFORD.

Non, non, rassurez-vous; ce n'est que lord Frédéric; c'est celui-là, par exemple, que nous devons détester, c'est-à-dire pas vous, c'est votre mari, et vous devez l'aimer; mais moi qui n'y suis pas obligé... Adieu, mon enfant; allons, du courage.

(Il rentre dans l'appartement à gauche.)

SCÈNE XVI.

Miss MILNER, FRÉDÉRIC.

FRÉDÉRIC, à la cantonade.

Qu'on exécute mes ordres, et que tout soit disposé. Mais nous attendrons pour partir le retour de lord Elmvood. (A miss Milner.) Miss Milner, vous voilà; qu'il me tardait de vous voir et de vous faire part de mon bonheur! Je quitte mon oncle, lord Clarendon, chez qui je me présentais en tremblant! Devinez qui je trouve avec lui? Lord Elmvood, votre tuteur, qui venait de plaider pour moi, et de gagner ma cause. Mon oncle me pardonne, il consent à notre union;

et, de plus, à payer toutes mes dettes ; c'est-à-dire que c'est une ivresse générale parmi tous les fournisseurs et marchands de Londres, qui sont dévoués...; et ce soir, à l'occasion de notre mariage, je pense qu'on illuminera dans la cité.

MISS MILNER.

De sorte que vous êtes revenu avec lord Elmvood, et qu'il est ici.

FRÉDÉRIC.

Non. Il est allé chez le ministre solliciter pour moi. Vous aviez raison, c'est le meilleur, c'est le plus généreux des hommes ; et je crois que pour lui, maintenant, je ferais tout au monde.

MISS MILNER.

Que dites-vous ?

FRÉDÉRIC.

Oui, tout, excepté, par exemple, de renoncer à vous. Mais un projet auquel je m'oppose, c'est que lord Elmvood veut partir ce soir après notre mariage.

MISS MILNER.

O ciel !

FRÉDÉRIC.

Il a donné devant moi des ordres pour que sa voiture fût prête au sortir de l'église ; mais nous sommes là...; vous me seconderez, et je compte sur vous pour le retenir. Tenez, tenez, le voici. Ah, mon Dieu ! comme il a l'air triste et défait ! Est-ce qu'il y aurait de mauvaises nouvelles ?

SCÈNE XVII.

Les précédens, Lord ELMVOOD.

FRÉDÉRIC.

Hé bien, milord ?

ELMVOOD.

Ah ! vous voilà, mes amis !

FRÉDÉRIC.

Est-ce que mon oncle, est-ce que l'honorable membre du parlement aurait changé d'opinion ?

ELMVOOD.

Non vraiment.

FRÉDÉRIC.

C'est donc le ministre qui a refusé ma nomination ?

ELMVOOD.

La voici.

FRÉDÉRIC.

Je suis colonel !

ELMVOOD.

Et rien maintenant ne s'oppose à votre bonheur. Tout est prêt, et l'on vous attend. Venez.

MISS MILNER.

Un moment, monsieur : est-il vrai, comme on me l'a annoncé, que vous êtes décidé à nous quitter, aujourd'hui même ?

FRÉDÉRIC.

Nous espérons du moins que nos prières...

ELMVOOD.

Non, milord, elles seraient inutiles ; des motifs im-

SCÈNE XVII.

prévus, des raisons que vous ne pouvez connaître, me forcent à m'éloigner; il y va de mon repos et de mon honneur.

FRÉDÉRIC.

S'il est ainsi, je n'ose plus insister.

ELMVOOD.

Je serais déjà parti si, comme tuteur de miss Milner, je ne devais assister à son mariage, et la conduire moi-même à l'autel.

FRÉDÉRIC.

Cela, c'est trop juste.

ELMVOOD.

Oui, c'est mon devoir, et aujourd'hui je les remplirai tous. (Au domestique.) Avertissez monsieur Sandford, et priez-le de descendre. (A miss Milner.) C'est lui qui, avec moi, vous servira de témoin, si toutefois ce choix ne vous déplaît pas, et si votre haine pour lui...

MISS MILNER.

Je ne le hais plus, je ne hais personne; d'ailleurs, monsieur, dès que vous l'ordonnez, vous savez bien que j'obéirai toujours avec empressement et avec plaisir.

ELMVOOD.

Et d'où vient donc ce trouble? d'où viennent ces larmes?

MISS MILNER.

Ne sont-elles pas naturelles? quand je pense que vous vous éloignez, que nous allons être séparés, peut-être pour toujours.

ELMVOOD.

Air: Rappelez-moi, je reviendrai (d'Amédée Beauplan).

Non, si j'en crois mon espérance,
J'attends un meilleur avenir ;
Je serai, malgré la distance,
Près de vous par le souvenir.
Errant sur un autre rivage,
De loin encor je vous suivrai,
Et sur vous si grondait l'orage,
Rappelez-moi, je reviendrai.

Va, ma fille, sois vertueuse, aime ton époux, pratique tes devoirs ; tranquille et heureuse dans ton ménage, tâche surtout de défendre ton cœur de toute funeste passion ; car si la raison nous donne la force d'en triompher, elle ne nous donne pas celle de nous en consoler ; elle n'empêche pas les regrets qui nous poursuivent, les tourmens qui nous déchirent. Venez, mon enfant, venez, miss Milner ; embrassez-moi et partons !

(Miss Milner se jette dans ses bras en pleurant, tandis que Frédéric les regarde en souriant et en s'essuyant une larme.)

SCÈNE XVIII.

Les précédens, SANDFORT.

SANDFORT, entrant par le fond, et apercevant ce tableau.

Que vois-je ! miss Milner dans ses bras ! (Courant à Frédéric.) Tout est donc connu et arrangé.

FRÉDÉRIC.

Et sans doute.

SCÈNE XVIII.

SANDFORT.

Comment cela est-il arrivé ? comment avez-vous su qu'elle l'aimait ?

FRÉDÉRIC.

Hé ! qui donc ?

SANDFORT.

Son tuteur.

ELMVOOD ET FRÉDÉRIC.

Qu'ai-je entendu ?

MISS MILNER, allant à Sandfort pour le faire taire.

Malheureux ! ils l'ignoraient.

SANDFORT.

Dieu, qu'ai-je fait ! non, non, elle ne l'aime pas ; mettez que je n'ai rien dit ; (à Frédéric) c'est vous seul qu'elle aime, ou du moins qu'elle épouse ; il n'y a que cela de vrai.

FRÉDÉRIC.

Vous avez raison ; telle est la vérité qu'on voulait me cacher, et que, grace à vous, je connais enfin.

ELMVOOD.

Monsieur, vous pourriez supposer...

FRÉDÉRIC.

Oui, milord, c'est vous que j'accuse de m'avoir méconnu, de m'avoir outragé. Avez-vous pu penser que, dans la lutte qui s'établit entre nous, je resterais continuellement chargé du poids de vos bienfaits ? ou me jugez-vous incapable de m'acquitter jamais ? C'est là un affront dont, en véritable Anglais, je vous demanderais raison si je pouvais tourner contre vous l'épée de colonel que vous m'avez fait obtenir ; mais à défaut de cette vengeance, j'en trouverai une à laquelle vous ne pourrez vous soustraire; vous avez épargné mes jours; vous m'avez raccommodé avec mon oncle; vous avez assuré ma fortune; mon avenir: voilà de grands bienfaits, de grands services sans doute; eh bien! d'un seul mot je les égalerai, je les surpasserai encore. (Regardant miss Milner.) Je l'aime, je l'adore, elle est à moi, vous me l'avez donnée : eh bien ! (Prenant la main de lord Elmvood et celle de miss Milner) épousez-la, et soyons quittes.

ELMVOOD.

Dieu ! qu'entends-je?

MISS MILNER.

Quelle générosité!

FRÉDÉRIC.

Je savais bien que je prendrais ma revanche, et vous voyez, miss Milner, qu'un fat peut quelquefois avoir du bon; mon seul tort est d'avoir pu me croire aimé; cela m'était arrivé tant de fois, que l'habitude peut-être pouvait me servir d'excuse.

SANDFORT.

Monsieur, malgré cette dernière phrase-là, votre conduite est belle, et je l'approuve.

FRÉDÉRIC.

Vous êtes bien bon.

SANDFORT.

Et vous, miss Milner, me pardonnerez-vous d'avoir, malgré moi, trahi votre secret?

MISS MILNER.

Ah ! je ne vous en veux plus.

SCÈNE XVIII.

FRÉDÉRIC.

Ni moi, docteur; au contraire, cela doit me porter bonheur; et s'il y a une justice en ce monde, d'autres belles me doivent des consolations.

SANDFORT.

Voilà un vrai philosophe! perdre une maîtresse et prendre aussi gaîment son parti!

FRÉDÉRIC, gaîment.

Oh! j'y suis habitué.

SANDFORT.

Habitué!

FRÉDÉRIC.

Oui, depuis mon voyage en France.

CHOEUR.

Air du Mâçon.

O moment plein d'ivresse!
Pour nous quel heureux sort!
L'amour et la sagesse
Vont se trouver d'accord.

MISS MILNER.

Air du vaudeville des Frères de lait. (Musique de M. Heudier.)

O vous, messieurs, qui, sous votre tutelle,
Prenez toujours les auteurs, les acteurs...
Dans chaque pièce, ancienne ou bien nouvelle,
Vous savez comme agissent les tuteurs,
On sait comment se montrent les tuteurs :
De leur pupille imprudente, indocile,
Ils ont toujours pardonné les erreurs...
Par mes défauts quand j'agis en pupille,
Par vos bontés agissez en tuteurs.

FIN DE SIMPLE HISTOIRE.

LE
MARIAGE DE RAISON,

COMÉDIE-VAUDEVILLE EN DEUX ACTES,

Représentée pour la première fois, à Paris, sur le théâtre du Gymnase dramatique, le 10 octobre 1826.

EN SOCIÉTÉ AVEC M. VARNER.

PERSONNAGES.

M. DE BREMONT, officier-général.
ÉDOUARD DE BREMONT, son fils, capitaine.
BERTRAND, sergent.
PINCHON, fermier.
SUZETTE, jeune orpheline, femme de chambre de madame de Bremont.
Madame PINCHON, fermière.
Plusieurs cavaliers et plusieurs dames invités au château.

La scène se passe au château de M. de Bremont, dans le Lyonnais.

BERTRAND,

ORDONNEZ, COMMANDEZ, JE N'AI PLUS MAINTENANT D'AUTRE COLONEL QUE VOUS.

Le Mariage de Raison. (Acte II, Sc. V.)

LE MARIAGE DE RAISON.

ACTE PREMIER.

Le théâtre représente une salle du château de M. de Bremont; porte et deux croisées au fond; deux portes latérales. La porte à gauche de l'acteur est celle de la chambre d'Édouard; auprès de cette porte, un guéridon sur lequel il y a une théière, une tasse et la soucoupe. De l'autre côté, auprès de la porte, une table et deux fauteuils. Au fond, à gauche, une psyché.

SCÈNE PREMIÈRE.

SUZETTE, OCCUPÉE A TRAVAILLER PRÈS DE LA TABLE A DROITE; PINCHON, PARLANT A LA CANTONADE.

PINCHON.

Soyez donc tranquille, cousin, je ne réveillerai personne, et j'attendrai qu'on soit levé. (Entrant et apercevant Suzette.) Eh! qu'est-ce que me disait donc Bertrand, mon cousin, que tout le monde dormait au château? voilà mademoiselle Suzette qui est déjà sur pied.

SUZETTE.

C'est M. Pinchon, le fermier de M. le comte.

PINCHON.

Eh! oui, vraiment. Aujourd'hui, à cinq heures du matin, moi et ma femme, madame Pinchon, nous étions hors du lit, parce qu'à la ferme on dort aussi bien qu'au château ; mais l'on dort plus vite, excepté le dimanche; car on fait son dimanche. Mais pardon, mademoiselle Suzette, ce sont là des détails de ménage. Ma petite femme m'a dit comme ça : « Pinchon, je vais au marché, où tu viendras me rejoindre. Toi, pendant ce temps-là, va compter avec M. le comte, et lui porter le prix de ses fermages; » car, afin que vous le sachiez, c'est aujourd'hui la Toussaint.

SUZETTE.

Oh ! l'on sait combien vous êtes exact.

PINCHON.

C'est vrai. Au jour de l'échéance, il faut que tout soit payé; point d'arriéré, point de retard : c'est ma femme qui m'a mis sur ce pied-là, parce que, là-dessus, madame Pinchon n'entend pas la plaisanterie.

Air du vaudeville du Charlatanisme.

Depuis que de payer comptant
Ma femm' m'a fait prendr' l'habitude,
Nos richess's vont en augmentant;
V'là c' que c'est que l'exactitude.

SUZETTE.

Votre femme ?

PINCHON.

Des r'mercimens :
Sur ell' n'ayez pas d'inquiétude;
Fraîche et vermeille.

SUZETTE.

Et vos enfans ?

PINCHON.

Fort bien : un de plus tous les ans;
V'là c' que c'est que l'exactitude;

Mais vous ne venez plus à la ferme; voilà un siècle qu'on ne vous y a vue.

SUZETTE.

Il y a tant de monde au château, que je ne l'ose quitter! Voilà quinze personnes au moins qui nous arrivent de la capitale; des belles dames, des jeunes gens à la mode. On va à la chasse ou à la pêche le matin; on joue la comédie tous les soirs. Hier encore il y avait un bal où l'on a dansé jusqu'après minuit. Enfin, c'est la ville à la campagne, c'est Paris au milieu du Lyonnais.

PINCHON.

Dieu! s'amusent-ils ces Parisiens! et c'est monsieur le comte qui reçoit, qui héberge tout cela. Vl'à un digne homme!

Air de l'Écu de six francs.

C'est un brave et bon militaire,
Un honnête homme, Dieu merci;
Quand on s' mêl' d'être millionnaire,
Il faudrait l'être comme lui :
Aussi chacun l'aime à la ronde;
Car son bras est à son pays,
Son cœur est à tous ses amis,
Et sa fortune à tout le monde.

Et son fils, not' jeune maître, c'est un gaillard celui-là! Ah! ah!

SUZETTE.

Taisez-vous donc; ne parlez pas si haut, car il est là; il dort. (*Désignant la chambre à gauche.*)

PINCHON.

Ah! c'est la porte de sa chambre! Est-ce qu'il est malade, par hasard?

SUZETTE.

Eh ! vraiment oui. Hier, il est sorti de ce bal avec la fièvre : et cela n'a fait qu'augmenter cette nuit, du moins à ce que m'a dit Bertrand, qui est déjà entré dans son appartement.

PINCHON.

Ça ne m'étonne pas. Avec un air si doux et si gentil, il paraît que c'est un diable, du moins à ce que m'a dit madame Pinchon ; et quand on est le fils d'un général, qu'on a dix-huit ans, de la fortune et une jolie tournure, on fait tout ce qu'on veut, n'est-ce pas, mademoiselle Suzette? Mais vous-même qu'avez-vous donc? plus je vous regarde, et plus je vous trouve changée ; non pas que vous ne soyez toujours fraîche et bien gentille, mais les autres années vous étiez si gaie, si étourdie, toujours sautant, toujours courant ; et maintenant je vous vois triste et rêveuse. Est-ce que par hasard il vous serait survenu des chagrins ?

SUZETTE.

Est-il étonnant d'en avoir lorsqu'on est orpheline, lorsqu'on est seule au monde?

PINCHON.

Seule ! vous ne l'êtes pas. N'avez-vous pas été recueillie et élevée par madame la comtesse, auprès de laquelle vous étiez femme de chambre, il est vrai, mais qui vous a toujours traitée comme son enfant; et après la mort de cette digne dame, son mari, à qui elle vous avait recommandée, n'a-t-il pas toujours eu pour vous les mêmes soins, la même tendresse? Et voyez-vous, mademoiselle Suzette, j'gagerais que l'intention de M. le comte est de vous donner une dot et un épouseur.

SUZETTE.

Il serait vrai?

PINCHON.

Tout le monde le dit dans le pays.

SUZETTE.

Je l'en remercie; mais je ne tiens pas à me marier.

PINCHON.

Bah! madame Pinchon disait aussi comme vous; et maintenant demandez-lui-en des nouvelles. En tout cas, et si vous vous décidez, j'ai un parti à vous proposer, un parti auquel je pense depuis long-temps; mais ma femme vous en parlera, parce que, dans notre ménage, c'est moi qui ai les idées et c'est elle qui a la parole.

(On entend une sonnette dans la chambre du fond.)

SUZETTE.

Tenez, tenez, c'est M. le comte qui sonne son valet de chambre, qui vous dira si vous pouvez entrer.

PINCHON.

Air: Dieu tout puissant, par qui le comestible.

Dépêchons-nous, il sortirait peut-être,
Et je m'en vais, en fermier diligent,
A son lever, offrir à notre maître
Mes humbl's respects, ainsi que mon argent.

(A Suzette.)

Pour vous, quittez cet air triste et sévère;
Que la gaîté vienne charmer vos jours;
Et si l' château ne vous en offre guère,
V'nez à la ferme, on en trouve toujours.

ENSEMBLE.
SUZETTE.
Dépêchez-vous, etc.
PINCHON.
Dépêchons-nous, etc.

(Pinchon sort par le fond.)

SCÈNE II.

SUZETTE, SEULE.

(Elle va s'asseoir sur le fauteuil auprès de la table, à droite.)

De la gaîté! ils n'ont que cela à dire; et il a bien fait de s'en aller. Je ne conçois pas comment ils peuvent être gais; j'ai beau faire, depuis une heure je suis là à travailler, et je pense à tout, excepté à mon ouvrage. (S'approchant de la porte à gauche, et écoutant.) Je n'entends rien, il repose; tant mieux. Dieux! la porte s'ouvre.

SCÈNE III.

SUZETTE, ÉDOUARD, S'APPUYANT SUR LE BRAS DE BERTRAND.

BERTRAND.

Ne craignez rien, mon capitaine, je suis là pour soutenir le corps d'armée.

SUZETTE, courant à lui.

Y pensez-vous, Bertrand, avec votre jambe?

ÉDOUARD, prenant le bras de Suzette.

Elle a raison. Tu aurais besoin toi-même de soutien.

ACTE I, SCÈNE III.

BERTRAND, frappant sur sa jambe.

Laissez donc, c'est aussi solide qu'une autre, et quand ça casse, on en a de rechange. Vous ne pourriez pas en dire autant.

SUZETTE, donnant toujours le bras à Édouard, et le conduisant vers le fauteuil qui est à droite.

Ne vous pressez pas, et appuyez-vous sur moi. Comment cela va-t-il ce matin?

ÉDOUARD, s'asseyant.

Mal. Je souffre horriblement.

BERTRAND.

Allons donc, mon capitaine, qu'est-ce que de s'écouter comme une petite maîtresse? Je vous ai vu marcher gaîment sous le feu du canon, et pour un misérable accès de fièvre, voilà que vous avez le frisson.

ÉDOUARD.

Tu en parles bien à ton aise. Si tu avais dansé hier, comme moi, douze contredanses.

BERTRAND.

Il est de fait que dans le moment je ne pourrais pas en faire autant, parce que chez moi les amours et les zéphyrs ne battent plus que d'une aile. Mais vous, morbleu!

SUZETTE.

N'allez-vous pas le gronder parce qu'il souffre, et lui faire mal à la tête?

BERTRAND.

C'est juste; je n'entends rien à tout cela.

Air : Au temps heureux de la chevalerie.

Des médecins et de la pharmacie
Un bon soldat connaît peu les secrets :
Est-il blessé, le schnik et l'eau-de-vie
D'une compresse ont bientôt fait les frais.
Et je m' souviens qu' souvent à l'ambulance
Pour nous panser quand arrivait l' flacon,
(Faisant le geste de boire.)
En d'dans, morbleu ! je prenais l'ordonnance ;
Et la victoire ach'vait la guérison.

(Pendant ce couplet, Suzette va s'asseoir auprès de la table, à la droite d'Édouard.)

Aussi, je vous laisse avec mademoiselle Suzette, parce qu'en fait de garde-malade, elle vaut mieux que moi ; si attentive, si diligente ! Ce matin, vous ne croiriez pas qu'elle était levée à quatre heures ?

ÉDOUARD.

Il se pourrait !

BERTRAND.

Peut-être plus tôt ; car, en sortant de votre appartement, je l'ai trouvée qui m'a demandé de vos nouvelles avec tant d'intérêt, que ça m'en a fait peur. Je vous ai cru plus malade que vous n'étiez.

ÉDOUARD.

Bonne Suzette !

BERTRAND.

Vous avez raison, c'est une bonne fille ; ça ne fait pas de phrases ni d'embarras, comme toutes les femmes de chambre de ces dames, qui font tant de coquetteries dans l'anti-chambre, que quelquefois on se croirait au salon. Mais en revanche, c'est modeste, c'est honnête, c'est attaché à ses maîtres, c'est sage sur-

ACTE I, SCÈNE IV.

tout; car parmi tous ces jeunes gens, vos amis, il n'y en a pas un qui n'en soit amoureux, et qui ne coure après elle.

ÉDOUARD, se levant.

Vraiment!

BERTRAND.

Eh bien! qu'est-ce que vous faites donc? v'là ses vertigos qui le reprennent. Je vous le laisse, mademoiselle Suzette, tâchez de le calmer. (A part.) C'est fini, je n'y tiens plus; elle est trop gentille. (Montrant sa jambe.) Et malgré les inconvéniens, en avant. (Suzette passe de l'autre côté du théâtre, s'approche du guéridon et verse dans la tasse.) Je vais de ce pas me consulter avec le cousin Pinchon qui vient d'arriver au château, et de là la demander à mon général, parce que, dans ce monde, il faut toujours marcher droit, autant que possible. Adieu, mademoiselle Suzette; adieu, mon capitaine.

(Il sort.)

SCÈNE IV.

ÉDOUARD, SUZETTE.

ÉDOUARD.

Adieu, mon brave. En voilà un qui est bien le meilleur soldat, et le plus mauvais garde-malade que je connaisse.

SUZETTE.

Comment vous trouvez-vous?

ÉDOUARD.

Mieux, depuis que je suis ici.

SUZETTE.

Eh bien ! ne parlez pas ; je vais travailler auprès de vous, ou bien je vous lirai, si vous l'aimez mieux. (Elle prend une chaise, se place à la gauche d'Édouard, et se met à travailler.)

ÉDOUARD.

Comme tu voudras.

Air : Ainsi que vous, je veux, mademoiselle.

D'autre docteur il n'est pas nécessaire.

SUZETTE.

Je serai le vôtre aujourd'hui ;
Il faut rester et tranquille et vous taire,
C'est mon arrêt, et je l'ordonne ainsi.
Pour vous forcer au repos, au silence,
Je reste là.

ÉDOUARD.

Moyen très incertain ;
Car je suis sûr d'oublier l'ordonnance
En regardant le médecin.

SUZETTE, allant prendre sur le guéridon, à gauche, la tasse, qu'elle présente à Édouard.

Ne regardez pas, monsieur, et prenez ce que je vous donne.

ÉDOUARD.

Eh mais, Suzette, comme ta main tremble !

SUZETTE.

Oui, oui ; je craignais de renverser. (Pendant qu'il boit.) Cela vous fait du bien, n'est-ce pas ? cela doit vous calmer, vous rafraîchir. (Au moment où elle veut prendre la soucoupe, Édouard saisit sa main qu'il porte à ses lèvres.) Eh mais, que faites-vous ?

ÉDOUARD.

Ne m'est-il pas permis de te remercier ?

SUZETTE.

Édouard, Édouard, finissez; vous voulez que je m'en aille.

(Elle s'éloigne de lui, et s'avance sur le bord du théâtre.)

ÉDOUARD, se levant et allant à elle.

Suzette, n'es-tu pas la fille adoptive de ma mère? n'es-tu pas ma sœur? n'avons-nous pas été élevés ensemble? Autrefois tu ne te défiais pas de mes caresses; à présent elles te font de la peine.

SUZETTE.

A moi? ce ne serait rien, peu importe; mais c'est à vous qu'il faut penser. Vous souffrez, vous êtes malade. Hier, avoir suivi cette chasse pendant cinq heures, et puis danser à ce bal une partie de la nuit. Vous n'êtes pas raisonnable; vous ne vous ménagez pas, vous mourrez.

ÉDOUARD.

Eh bien! tant mieux; c'est ce que je veux, c'est ce que je désire. Ici, comme à Paris, ces folies, ces plaisirs extravagans auxquels je me livre, me sont devenus nécessaires; j'en ai besoin pour m'étourdir, pour ne pas rester seul avec moi-même; car je souffre trop, je suis trop malheureux.

SUZETTE.

Vous, malheureux! quelle peut en être la cause?

ÉDOUARD.

Toi seule.

SUZETTE.

Moi! grand Dieu!

ÉDOUARD.

Oui, Suzette ; je t'ai toujours aimée, je t'aime comme un insensé, comme un malheureux en délire.

SUZETTE, se cachant la figure avec la main.

Ah ! monsieur, que me dites-vous là ?

ÉDOUARD.

D'abord, je l'avoue, j'ai cherché à me faire aimer de toi ; puis j'ai rougi de mes projets : j'ai voulu te fuir, te traiter avec froideur, avec dureté, te parler comme un maître ; mais ta bonté et ta douceur m'ont toujours désarmé, et ce qui a achevé de renverser toutes mes idées, toutes mes résolutions, c'est que cet amour qui me dévorait, il m'a été facile, depuis quelque temps, de voir que tu le partageais.

SUZETTE, naïvement.

C'est vrai.

ÉDOUARD.

Tu m'aimes donc maintenant ?

SUZETTE.

Maintenant ! non, ça a toujours été de même ; mais c'est depuis quelque temps seulement que je m'en suis aperçue.

ÉDOUARD.

Grands dieux !

SUZETTE.

Mais vous, monsieur Édouard, vous ne devez pas le savoir ; vous devez l'ignorer. Obtenez de votre père que je quitte ces lieux, que je m'en aille.

ÉDOUARD.

Tu veux quitter ces lieux !

ACTE I, SCÈNE IV.

SUZETTE.

Oui ; je ne puis pas y vivre ; je souffre trop ; tout m'y rappelle les bienfaits de votre mère ; votre état, le mien, et la distance qui nous sépare ; et jugez, monsieur, jugez des tourmens que j'éprouve, lorsque je vous dirai qu'hier, pendant ce bal, de la première pièce dont les portes étaient ouvertes, je vous ai vu, dans ce salon qui m'est interdit, je vous ai vu toute la soirée danser avec mademoiselle de Luceval.

ÉDOUARD.

C'est mon père qui me l'avait ordonné.

SUZETTE.

Parce qu'il veut vous marier avec elle : je n'en puis douter ; j'en suis sûre.

ÉDOUARD.

Qui te l'a dit ? où l'as-tu vu ?

SUZETTE, montrant son cœur.

Là. Il est des pressentimens qui ne trompent jamais.

ÉDOUARD.

Et moi je jure que jamais je ne consentirai à une pareille union ; ou plutôt il est un moyen de te rassurer, et de la rendre impossible.

SUZETTE.

Quel est-il ?

ÉDOUARD.

Ce n'est ici ni le lieu, ni le moment de te confier mes projets. Voici l'heure où l'on descend dans le salon, et l'on peut nous surprendre. Mais tantôt, après le déjeuner, ils partent tous pour la chasse, mon père, ainsi que ces dames. Moi, grace à mon indisposition, il me sera permis de rester. Nous serons seuls dans la maison, je t'attendrai ici.

SUZETTE.

Seule... ici... avec vous? Non, Édouard, ce ne serait pas bien; je ne le puis.

ÉDOUARD.

Tu veux donc encore ajouter à mes maux! tu veux me voir mourir, et en être la cause!

SUZETTE.

Que me dites-vous là? moi vouloir votre mort! c'est mal à vous d'employer un tel moyen pour me décider. Vous êtes le fils de ma bienfaitrice, vous ne pouvez pas me tromper; je viendrai.

ÉDOUARD, lui prenant la main.

Ah! je suis trop heureux!

SUZETTE, apercevant M. de Bremont qui entre par le fond.

Ciel! monsieur le comte!

(Elle va auprès du guéridon à gauche, comme pour y ranger quelque chose.)

SCÈNE V.

Les précédens; M. de BREMONT.

M. DE BREMONT.

Ah, ah! Édouard, vous voilà levé! Pour un homme qu'on disait si malade...

ÉDOUARD.

Cela va mieux, mon père.

ACTE I, SCÈNE V.

M. DE BREMONT.

C'est ce que je vois.

SUZETTE, troublée.

Oui, monsieur; j'étais là occupée à le soigner.

M. DE BREMONT.

C'est bien, mon enfant; je connais ta bonté, ton excellent cœur. (A Édouard.) Édouard, vous verra-t-on au déjeuner? serez-vous de notre partie de chasse?

ÉDOUARD.

Non, mon père, et dans ce moment même je me sens tellement faible, que je vous demanderai la permission de rentrer dans mon appartement.

M. DE BREMONT.

Là-dessus, liberté entière. On ne doit pas contrarier un malade.

ÉDOUARD, bas à Suzette.

Tu entends, Suzette?

(Il prend le bras de Suzette, qui le conduit jusqu'à la porte, et au moment où elle va entrer avec lui.)

M. DE BREMONT, à haute voix.

Suzette, Suzette, mon fils, je crois, n'a plus besoin de tes services; et mademoiselle de Luceval t'attend pour l'aider dans sa toilette.

SUZETTE.

Oui, monsieur. (Montrant l'appartement où Édouard vient d'entrer.)

Air d'Aristippe.

Mais je voulais, moi son guide ordinaire,
   Soutenir ses pas.

M. DE BREMONT.

Je le croi.
Il est fort beau, fort généreux, ma chère,
De protéger un plus puissant que soi.
Mais au danger alors qu'il est en butte,
A quoi lui sert un trop fragile appui ?
Bien rarement on empêche sa chute,
Et parfois on tombe avec lui.

SUZETTE, étonnée.

Comment, monsieur?

M. DE BREMONT, lui prenant les mains avec douceur.

Suzette, tu es une bonne fille que j'aime, que j'estime, que j'ai promis de protéger.

SUZETTE.

Ah, monsieur !...

M. DE BREMONT.

Plus tard, et après avoir habillé mademoiselle de Luceval, tu viendras me parler. Va, mon enfant, va d'abord à tes devoirs ; c'est l'essentiel.

(Suzette sort.)

SCÈNE VI.

M. DE BREMONT, seul.

Oui, je m'en aperçois enfin, et j'aurais dû m'en douter plus tôt. Élevés ensemble, se voyant tous les jours, ils s'aiment, peut-être même sans le savoir, Suzette, du moins, car pour mon fils, je le connais; il sait très bien ce qu'il fait. C'est donc par lui qu'il faut commencer ; et quoiqu'on dise qu'il n'y a pas de remède contre l'amour, j'en connais un auquel rien ne résiste, pas même... les grandes passions : le tout est de l'employer à temps.

SCÈNE VII.

M. DE BREMONT, BERTRAND.

BERTRAND, au fond.

Pardon, excuse, mon général.

M. DE BREMONT.

Ah! c'est toi, Bertrand? Hé bien! que fais-tu donc là, immobile et l'arme au bras? (Il s'assied sur le fauteuil à droite.) Avance à l'ordre.

BERTRAND, s'avançant.

C'est que voyez-vous, mon général, je ne suis pas à mon aise, parce que j'ai quelque chose à vous demander.

M. DE BREMONT.

Toi me demander quelque chose ; tant mieux ; car c'est la première fois de ta vie.

BERTRAND.

Il est vrai de dire, mon général, que vous ne m'en avez jamais laissé le temps, comme à Wagram ; vous savez, ce jour où les autres n'ont pas même pu tirer un coup de fusil : ce n'était pas mauvaise volonté de leur part (faisant signe de croiser la baïonnette) ; mais rapport à ce que nous avions abordé spontanément.

M. DE BREMONT.

Hé bien! après?

BERTRAND.

Après : c'était pour vous dire que je suis le fils d'un de vos fermiers, que je suis parti conscrit, que je ne vous ai jamais quitté, et que je vous dois tout ; c'est vous qui m'avez mis au feu ; c'est vous qui m'avez nommé caporal, puis sergent ; c'est vous, mon général, qui, en Russie, et quand je tombais de froid, avez ôté votre manteau pour en couvrir le corps de votre soldat. Aussi, maintenant, quand je vous vois une attaque de rhumatisme, ce qui vous arrive tous les mois, j'aimerais mieux sentir la pointe de mille baïonnettes.

M. DE BREMONT.

Hé bien ! enfin où en veux-tu venir ?

BERTRAND.

J'en veux venir à vous apprendre que je suis chez vous logé, nourri, hébergé, de l'argent dans ma poche, le verre d'eau-de-vie à discrétion, et le cigare à volonté : c'est ce qui fait que je n'ai besoin de rien, et que je n'ai rien à vous demander.

M. DE BREMONT.

Que diable me disais-tu donc tout à l'heure ?

BERTRAND.

Permettez : quand je dis que je n'ai rien, c'est que j'ai quelque chose ; un bon conseil qu'il me faudrait ; mais j'aurais à reprendre cela de trop haut ; et comme je vois que vous étiez occupé...

M. DE BREMONT.

Eh oui, morbleu ; mais n'importe, parle toujours, puisque nous y voilà.

BERTRAND.

Du tout, mon général ; j'ai bien attendu deux ans, je peux aller encore; et puisque ma présence vous dérange... (Il veut se retirer.)

M. DE BREMONT, le retenant.

Au contraire, tu arrives à propos, car j'ai besoin de toi. (Il se lève.)

BERTRAND, revenant.

Il se pourrait, général ! alors ne pensons plus à mon idée, et voyons la vôtre.

M. DE BREMONT.

Je crois, en effet, que nous aurons plus tôt fini, car tu n'abordes pas les sujets de conversation aussi *spontanément* qu'autrefois les Autrichiens.

BERTRAND, froidement.

Aujourd'hui je ne dis pas ; ça se peut bien, à cause de ma jambe.

M. DE BREMONT.

Eh ! qui diable te parle de cela ? voici de quoi il s'agit. Mon fils ne fait rien ici, il perd son temps ; je veux l'éloigner, et je vais l'envoyer voyager en Italie, à Naples, en Grèce, s'il le faut.

BERTRAND, froidement.

Comme mon général le voudra.

M DE BREMONT.

C'est encore un secret ; mais je veux qu'il parte, non pas demain, mais aujourd'hui, et dans quelques heures.

BERTRAND.

Je ne m'y oppose pas.

M. DE BREMONT.

Des affaires personnelles, des ordres supérieurs me retiennent en France. Il me faut auprès de lui quelqu'un en qui j'aie autant de confiance qu'en moi-même. Ce n'est pas un serviteur qu'il me faut, car Jacques et Guillaume l'accompagneront : ce que je veux avec lui, c'est un ami; et j'ai pensé à toi.

BERTRAND, vivement.

Milzieux! mon général!

M. DE BREMONT.

Tu acceptes donc?

BERTRAND.

C'est-à-dire, général, ça me rendra bien heureux; ce n'est pas que, pour le moment, ça me vexe.

M. DE BREMONT.

Et pourquoi?

BERTRAND.

Parce qu'avec l'aveu du cousin Pinchon, que je viens de consulter, j'avais des idées de mariage.

M. DE BREMONT.

Toi, te marier!

BERTRAND.

C'est le bon moment; je n'ai plus que cela à faire.

M. DE BREMONT.

Et c'est sur un prétexte pareil que tu me refuses!

BERTRAND.

Un prétexte!

M. DE BREMONT.

Oui, morbleu! et si tu ne pars pas avec mon fils, c'est que tu ne m'aimes pas.

BERTRAND.

Ah ça! général, pas de plaisanteries, ni de mots équivoques.

M. DE BREMONT.

Je le répète : c'est que tu ne nous aimes pas.

BERTRAND.

Sarpejeu! si ce n'était pas vous, il faudrait m'en rendre raison, et je vous montrerais bien si je vous aime, oui ou non. Mais vous le voulez, je n'aurai peut-être que cette occasion de m'acquitter envers vous. Dans une demi-heure, j'aurai dit adieu à mes amis, j'aurai fait mon sac, et je suis à vos ordres.

M. DE BREMONT.

C'est bien, je te reconnais, et je ne doutais pas de toi; je n'en ai jamais douté. Si je t'ai offensé, pardonne-moi. (Il lui tend la main.)

BERTRAND.

Ah! mon général!

M. DE BREMONT.

Je reviens dans l'instant, et je te donnerai mes dernières instructions.

(Il entre dans la chambre à droite.)

SCÈNE VIII.

BERTRAND, *puis* PINCHON.

BERTRAND, seul, essuyant une larme.

Ah! le brave homme! Mais c'est toujours bien désagréable de partir ainsi, au moment...

PINCHON, entrant par la porte du fond.

Eh bien! tu as vu le général?

BERTRAND.

Oui; il sort d'ici.

PINCHON.

Et tu lui as parlé?

BERTRAND.

Sans doute.

PINCHON.

Eh bien, tant mieux, cousin. Tout ce que je demandais, et ma femme aussi, c'était de te voir marié. Il est si doux d'être en ménage! Moi, avec madame Pinchon, qui fait tout ce que je veux, je suis le plus heureux des hommes; je suis là comme un roi.

BERTRAND.

Morbleu! c't'autre qui vient me parler d'ça au moment où je pars!

PINCHON.

Il se pourrait!

BERTRAND.

Air de Marianne.

Mon général me le demande,
Pouvais-je refuser, hélas!

PINCHON.

Oui, ta complaisance est trop grande,
Et je dirais : « Je ne veux pas. »

BERTRAND.

Sur des soldats,
Tu ne sais pas
C' qu'un général et l' devoir
Ont d' pouvoir :
Qu'il dis' seulement :
Marche... en avant !
Fût-ce au trépas,
On y va, l'arme au bras.
Quand d'obéir on a l'usage,
Lorsque la discipline est là,
Ça ne coûte rien.

PINCHON.

Je connais ça :
C'est comm' dans mon ménage.

BERTRAND.

Du reste, je te conterai tout cela pendant notre dîner, car nous allons dîner ensemble avant mon départ.

PINCHON.

Je ne demanderais pas mieux, mon ami; mais je ne peux pas, parce que madame Pinchon est au marché, où je dois l'aller reprendre; et si j'y manquais, vois-tu, cela serait mal.

BERTRAND.

J'en suis fâché ! alors... je voulais te dire... Il me faudra de l'argent pour mon voyage; et comme je ne veux pas en demander à M. le Comte, il faut que tu m'en prêtes.

PINCHON.

Pour ça, cousin, et avec plaisir. Mais auparavant,

il faut que j'n parle à madame Pinchon, parce que si je faisais quelque chose sans la consulter...

BERTRAND.

Ah ça! quel diable d'homme es-tu donc? tu ne peux donc rien faire sans sa permission?

PINCHON.

C'est là le bonheur du ménage, mon ami; c'est ce qu'il y a de plus doux, tu le verras.

BERTRAND.

A la bonne heure. Je n'ai plus qu'un service à te demander, si toutefois madame Pinchon, ma cousine, ne s'y oppose pas. Écoute, je vais partir d'ici avec M. Édouard. Nous allons voir les Grecs.

PINCHON.

Les Grecs!

BERTRAND.

Oui. Je n'ai jamais servi dans ce régiment-là; mais les Grecs, vois-tu, ce sont de braves gens, des malins qui ne boudent pas. Il paraît qu'on se bat chez eux, et gaillardement; c'est même le seul endroit, dans ce moment, où il y ait des coups à gagner; et comme je connais M. Édouard, il ira en amateur.

PINCHON.

Tu crois?

BERTRAND.

Or, malgré ma jambe, tu sens bien que je ne le laisserai pas en route.

PINCHON.

Quoi! tu n'es pas content de ce que tu as déja?

BERTRAND.

Non; l'appétit vient en mangeant, comme on dit;

et si le hasard voulait... tu m'entends bien, c'est dans les possibles, je te prie de remettre cette lettre et ces papiers à la personne que tu sais bien. Ce n'est pas pour cela que je les avais pris; mais enfin, c'est dans ces cas-là que l'on compte sur ses amis.

PINCHON.

Et tu peux compter sur moi à la vie et à la mort. Dieux! pour un cousin, pour un ami, il n'y a rien que je ne puisse braver. Dis donc, je pourrai parler de cette commission-là à madame Pinchon; ça ne te fâchera pas?

BERTRAND.

Du tout; j'aurais voulu seulement l'embrasser avant mon départ.

PINCHON.

Eh bien! sois tranquille, je vais la prendre au marché, et de là, tous les deux, nous reviendrons par chez toi. Que diable, d'ici à tantôt, tu ne seras pas parti; il n'est encore que... (Regardant sa montre.) Ah! mon Dieu, onze heures! et pendant que je cause là, mes affaires ne se font pas. (Allant à la fenêtre, à gauche.) Jean, attelle toujours Grisette à la cariole.

BERTRAND.

Mais écoute-moi donc.

PINCHON.

Nous parlerons de cela en marchant, parce que ma femme va m'attendre.

Air de la valse des Comédiens.

Depuis c' matin je suis séparé d'elle;
De mon absence ell' me gronde toujours.

BERTRAND.

C'est un tourment qu'un amour si fidèle.

PINCHON.

Ce tourment-là, c'est l' bonheur de mes jours.
Quand ell' se fâche, hélas! elle est si bonne!
C'est pour mon cœur un plaisir toujours neuf;
Et quand près d' moi j' n'entends gronder personne,
La peur me prend, il m' sembl' que je suis veuf.

ENSEMBLE.

Depuis c' matin $\left\{\begin{array}{l}\text{je suis}\\\text{il est}\end{array}\right\}$ séparé d'elle,

De $\left\{\begin{array}{l}\text{mon}\\\text{son}\end{array}\right\}$ absence ell' $\left\{\begin{array}{l}\text{me}\\\text{le}\end{array}\right\}$ gronde toujours.

C'est un tourment qu'un amour si fidèle;

Mais c' tourment-là, c'est l' bonheur de $\left\{\begin{array}{l}\text{mes}\\\text{ses}\end{array}\right\}$ jours.

(Ils sortent par le fond.)

SCÈNE IX.

ÉDOUARD, *sortant de sa chambre; il va à la porte du fond, et regarde en dehors pour s'assurer que Pinchon et Bertrand sont partis.*

Enfin, ils s'éloignent; j'ai vu mon père et ces dames monter en voiture; tout le monde est parti, et, grace au ciel, me voilà seul dans la maison. Sans cette maladie, que j'ai si heureusement imaginée, impossible de rester en tête à tête avec Suzette. Je tremble, je ne puis rester en place; et ce que j'éprouve cependant a un charme indéfinissable. Momens d'inquiétude et d'espoir, de crainte et de plaisir; momens qui précédez un premier rendez-vous!

ah! vous êtes plus doux encore que tous ceux qui le suivent. J'entends du bruit, c'est elle, je la reconnais au bruit léger de ses pas, et plus encore aux battemens de mon cœur; mon sang se précipite avec violence. Quelques momens de plus, et j'y succomberais; mais non, plus de doute, voici le bonheur, voici Suzette, courons. Ciel! mon père!

SCÈNE X.

ÉDOUARD, M. DE BREMONT.

M. DE BREMONT.

Eh bien! mon ami, comment cela va-t-il? je venais savoir de tes nouvelles. (Le regardant.) Ah! mon Dieu! toi que j'avais laissé en négligé, te voilà en grande tenue.

ÉDOUARD.

Oui, je me suis senti beaucoup mieux, et j'allais sortir. Mais vous, mon père, comment n'êtes-vous pas à la chasse?

M. DE BREMONT.

J'étais parti, je me suis senti indisposé, et j'ai préféré rester ici pour te tenir compagnie.

ÉDOUARD.

Vous êtes bien bon. (A part.) O ciel! (Haut.) C'est étonnant, malgré cela, que vous qui, ce matin, vous portiez si bien, vous soyez tout à coup malade!

M. DE BREMONT.

Il est bien plus étonnant encore, que toi qui, ce

matin, étais si malade, tu te portes tout à coup aussi bien. En tout cas, l'avantage est pour toi, et j'aimerais mieux ta situation que la mienne.

ÉDOUARD, à part.

Oui, elle est jolie! Je n'y tiens plus, je suis sur les épines. Allons du moins prévenir Suzette.

(Il va pour sortir.)

M. DE BREMONT.

Eh bien! où vas-tu donc?

ÉDOUARD.

Rien. J'allais au jardin, j'allais à la ferme de Pinchon, pour régler avec lui.

M. DE BREMONT.

S'il en est ainsi, je t'accompagnerai.

ÉDOUARD, à part.

Quel supplice!

Air : Fils imprudent, époux rebelle.

D'une affaire qui m'intéresse
Je m'occupais...

M. DE BREMONT.

Parlons-en sur-le-champ.
Eh quoi! ma demande te blesse,
Et mon aspect t'importune!

ÉDOUARD, vivement.

Comment?
Non pas, mon père, non vraiment.
(D'un air embarrassé.)
Mais le motif de cette affaire...

M. DE BREMONT, sévèrement.

Ne saurait être honorable, mon fils,
Dès qu'il vous fait redouter les avis
Et les regards de votre père.

ACTE I, SCÈNE X.

ÉDOUARD.

Quoi! vous pourriez supposer... Je ne savais pas moi-même où j'allais.

M. DE BREMONT, sévèrement.

Eh bien! moi, je vais te l'apprendre. Tu vas chercher Suzette pour retrouver ce rendez-vous que tu lui avais donné, et auquel elle ne viendra pas.

ÉDOUARD.

O ciel! qui a pu vous dire...

M. DE BREMONT.

Suzette elle-même que je viens d'interroger, et qui, en fondant en larmes, m'a tout avoué.

ÉDOUARD, à part, et comme anéanti.

Grand Dieu!

M. DE BREMONT, s'approchant d'Édouard, et avec douceur.

Édouard! c'est la protégée de ta mère, c'est presque ta sœur; c'est une jeune fille sans expérience, dont tu aurais dû être le protecteur et l'appui. C'est elle que tu voulais séduire!

ÉDOUARD.

Mon père!

M. DE BREMONT.

Oui, tels étaient tes desseins.

ÉDOUARD.

Eh bien, oui, mon père. Mon seul espoir était de vous cacher un amour qui devait exciter votre colère. Mais puisque vous savez tout, et que je n'ai plus rien à ménager, je vous dirai que j'adore Suzette, que je ne puis vivre sans elle; que mon seul bonheur, mon seul désir est d'en faire ma femme.

M. DE BREMONT.

L'épouser! Écoute, Édouard, je ne te rappellerai pas ce que disent en pareils cas les oncles et les pères; mais tu me connais; tu sais que rien ne me fait dévier de mon devoir; et, malgré ma tendresse pour toi, je te déclare que, plutôt que de consentir à un pareil mariage, j'aimerais mieux te voir mort.

ÉDOUARD.

Eh bien! vous serez satisfait; car si vous me refusez Suzette, si je ne puis l'obtenir, je me tuerai.

M. DE BREMONT.

Ah! vous voulez vous tuer! c'est là que je vous attendais. Eh bien! asseyez-vous là, monsieur, et écoutez-moi. (Ils s'asseyent.)

ÉDOUARD, à part.

Que veut-il me dire?

M. DE BREMONT.

Autrefois, monsieur, à dix-huit ans, j'étais un fou, un extravagant comme vous. J'aimais une jeune ouvrière, qui m'adorait, et qui était aimable, et jolie... comme Suzette; mais j'avais, par bonheur, un père sage et raisonnable... comme je le suis aujourd'hui. Je voulais aussi épouser l'objet de ma passion; car, à votre âge, monsieur, on épouse toujours; et comme vous (c'est l'usage) je menaçais de me tuer. Savez-vous quelle fut la réponse de mon père?

ÉDOUARD.

Non, vraiment.

M. DE BREMONT.

Exactement celle que je viens de vous faire : « J'aime

mieux te voir mort. » J'avais une mauvaise tête, et, quoique à dix-huit ans il me parût cruel de renoncer à la vie, à la gloire, à la brillante carrière qui s'ouvrait devant moi, je ne voulus point en avoir le démenti; et un beau jour, ma maîtresse et moi, nous prîmes le dernier chapitre de Werther, une dose d'opium, et nous nous empoisonnâmes de compagnie.

ÉDOUARD.

O ciel !

M. DE BREMONT.

Par malheur, on vint à notre secours, et par un plus grand malheur encore, mon père, en voyant un tel amour, se relâcha de ses principes, et eut la faiblesse de consentir à cette union. Un an après, nous plaidions en séparation, et j'étais le plus malheureux des hommes. Voilà, monsieur, voilà comment, la plupart du temps, commencent et finissent les mariages d'inclination.

ÉDOUARD.

Que m'apprenez-vous là ?

M. DE BREMONT.

Ce que vous auriez dû toujours ignorer. Quelque temps après, je devins veuf, et cette fois je contractai un mariage de raison. J'épousai votre mère, que j'appréciais, que j'estimais, mais que je n'adorais pas. L'amour est venu plus tard, vous le savez; non cet amour qui tient du délire des sens, ou de l'imagination, mais cet amour véritable, cimenté par le temps, par notre bonheur mutuel, par toutes les vertus que je découvrais en elle. Cette félicité de tous les instants,

27.

cette paix intérieure du ménage, vous en avez été témoin : que ce souvenir-là vous guide ; pensez à votre mère et choisissez.

ÉDOUARD.

A cela je n'ai rien à dire, sinon que votre première inclination était indigne de vous; mais que Suzette a été recueillie, élevée par ma mère, et que les vertus qu'elle en a reçues peuvent répondre d'elle et de sa constance.

M. DE BREMONT, se levant; Édouard se lève aussi.

Et qui me répondra de la vôtre? Quoiqu'un père doive ignorer bien des choses, elle n'est pas la première que vous aimiez, je le sais; et quand cette première ardeur se sera évaporée, que votre amour pour elle sera dissipé, il ne vous restera plus rien que le sentiment de votre faute et les regrets de l'avoir commise. Ce sont ces regrets que ma prudence veut vous épargner; et jusqu'à ce que la raison vous revienne, je saurai bien vous rendre heureux malgré vous. Dès ce soir donc vous quitterez ces lieux.

ÉDOUARD.

Moi!... que dites-vous?

SUZETTE, qui est entrée sur ces derniers mots, mais qui reste au fond du théâtre.

O ciel! il va partir!

M. DE BREMONT.

Et voici Suzette elle-même, à qui j'ai ordonné de venir ici pour recevoir vos adieux.

ÉDOUARD, allant à elle.

Jamais je n'y consentirai; et si vous me forcez à

ACTE I, SCÈNE X.

quitter Suzette, le dessein dont je vous parlais tout à l'heure, je vous jure que je l'exécute à l'instant.

M. DE BREMONT.

Malheureux!

Air du vaudeville des Scythes.

Un pareil mot est sorti de ta bouche;
Tu veux t'armer de mes propres aveux :
Eh bien, ingrat, puisque rien ne te touche,
Va, laisse-moi, va mourir, tu le peux!
D'autres que toi me fermeront les yeux.
    Par un châtiment bien sévère,
Mes anciens torts aujourd'hui sont punis :
Ainsi jadis j'abandonnai mon père,
J'ai mérité d'avoir un pareil fils;
Je devais avoir un pareil fils.

ÉDOUARD, se jetant à ses pieds.

Pardon! pardon, mon père!

M. DE BREMONT.

Oui, ce nom me rappelle mes devoirs, et je sais maintenant ce qu'il me reste à faire. Allez au salon retrouver ces dames; plus tard vous connaîtrez mes ordres. Laissez-nous.

(Édouard s'incline, et rentre dans la chambre à droite.)

SCÈNE XI.

M. de BREMONT, SUZETTE.

M. DE BREMONT.

Ainsi, et pour la première fois de sa vie, mon fils me désobéit. Vous voyez, Suzette, ce dont vous êtes cause.

SUZETTE.

Oui, monsieur, je vois que j'ai apporté le trouble et le désordre dans cette maison, où je n'ai reçu que des bienfaits. Mais je ne souffrirai pas que votre fils s'éloigne; je ne veux pas que pour moi vous soyez privé de sa présence et de sa tendresse. Qu'il reste dans la maison paternelle, et moi, monsieur, chassez-moi.

M. DE BREMONT.

Et où iras-tu? Non, Suzette, non, mon enfant, je ne suis point injuste; si tu as des torts, ils sont involontaires, et ta conduite de ce matin, la franchise de tes aveux, suffiraient pour me les faire oublier. Je te dirai plus; je t'estime, je t'aime, et je reconnais en toi des qualités et des vertus que je voudrais voir dans la femme de mon fils. Mais je n'ai pas besoin d'ajouter qu'une pareille union est impossible, non parce que je suis noble et que tu ne l'es pas, ma noblesse date d'hier, et je ne la dois qu'à mon épée, mais je parle pour ton bonheur, pour celui d'Édouard. Il est des convenances qu'on doit respecter, et la société se venge sur ceux qui osent les braver. Si mon fils épousait la femme de chambre de sa mère, dans ce monde où il voudrait t'introduire, l'opinion te repousserait, lui-même s'en apercevrait. C'est dans toi qu'il serait humilié, et bientôt il ne t'aimerait plus; car l'amour-propre est malheureusement le premier mobile de l'amour. Alors, dédaignée par le monde, abandonnée par ton mari, il ne te resterait que moi, ma fille, que moi, qui suis bien vieux, et qui ne te consolerais pas long-temps.

SUZETTE.

Oui, oui, vous avez raison, je serais bien malheureuse; mais dussé-je l'être plus encore, qu'importe? je serais à lui.

M. DE BREMONT, à part, la regardant avec compassion.

Pauvre enfant, c'est toujours le même langage; voilà comme j'étais. (Haut.) Tu l'aimes donc bien?

SUZETTE.

Plus que moi, plus que ma vie, mais non plus que mes devoirs.

M. DE BREMONT.

Eh bien! ce sont ces devoirs que j'invoque et que je te rappellerai. Orpheline, abandonnée de tous, tu allais périr quand ma femme t'a recueillie; elle t'a élevée comme son enfant; mais bientôt sa tendresse inquiète s'alarma de l'attachement qu'Édouard te portait, et prévoyant à son lit de mort les malheurs de l'avenir, elle t'a écrit, et sa lettre, la voici.

SUZETTE.

Oui, c'est bien son écriture, et c'est à moi qu'elle s'adresse. (Elle baise la lettre, l'ouvre, puis la lit tout bas avec émotion.)

O ciel! ma bienfaitrice implore ma pitié! elle me recommande votre bonheur et celui de son fils. (Tombant aux pieds de M. de Bremont.) Monsieur, je suis à vos pieds; ordonnez de moi et de mon sort.

M. DE BREMONT, la relevant.

Suzette, Suzette, c'est moi qui te remercie; ne parle plus de bienfaits, c'est moi qui suis maintenant ton débiteur.

SUZETTE.

Que dois-je faire?

M. DE BREMONT.

Renoncer à Édouard, à ton amour.

SUZETTE.

Je vous l'ai déja promis.

M. DE BREMONT.

C'est peu encore; il faut lui ôter tout espoir; il faut te faire à toi-même un devoir de l'oublier, et pour cela, Suzette, il faut te marier, et sur-le-champ.

SUZETTE.

O ciel! (Se reprenant.) Je tiendrai ma parole, monsieur; je vous obéirai.

M. DE BREMONT.

Tu peux t'en rapporter à moi du soin de ton bonheur, du soin de te choisir un honnête homme, un galant homme.

SUZETTE.

Présenté par vous, cela suffit; je l'accepterai.

M. DE BREMONT.

Et, quant à votre avenir, quant à votre fortune...

SUZETTE, l'interrompant.

Ah, monsieur!...

M. DE BREMONT.

Pardon, je t'ai offensée : on ne paie pas de pareils sacrifices; mais l'amitié, du moins, peut les acquitter, et la mienne est à toi pour la vie.

SUZETTE, se jetant dans ses bras.

Ah! voilà tout ce que je demande.

M. DE BREMONT.

Allons, allons, il faut du courage; laisse-moi, laisse-moi, mon enfant; je vais penser à tout cela, et je compte sur toi; j'y compte.

SCÈNE XII.

M. DE BREMONT, seul.

Ah! sans doute, il faut du courage, il en faut; car vingt fois j'ai été tenté de l'appeler ma fille, et de lui donner mon consentement. Voilà comme on fait des folies, comme on se prépare des regrets. (S'essuyant les yeux.) Allons, allons, la sensibilité ne vaut rien en pareille affaire. Ma raison, ma propre expérience, tout me dit que j'agis bien, qu'un chagrin d'un instant doit assurer leur bonheur à tous. En un mot, c'est mon devoir, et ma devise, à moi, c'est : « *Fais ce que dois, advienne que pourra.* » L'important est de presser les événemens, et de chercher d'abord ce mari. (Il réfléchit un instant.) Mais quand j'y pense; et pourquoi pas? Je ne connais pas au monde de plus brave homme que celui-là; de l'honneur, de la probité, la bonté même.

SCÈNE XIII.

M. DE BREMONT; BERTRAND, *en costume de voyageur, redingote bleue, chapeau militaire, et le sac sur l'épaule.*

BERTRAND, au fond, et portant la main à son chapeau.

Mon général, présent, avec armes et bagages, et prêt à partir au premier roulement.

M. DE BREMONT.

J'ai changé d'idée; tu ne partiras pas.

BERTRAND, transporté de joie, mettant son sac et son chapeau sur un fauteuil, et s'approchant de M. de Bremont.

Que dites-vous? il serait possible!

M. DE BREMONT.

J'ai un autre service à te demander.

BERTRAND.

Qu'est-ce que c'est?

M. DE BREMONT.

Il faut te marier.

BERTRAND.

Me marier!

M. DE BREMONT.

J'attends cela de ton attachement et de ton amitié.

BERTRAND.

Permettez, général; c'est autre chose.

Air du vaudeville de la Somnambule.

Je sais c' que j' dois de r'connaissance
A vos bontés, à vos soins généreux;
Mais ça n' va pas jusqu'à braver la chance
D'un hymen plus que périlleux :

ACTE I, SCÈNE XIII.

Mieux vaut cent fois affronter un' batterie ;
Car, vous l' savez, j' vous ai voué mon bras :
J' vous dois mon cœur, et mon sang et ma vie ;
Mais, général, la tête n'en est pas.

M. DE BREMONT.

Cela va sans dire ; aussi tu ne risques rien ; un ange de douceur et de bonté, un vrai trésor.

BERTRAND.

C'est égal, j'ai déja pris la liberté de vous dire (montrant son cœur) que la position était occupée par des forces supérieures ; ce qui veut dire que j'aime quelqu'un.

M. DE BREMONT.

Quelle que soit cette personne, elle ne peut valoir Suzette.

BERTRAND.

Suzette !... est-il possible !... mais c'est elle que j'aime, et que je n'osais vous demander.

M. DE BREMONT.

Vraiment !... eh bien ! il me sera doux d'assurer le bonheur des deux personnes que j'estime et que j'aime le plus au monde.

BERTRAND.

Je n'y tiens plus ; ça m'étouffe ; cela me suffoque ; et je n'ai qu'un regret, c'est de ne pouvoir me faire tuer pour vous.

M. DE BREMONT.

Aujourd'hui, cela ne se peut pas ; cela dérangerait ton mariage.

BERTRAND.

C'est juste ; vous avez raison ; mais ça se retrouvera, mon général, ça se retrouvera, faut l'espérer.

Avant tout, cependant, vous m'assurez que mademoiselle Suzette y consent.

M. DE BREMONT.

Oui, mon garçon, pourquoi pas? tu as trente-six ans, tu es jeune encore, tu es bien fait.

BERTRAND, montrant sa jambe.

Oui, si ce n'était ce qui me manque.

M. DE BREMONT.

Qu'importe? c'est un malheur, et tu ne m'as jamais expliqué comment cela t'arriva il y a deux ans. Que diable! dans notre état, on n'a jamais vu se casser la jambe en tombant.

BERTRAND.

Il est de fait que je méritais mieux que cela; mais de ce temps-ci les boulets sont rares; il n'y en a pas pour tout le monde. Enfin c'est toujours là ce qui me faisait trembler.

M. DE BREMONT.

Tiens, voilà Suzette elle-même qui va te rassurer.

SCÈNE XIV.

Les précédens; SUZETTE, *entrant par le fond.*

FINAL.

(Fragment du final du deuxième acte de la Dame blanche.)

M. DE BREMONT, allant au-devant de Suzette.

Approchez-vous, ma chère fille.

BERTRAND, à part.

Dieu! qu'elle est aimable et gentille!

M. DE BREMONT.

Vous m'avez promis ce matin
De prendre un époux de ma main;
Et le voici.

SUZETTE.

Grand Dieu!

BERTRAND, bas à M. de Bremont.

Mon général, je tremble.
Je ne pourrai jamais lui plaire, ce me semble.

M. DE BREMONT, à Suzette.

Et je ne l'aurais pas choisi,
Si j'en avais connu de plus digne que lui.

BERTRAND.

Elle se tait, plus d'espérance.

M. DE BREMONT, à Suzette.

Parlez.

SUZETTE, avec émotion.

Vous étiez sûr de mon obéissance.

BERTRAND.

Qu'entends-je! quel bonheur!

(A Suzette.)
Vous consentez?

SUZETTE.

Oui, monsieur.

(M. de Bremont fait passer Suzette auprès de Bertrand.)

BERTRAND.

Allons, allons, je r'prends courage :
Eh quoi! j'ai su toucher son cœur!
Aussi, dans notre heureux ménage,
Je ne vivrai qu' pour son bonheur.
Qu'elle est jolie! et quel est mon bonheur!

M. DE BREMONT.

ENSEMBLE.

Par sa vertu, par son courage,
De mon fils je sauve l'honneur.
Tout va bien, et ce mariage
De nous tous fera le bonheur.

SUZETTE.

Oui, c'en est fait, l'hymen m'engage,
Immolons-nous pour son bonheur;
Allons, redoublons de courage,
Cachons le trouble de mon cœur.

SCÈNE XV.

LES PRÉCÉDENS; TOUTES LES DAMES ET LES CAVALIERS DU CHATEAU; *puis* ÉDOUARD, *qui arrive après eux.*

M. DE BREMONT.

Venez, mes amis, venez tous,
Car aujourd'hui pour nous s'apprête
Nouveau plaisir, nouvelle fête.
Nous signons au château le contrat d'un époux;
Toute la compagnie à la noce est priée.

ÉDOUARD, qui vient d'entrer.

Ces époux, qui sont-ils?

M. DE BREMONT, lui présentant Suzette.

Voici la mariée.

TOUS.

Quoi! c'est Suzette!

ÉDOUARD.

O ciel!

SUZETTE.

Moi-même.

M. DE BREMONT.

Eh oui vraiment:
Faites-lui votre compliment.

(Bertrand prend Suzette par la main, et la présente aux dames de la société, dont elle reçoit les complimens.)

ÉDOUARD, interdit.

Je n'y puis croire encor: quel est donc ce mystère?

M. DE BREMONT.

Oui, c'est elle qui l'a voulu.

(A voix basse.)

Pour son honneur, sachez vous taire,
Et rougissez d'avoir moins de vertu.

ÉDOUARD, à part.

Cet hymen, qui me désespère,
N'aura pas lieu, je le promets.

M. DE BREMONT, de même, l'observant.

Et moi,
Je promets de veiller sur toi.

BERTRAND.

Allons, allons, prenons courage :
Puisque j'ai su toucher son cœur,
Je veux, dans l'hymen qui m'engage,
Ne vivre que pour son bonheur.
Qu'elle est jolie! et quel est mon bonheur !

M. DE BREMONT.

Par sa vertu, par son courage,
De mon fils je sauve l'honneur ;
Tout va bien, et ce mariage
De nous tous fera le bonheur.

SUZETTE.

ENSEMBLE.

Oui, c'en est fait, l'hymen m'engage,
Immolons-nous pour son bonheur ;
Allons, redoublons de courage,
Cachons le trouble de mon cœur.

ÉDOUARD.

Oui, je romprai ce mariage,
Qui doit me ravir le bonheur ;
De dépit, d'amour et de rage
Je sens là tressaillir mon cœur.

CHOEUR DE CAVALIERS ET DE DAMES.

A la noce, moi, je m'engage ;
Je veux y danser de bon cœur :
Chantons cet heureux mariage,
Chantons, chantons tous leur bonheur.

(Bertrand donne la main à Suzette, et sort avec elle ; les dames la suivent. M. de Bremont arrête Édouard, qui voulait aussi suivre Suzette. Édouard, accablé de douleur, se jette sur un fauteuil. La toile tombe.)

FIN DU PREMIER ACTE.

ACTE SECOND.

Le théâtre représente un pavillon élégamment décoré; porte au fond. A la droite de l'acteur, une croisée garnie d'une persienne. A gauche, un appartement dont la porte reste toujours fermée; auprès de la porte, à droite, un paravent non déployé.

SCÈNE PREMIÈRE.

PINCHON, Mme PINCHON.

Mme PINCHON.

Et moi, je ne le veux pas.

PINCHON.

J'entends bien, ma petite femme; aussi ce n'est pas moi qui le veux, c'est le général.

Mme PINCHON.

N'importe, tu ne devais pas le souffrir; laisser partir ce brave Bertrand, qui est notre parent, notre ami. Enfin, c'est l'honneur de la famille; c'est le seul militaire que nous ayons; et s'il était tué, ça n'est pas toi qui le remplacerais.

PINCHON.

Ce n'est pas là ce que tu me disais il n'y a pas bien long-temps encore.

Mme PINCHON.

Mon Dieu, monsieur Pinchon, il y a temps pour tout; et il ne s'agit pas de cela dans ce moment. Bertrand est-il parti?

PINCHON.

Je le crois, car il a été chez lui prendre son paquet, et d'puis on ne l'a plus revu.

M{ME} PINCHON.

Et nous ne l'avons pas embrassé! nous ne lui avons seulement pas demandé s'il avait besoin de nos services!

PINCHON.

Si fait, si fait, à telles enseignes que c'est lui qui m'a demandé de l'argent; mais je ne voulais pas sans te prévenir...

M{ME} PINCHON.

Est-ce que tu as besoin de mon consentement pour obliger un ami? Faut-il être bête!

PINCHON.

Est-elle bonne! a-t-elle un bon cœur! Il n'y a pas une femme comme celle-là.

M{ME} PINCHON.

De sorte que ce matin, pendant que j'étais au marché, pendant que je m'occupais des affaires de la maison, tu n'as rien fait que des bêtises; tu n'as pas même eu l'esprit de payer nos arrérages, et d'avoir notre quittance.

PINCHON.

Puisque dans cette famille personne ne veut d'argent. Le père dit que cela regarde son fils, parce que c'est le bien de sa mère, et qu'il est majeur; et le fils m'a dit qu'il n'avait pas le temps, et que d'ailleurs il compterait plus tard avec toi, et qu'il t'attendrait ici, dans le pavillon.

M{ME} PINCHON.

Et moi, j'ai voulu que tu vinsses avec moi.

ACTE II, SCÈNE I.

PINCHON.

Et pourquoi?

Mme PINCHON.

Parce que... Je n'ai pas besoin d'autre raison. Je te dis... parce que.

PINCHON.

C'est juste. Fallait me le dire plus tôt.

Mme PINCHON.

C'est que ces hommes... celui-là surtout, ça ne se doute de rien, ça ne pense à rien ; et si on n'avait pas de la tête pour deux, je ne sais pas ce que deviendrait la sienne.

PINCHON.

Comment, ma femme?

Mme PINCHON.

Tout ça, ce sont des affaires de ménage qui ne te regardent pas. Puisque Bertrand est parti, il faut au moins, en son absence, veiller à ses intérêts. As-tu vu mademoiselle Suzette? lui as-tu parlé de notre cousin?

PINCHON.

Puisque tu t'en étais chargée.

Mme PINCHON.

C'est juste ; mais ce départ-là changeait tout.

PINCHON.

Il fallait donc me le dire. Quand tu ne me dis pas le matin ce qu'il faut faire le soir, moi qui n'ai pas l'habitude de penser tout seul..

Mme PINCHON.

Allons, allons, rien n'est désespéré, je r'arrangerai tout cela.

PINCHON.
Mais c'est qu'aussi tu me grondes sans cesse.

Mme PINCHON.

Air : Un homme, pour faire un tableau.

Oui, plaignez-vous, mon cher époux ;
En vérité, je suis trop bonne :
Mais si j'eus des torts envers vous,
Faisons la paix, je te pardonne.

PINCHON.
Voyez l' beau dédommagement !
C' te paix-là pour toi n'est pas chère.

Mme PINCHON, *tendant la joue et lui faisant signe de l'embrasser.*

C'est quelque chose cependant,
Que d' payer les frais de la guerre.

PINCHON.
Dieu ! quelle femme j'ai là ! quelle bonne petite femme ! *(Il va pour l'embrasser.)*

Mme PINCHON.
Mais finissez donc, monsieur Pinchon ; car voici M. le comte.

SCÈNE II.

Les précédens ; M. de BREMONT ; SUZETTE, *en costume de mariée.*

M. DE BREMONT.
Bien, Suzette, très bien ; je suis content de toi, mon enfant.

(Au moment où M. de Bremont entre avec Suzette, Pinchon et sa femme s'éloignent un peu vers la gauche du théâtre.)

Mme PINCHON.
M. le comte qui donne la main à Suzette. Suzette en belle parure ; qu'est-ce que cela signifie ?

M. DE BREMONT.

Cela signifie, madame Pinchon, que Suzette vient de se marier.

PINCHON ET Mme PINCHON.

Se marier !

M. DE BREMONT.

A l'instant même le contrat est signé.

Mme PINCHON.

Ah ! mon Dieu ! (A son mari.) Tu vois ce que tu as fait, ce dont tu es cause ; il est trop tard maintenant.

M. DE BREMONT.

Trop tard, et pourquoi ?

Mme PINCHON.

Pour lui parler de quelqu'un qui, depuis deux ans, l'aime comme un fou, sans oser en dire un mot ; et c'est moi, monsieur le comte, qui m'étais chargée de l'apprendre à Suzette ; car c'est bien l'amour le plus vrai, le plus honnête !

M. DE BREMONT.

Je le crois ; mais il est maintenant trop tard.

Mme PINCHON, pleurant.

Hélas ! c'est vrai, elle est mariée ; je dois me taire : mais quand je pense à ce pauvre Bertrand !

M. DE BREMONT.

Bertrand !

Mme PINCHON.

Eh oui ! c'est lui qui l'adorait.

M. DE BREMONT.

Eh ! c'est lui qui vient de l'épouser.

PINCHON ET Mme PINCHON.

Il serait possible !

M. DE BREMONT.

Oui, mon enfant; parle maintenant, parle tant que tu voudras, je ne t'en empêche pas.

(Mme Pinchon et son mari passent du côté de Suzette, qui se trouve entre eux; M. de Bremont est à gauche.)

Mme PINCHON.

Que je suis contente! et que je lui en fasse mon compliment. Cette chère Suzette, la voilà donc notre cousine. Mais comment ça s'est-il fait? vous vous en êtes donc douté, vous l'avez donc deviné? car jamais ce pauvre Bertrand n'aurait pris sur lui-même... Imaginez-vous que tous les soirs il venait à la ferme, et il me disait : « Je n'ose pas, elle ne voudra pas de moi, « elle me repoussera. » En parlant ainsi, de grosses larmes roulaient dans ses yeux; et si vous saviez ce que c'est que de voir pleurer un militaire, ça fait mal.

PINCHON.

Et ce matin, quand il croyait partir, ces papiers qu'il m'avait confiés pour vous, et que je devais vous remettre, en cas de malheur; tout ce qu'il avait, tout ce qu'il tenait de la générosité de M. le comte, c'est à vous, mademoiselle, qu'il les donnait.

SUZETTE.

Que me dites-vous?

PINCHON.

Les voilà; ça appartient maintenant, non pas à lui, non pas à vous, mais à tous les deux, ce qui vaut bien mieux, sans compter ce que fera encore M. le comte, car je suis bien sûr...

SUZETTE.

Monsieur Pinchon!

M. DE BREMONT.

Il suffit, cela me regarde; maintenant, mes amis, laissez-nous.

Mme PINCHON.

C'est que nous voulions parler à M. votre fils pour nos arrérages, et nous l'attendions ici.

M. DE BREMONT.

Il n'habite plus ce pavillon, j'en ai disposé; mais si vous voulez le voir au château, ne perdez pas de temps, dépêchez-vous, car dans deux heures il sera sur la route de Paris.

Mme PINCHON.

Eh vite! dépêchons-nous. Adieu, monsieur le comte; au revoir, cousine. Je n'ai pas encore osé vous embrasser, quoique j'en aie bien envie.

SUZETTE.

Ah! madame! ah! ma cousine!

Mme PINCHON.

Quoique élevée mieux que nous, je sais que vous êtes bonne, que vous n'êtes pas fière, et vous nous permettrez de vous aimer comme nous aimons Bertrand, n'est-il pas vrai? Eh bien, monsieur Pinchon, tu me laisses là, et v'là que j'm'attendris. Viens-t'en donc vite. Adieu, monsieur le comte; adieu, madame Bertrand.   (Elle sort avec Pinchon.)

SCÈNE III.

M. DE BREMONT, SUZETTE.

M. DE BREMONT.

Nous sommes seuls enfin, et je puis te remercier de ton courage et de ta générosité; tu en seras récompensée, j'aime à le croire, et Bertrand te rendra heureuse; tu sais maintenant combien il t'aime; et malgré cet amour, tu as vu sa soumission, son respect, quand tu lui as dit que tu désirais me parler, rester seule avec moi.

SUZETTE.

Ah! je lui en sais gré; ce que vous m'avez dit, ce que je viens d'entendre, tout cela me rassure. Je pense, comme vous, que Bertrand est un honnête homme; je désire l'aimer, j'y ferai mon possible.

M. DE BREMONT.

Et tu y parviendras. (Après un instant de silence.) Je vais partir, Suzette, et j'emmène avec moi mon fils.

SUZETTE fait un mouvement et se reprend.

Ah! tant mieux.

M. DE BREMONT.

Il n'a pas assisté à ton mariage.

SUZETTE.

Je l'en remercie.

M. DE BREMONT.

Ce remercîment-là, je le garde pour moi; car j'avais eu soin de l'enfermer à la clef, et je viens seulement tout à l'heure de lui rendre la liberté. Je donne à Bertrand et à toi, Suzette, ce pavillon qui est à l'extrémité de mon parc, et les trente arpens qui en dépendent : c'est bien peu, j'en conviens; mais j'ai craint que si l'on se doutait déja de l'amour de mon fils, un présent plus considérable ne confirmât les soupçons; et avant de songer à la fortune de ton mari, j'ai songé d'abord à son honneur, à son repos : plus tard, je verrai.

SUZETTE.

Ah! monsieur le comte, c'est déja trop; et par une telle générosité, c'est porter préjudice à votre fils.

M. DE BREMONT.

Que ta délicatesse se rassure ; je lui ai montré cet acte; il l'a eu entre les mains, et c'est lui qui l'a signé et cacheté; tu peux donc l'accepter, et sans scrupule. (Il présente le paquet cacheté à Suzette, qui le prend.) Adieu, je te laisse chez toi, et avec ton mari.

(Il sort.)

SCÈNE IV.

SUZETTE, *seule*.

Mon mari! je suis donc mariée? je ne puis le croire encore; et avec qui? Pauvre Bertrand! m'aimer depuis deux ans sans me l'avouer, sans me le dire! et comment ne m'en suis-je jamais aperçue? Ah! c'est que mon cœur et mes yeux n'étaient pas là. Pourvu qu'il n'ait pas de soupçons, pourvu qu'il ne se doute pas de l'amour d'Édouard. Heureusement notre jeune maître s'éloigne, et je veux tout oublier, oui, tout, (regardant le papier) excepté ses bienfaits. Que je voie encore son écriture, et ce sera la dernière fois;

oui, je le jure, la dernière fois que je penserai à lui. Voici donc cet acte... O ciel! une lettre de lui! (la lisant à la hâte) « Tu es mariée, et je n'ai pu l'empêcher; mais « si mon bonheur, si mes jours te sont chers, il faut « qu'avant mon départ je te voie, ne fût-ce que cinq « minutes. » (S'interrompant.) Qui? moi! jamais! (Lisant.) « Si tu y consens, si je puis me présenter à tes yeux, « ouvre le volet du pavillon. Si tu me refuses, songe « que je suis là, sous ta fenêtre; que le fer est dirigé « contre mon sein, et que j'attends de toi la vie ou la « mort : prononce. » — Ah! le malheureux! il le ferait comme il le dit! et c'est moi qui l'immolerais! Non, quoi qu'il arrive!... (Elle court à la fenêtre dont elle ouvre le volet.) On vient; est-ce déja lui? Non, c'est Bertrand; c'est mon mari.

SCÈNE V.

SUZETTE, BERTRAND, *en habit militaire.*

BERTRAND, se tenant près de la porte.

Ça vous dérange-t-il, mademoiselle Suzette?

SUZETTE.

Moi, M. Bertrand! non sans doute.

BERTRAND.

C'est que je voudrais vous parler un instant. (A part et s'avançant.) Elle est encore plus jolie comme ça; et dire qu'elle est ma femme, qu'elle est à moi... C'est égal, il me semble que je n'oserai jamais l'appeler madame Bertrand.

SUZETTE.

Hé bien, que me voulez-vous?

ACTE II, SCÈNE V.

BERTRAND.

Ce que je veux toujours, vous voir! car vous ne vous doutez pas, mademoiselle Suzette...; et vous ne croiriez pas que depuis deux ans...

SUZETTE.

Si, M. Bertrand, je le sais; je l'ai appris par vos amis, par M. et madame Pinchon, par M. le comte. C'est par eux que je connais toutes les vertus qui vous rendent digne d'estime et d'affection.

BERTRAND.

Ils ont parlé pour moi! c'est donc ça; et je comprends maintenant...; car je me doutais bien que ce n'était pas pour moi-même. (Regardant sa jambe.) Je me connais, mademoiselle Suzette; quoique, du reste, je sois aussi bon soldat qu'un autre... V'là toujours c' qui m'empêchait d'avancer et de me mettre en ligne; aussi, quand je vous vois, et que je me regarde, je me dis qu'il faut que vous soyez bien bonne. Je me dis que je suis trop heureux; et c'est ce bonheur-là, mademoiselle Suzette, dont je viens, d'abord, vous demander pardon.

SUZETTE.

Comment?

BERTRAND.

Oui, sans doute; quand M. le comte m'a appris cette nouvelle-là, ça m'a fait l'effet d'un boulet de canon, et j'ai accepté, sans savoir ce que je faisais, parce que, voyez-vous, mademoiselle Suzette, un boulet de canon ça vous étourdit, on n'y voit que du feu. C'est égal, on avance toujours. Mais quand j'ai été revenu du coup et de ma première surprise, je

me suis dit : « Faut au moins consulter mademoiselle
« Suzette, et lui donner le temps de se reconnaître. »
Je voulais donc vous proposer de différer de quelques
jours, de quelques semaines, non pas qu'ça me coûte
diablement, mais quand depuis deux ans on attend,
on commence à s'y habituer.

SUZETTE.

Hé bien, qui vous a empêché d'effectuer ce projet,
dont mon cœur eût été bien reconnaissant?

BERTRAND.

Ce qui m'en a empêché? une lettre anonyme, par
laquelle on me fait à savoir les expressions suivantes :
« Si tu épouses Suzette aujourd'hui, si tu ne diffères
« pas ce mariage, tremble pour tes jours. » Trembler!
je ne connais pas ça, et cette épître-là, c'est la cause
que je me suis marié sur-le-champ.

SUZETTE.

Et si l'on exécutait une pareille menace?

BERTRAND.

Qu'est-ce que ça me fait? Vous valez bien la peine
que l'on risque quelque chose; mais soyez tranquille,
je les connais; ils ne bougeront pas.

SUZETTE.

Oh ciel! est-ce que vous vous doutez de la personne
qui a pu vous écrire cette lettre?

(Elle s'approche de la fenêtre qu'elle avait ouverte, et la referme
doucement.)

BERTRAND.

Parbleu! c'est quelques uns de ces beaux messieurs
de Paris, de ces élégans qui habitent le château; car

vingt fois je l'ai vu de mes propres yeux. Ils vous aiment tous; oui, tous, excepté monsieur le comte et son fils : ceux-là, c'est différent, ce sont de braves gens, à qui je vous confierais sans crainte, parce que c'est l'honneur et la probité même, et après vous, mademoiselle Suzette, mon sang est à eux.

SUZETTE.

Oh ciel!

BERTRAND.

Qu'avez-vous?

SUZETTE.

Rien; je ne me sens pas bien.

BERTRAND.

Milzieux! seriez-vous indisposée? Peut-être qu'en ouvrant ce volet... (Il va vers la fenêtre.)

SUZETTE, le retenant.

Non; gardez-vous-en bien; cela se passera; c'est le trouble, l'émotion.

BERTRAND.

Je comprends, mademoiselle Suzette, je comprends cela, parce que, dans un jour comme celui-ci, un mari ça effraie toujours, surtout quand il est fait comme moi; mais tout ce que je vous demande, c'est de me parler avec franchise.

SUZETTE.

Je vous le promets.

BERTRAND.

Est-ce que, par hasard, vous m'aimiez?

SUZETTE.

Non pas encore.

BERTRAND.

C'est ce que je me disais; je m'en doutais bien

d'abord; vous ne pouvez pas m'aimer comme je vous aime; ça n'est pas possible, et je ne suis pas assez exigeant pour cela. De sorte qu'en m'épousant aujourd'hui, ce n'était donc que par amitié, par raison?

SUZETTE.

Oui, monsieur Bertrand.

BERTRAND.

Eh bien! vous n'en avez que plus de mérite à mes yeux. Je vous dois encore plus de reconnaissance que je ne croyais. Vous, si jeune et si jolie, que les amans et la séduction entourent de tous côtés, comme une brave et honnête fille, vous avez préféré un sort pauvre, mais honorable. Vous n'avez pas craint d'épouser un soldat. Eh bien! ce soldat vous en récompensera; sa vie entière sera employée à vous en remercier, à vous rendre heureuse. Que je meure, milzieux! si jamais je vous cause un seul chagrin, ou si je vous coûte une seule larme. Et d'abord, je n'ai pas besoin de vous le dire, je ne suis rien ici. Vous êtes la reine, la maîtresse; ordonnez, commandez; je n'ai plus maintenant d'autre colonel que vous. Ce beau pavillon que nous a donné monsieur le comte, la pension qu'il me fait, les deux cent cinquante francs de ma croix d'honneur, c'est à vous; je vous les abandonne.

Air de la Sentinelle.

Pour la parure et pour l'air élégant,
Je veux qu' ma femme éclips' toutes les autres;
Que j' suis heureux! c' ruban teint de mon sang
Va me servir pour acheter les vôtres.

Avec orgueil j' verrai ce front brillant
Paré des dons que j' tiens de la victoire :
Et je n' pourrai plus maintenant
Penser à mon bonheur présent,
Sans m' rapp'ler mon ancienne gloire.

Ainsi v'là qui est décidé. Dans les bals, dans les fêtes de village, on nous verra toujours ensemble; moi, par état, vous vous en doutez d'avance, je ne serai pas volage, je n'courrai pas après d'autres, je serai toujours à mon poste, auprès de vous, à vos côtés, non pour vous contraindre ni pour vous gêner dans vos plaisirs : faites comme si je n'y étais pas; seulement, quand vous aurez besoin d'appui, étendez la main, et rappelez-vous que je suis là.

SUZETTE.

Ah! monsieur, que de bontés!

BERTRAND.

Tout ce que j'attends de vous, c'est votre estime, votre amitié. Laissez-vous être heureuse, laissez-vous être aimée, et un jour ça vous gagnera peut-être. Vous vous direz : « Ce pauvre Bertrand! j'n'ai pas de « meilleur ami au monde; il m'aime tant! il ne faut « pas être ingrate. » Et vous qui avez si bon cœur, qui sait jusqu'où la reconnaissance peut vous mener ! C'est là dessus que je compte, mademoiselle Suzette; et en attendant ce moment-là, comme je me rappelle votre effroi, votre crainte de tout à l'heure, je veux avant tout vous rassurer, et vous prouver qu'il n'y a point de sacrifice que je ne fasse pour vous.

SUZETTE.

Que voulez-vous dire?

BERTRAND.

Que M. le comte nous a fait cadeau de ce pavillon, qu'il avait fait arranger comme pour lui-même; ce qui fait un assez joli bivouac; quand je dis un bivouac, c'est-à-dire qu'il y a là deux appartemens, qui sont les nôtres, et qui communiquent ensemble; en voici la clef; je vous la donne, mamzelle Suzette; et, sans jamais vous en rien dire, j'attendrai que vous m'aimiez assez pour me la rendre.

AIR : *Amis, voici la riante semaine.*

Nous attendons ce soir tout le village,
Et je vais tout disposer pour le bal;
Car vous dans'rez : ce doit êtr' de votre âge.

SUZETTE.

Eh quoi ! sans vous ?

BERTRAND.

Sans moi, ça m'est égal.
Seul'ment, ce soir, sans rien dire, en silence,
Derrière vous je compte me placer :
J' suivrai vos pas, et j'aurai, si je n' danse,
J'aurai du moins l' plaisir d' vous voir danser.

(Il sort.)

SCÈNE VI.

SUZETTE, *seule.*

Ah! l'honnête homme! que je voudrais l'aimer! et combien il le mérite! Pourquoi, hélas! ça ne dépend-il pas de moi? Pourquoi une autre image, que je voudrais... et que je ne puis bannir, est-elle toujours là, au fond de mon cœur! Mais je saurai du moins l'éloigner de mes yeux; je ferai mon devoir, je répondrai à la confiance de Bertrand; et, quoi qu'il arrive, je ne verrai plus M. Édouard. (En ce moment Édouard paraît à la croisée du pavillon.) O-ciel! c'est lui!

SCÈNE VII.

SUZETTE; ÉDOUARD, *à la croisée.*

ÉDOUARD.

Suzette, est-il parti?

SUZETTE.

Monsieur, que venez-vous faire en ces lieux? me perdre!

ÉDOUARD, courant auprès de Suzette.

Non; mais je viens réclamer mes droits, ces droits que leur perfidie essaie en vain de m'enlever. Car tu étais à moi, tu m'appartiens par ton amour; je t'ai épargnée, je t'ai respectée; et quand je pense qu'aujourd'hui même un autre obtiendra un prix qui n'était dû qu'à moi; que ce Bertrand auquel on t'a sacrifiée...

SUZETTE.

Monsieur...

ÉDOUARD.

Cette idée seule fait bouillir mon sang dans mes veines.

SUZETTE.

Celui que j'ai épousé mérite mon estime, la vôtre; et c'est pour être digne de lui que je ne dois pas vous écouter plus long-temps. Laissez-moi.

ÉDOUARD.

Moi! te laisser! non. Quelque malheur, quelque danger qui me menace, je reste en ces lieux; rien ne pourra m'en arracher.

SUZETTE.

Quoi! pas même l'idée de compromettre mon bonheur ou ma réputation! Ah! monsieur! quelle différence! ce n'est pas là ce que je viens d'entendre.

ÉDOUARD.

C'est que personne ne t'a jamais aimée comme je t'aime. Et quels sont ces devoirs qu'on t'a imposés malgré toi, malgré ton cœur? sont-ils plus sacrés que les promesses que tu m'as faites? Oui, Suzette, c'est moi qui ai reçu tes sermens; c'est moi qui suis ton amant, ton mari. Viens, fuyons; suis-moi si tu m'aimes. (Il veut l'entraîner.)

SUZETTE, s'arrachant de ses bras.

Jamais! vous êtes sans pitié pour moi, je le serai pour vous. O ciel! j'entends du bruit, on vient, éloignez-vous.

ÉDOUARD.

Non, je reste.

SUZETTE.

Par grace! par pitié! si ce n'est pas pour moi, que ce soit pour lui, pour son repos. J'en appelle à votre honneur, à votre amour; partez à l'instant, ou je croirai que vous ne m'avez jamais aimée.

ÉDOUARD.

Tu le veux, je m'éloigne. (S'approchant de la croisée, et se retirant aussitôt.) Bertrand est sous cette fenêtre, qui donne des ordres à des ouvriers.

SUZETTE, montrant la porte du fond.

Eh bien! descendez vite par cet escalier.

ÉDOUARD, entendant parler de dehors.

Impossible! C'est la fermière, c'est madame Pin-

chon! Que diable vient-elle faire ici? Ne crains rien,
Suzette, je serai prudent.

(Il se cache derrière le paravent, et le referme sur lui.)
SUZETTE.

O mon Dieu! vous me punissez de l'avoir écouté.

SCÈNE VIII.

ÉDOUARD, *au fond, caché derrière le paravent;*
SUZETTE, Mme PINCHON.

Mme PINCHON, en dehors, parlant à la cantonade.

Comment donc, messieurs, avec plaisir. Cette
contre-danse-là, et les autres. Pour valser, c'est différent, impossible. Non pas que M. Pinchon soit jaloux; mais je me dois à moi-même, je ne peux pas me
permettre..., parce qu'avec des jeunes gens de Paris la
tête tourne si vite. (Apercevant Suzette.) Ah! cousine, vous
voilà; que faites-vous donc seule? un jour de noce,
cela n'est pas convenable. Est-ce que vous n'avez pas
vu les apprêts du bal?

SUZETTE, troublée.

Si, si vraiment.

Mme PINCHON.

Ce que vous ne savez pas, ou plutôt ce que tu ne
sais pas, parce qu'entre cousines on peut se tutoyer,
les dames du château y viendront, les jeunes gens
aussi. Je suis invitée pour toutes les contre-danses; et
comme ce sera joli, des guirlandes de fleurs, un orchestre magnifique! C'est Bertrand qui arrange tout
cela; il est partout, il se donne un mal qui le rend si
heureux! parce qu'avec lui, je le connais, ce sera tou-

jours comme ça. Pour lui la peine, et pour toi le plaisir : et vois-tu, cousine, ce n'est pas parce qu'il est de ma famille, mais tu ne pouvais choisir un meilleur mari.

SUZETTE, se tournant du côté du paravent.

Je le crois ; aussi je l'aime beaucoup.

Mme PINCHON.

C'est-à-dire, tu l'aimes... tu l'aimes... tu n'en es pas folle.

SUZETTE.

Que dites-vous ?

Mme PINCHON.

Tu ne l'aimes pas... d'amour ; c'est bien aisé à voir, et je m'en suis aperçue au premier coup d'œil ; mais il n'y a pas de mal, c'est ce qu'il faut : ça n'en ira que mieux.

SUZETTE.

Comment, madame Pinchon ?

Mme PINCHON.

Entre femmes, entre cousines, on peut tout se dire ; et je t'avouerai que moi aussi, quand je me suis mariée, je n'avais pas d'amour pour M. Pinchon. Oh ! mon Dieu, pas un brin ; et d'un autre côté, je ne manquais pas d'amoureux, et de bien gentils. Mais les amoureux, vois-tu bien, ça n'est que pour durer un instant ; les maris, ça dure toujours. Il faut donc, en fait d'ça, choisir du bon et du solide, parce qu'une fois pris, on ne peut plus en changer, et c'est ce que j'ai fait. M. Pinchon n'était pas un élégant, mais c'était un brave garçon ; c'était surtout un bon caractère ; j'ai son amour, sa confiance, c'est moi qui commande, qui ordonne, qui fais tout dans la maison ; chaque jour je me félicite d'avoir un si bon mari. Eh bien ! Bertrand vaut encore mieux, si c'est possible.

SUZETTE.

N'est-il pas vrai ?

Mme PINCHON.

Il a autant de bonnes qualités, et plus de mérite encore, plus de considération ; c'est un brave militaire, c'est l'honneur du pays, et jamais on ne s'aviserait de manquer à lui, ni aux siens. Faut voir seulement quand il passe dans le village, comme tout le monde met la main à son chapeau, en disant : « C'est M. Bertrand. » Et l'autre jour, à la ville, où je lui donnais le bras, comme les factionnaires lui portaient les armes ! comme j'étais fière, en disant : « C'est mon cousin ! » Eh bien ! toi, tu diras : « C'est mon mari ! » Et chez toi, dans ton intérieur, en voyant combien il te rend heureuse, tu feras comme moi, cet amour, que tu n'avais pas, viendra peu à peu, peu à peu.

AIR : T'en souviens-tu ?

> Dans mon ménage, et sans l' vouloir peut-être,
> Je fais parfois enrager mon mari ;
> Et si pourtant l' moindr' danger pouvait naître,
> Sans hésiter, j' donn'rais mes jours pour lui.
> Car je lui dois c' bonheur que rien n' rachète,
> Mes deux garçons, ma fille... et dans queuq' temps,
> Ainsi que moi, tu le sauras, Suzette,
> On aim' toujours le pèr' de ses enfans.

ÉDOUARD, entr'ouvrant le paravent.

Maudite femme ! elle ne s'en ira pas.

SUZETTE, réfléchissant.

Comment, cousine, répète-moi ça, je t'en prie.

Mme PINCHON.

A la bonne heure, voilà que tu me tutoyes aussi.

SUZETTE.

Tu n'aimais pas ton mari?

Mme PINCHON.

Demande-lui plutôt.

SUZETTE.

Mais au moins tu n'en aimais pas un autre, tu n'aimais personne.

Mme PINCHON.

Eh, eh! je ne voudrais pas en jurer.

AIR : Ce que j'éprouve en vous voyant.

C'est mon secret : j' veux bien tout bas
T'en faire ici la confidence ;
Mais surtout garde le silence,
Car Pinchon ne s'en doute pas,
Mon mari ne s'en doute pas.
Vois-tu bien, en pareille affaire,
Sur l' passé n' faut pas revenir,
On n' pouvait pas le garantir :
C'est déja bien assez, ma chère,
De répondre de l'avenir.

Je crois donc que j'aimais un jeune homme bien gentil; seize ans tout au plus.

SUZETTE.

Quelqu'un du village.

Mme PINCHON.

Mieux que cela; quelqu'un du château. Tu ne le diras à personne; le fils de M. le comte, M. Édouard.

(Édouard, qui avait avancé sa tête hors du paravent, la retire vivement.)

SUZETTE, à part.

O ciel! comme moi! et je ne m'en suis pas aperçue.

(Haut, et avec émotion.) Et lui ne t'aimait pas?

####### Mᵐᵉ PINCHON.

Au contraire; comme un fou, à en perdre la tête. Il me poursuivait partout; il me disait qu'il n'avait jamais éprouvé d'amour pareil.

####### SUZETTE, à part.

Comme moi.

####### Mᵐᵉ PINCHON.

Et qu'il m'aimerait toujours; et puis il pleurait, il se désespérait, et se jetait à mes pieds.

####### SUZETTE, à part.

Comme aujourd'hui.

####### Mᵐᵉ PINCHON.

Et un jour enfin...; je ne sais plus au juste ce qu'il me demandait; car il demandait toujours, et il était très exigeant : il s'écria que si je le refusais, il allait se tuer.

####### SUZETTE, à part.

O ciel! comme tout à l'heure. (Haut.) Et qu'en est-il arrivé?

####### Mᵐᵉ PINCHON.

Je n'en sais rien. Je me suis enfuie tout effrayée, parce que j'ai toujours eu peur des armes à feu; mais ce que je sais, c'est que j'ai épousé M. Pinchon, et qu'il n'en est pas mort.

####### SUZETTE, avec douleur.

Il te trompait donc?

####### Mᵐᵉ PINCHON.

Lui!... oh, mon Dieu, non! le pauvre garçon était de bonne foi, et il m'aimait autant qu'il pouvait aimer. D'abord j'étais sa première inclination; mais ça ne pouvait nous mener à rien; il ne pouvait pas m'épouser : il a pris son parti, et moi le mien. Il s'est consolé : c'est ce qui arrive toujours.

SUZETTE.

Tu crois!

Mme PINCHON.

Par exemple, une chose dont je suis bien sûre, c'est que depuis il m'est resté fidèle. Il ne me rencontre pas de fois qu'il ne me dise des mots de tendresse... sans conséquence.

SUZETTE.

Comment! il oserait...

Mme PINCHON.

Avant hier encore, il a couru après moi dans le jardin; il m'a embrassée,... toujours sans conséquence. Mais ce matin, il voulait que je vinsse dans ce pavillon pour régler les comptes de la ferme, et ce Pinchon qui le voulait aussi ; mais ça, c'est différent.

AIR : De sommeiller encor, ma chère.

On ne sait pas, dit la prudence,
Ce qui peut arriver; aussi
J'ai refusé par prévoyance,
Non pour moi, mais pour mon mari.
Pauvre garçon, lorsque j'y pense,
Si jamais il était trahi...
Je l'aime tant, qu'en conscience,
Ça m' f'rait trop de peine pour lui;

parce que, vrai..., il ne mérite pas ça; et tiens, tiens, le voilà, ce brave et honnête homme.

(Suzette et Mme Pinchon vont au-devant de Pinchon, qui entre dans ce moment.)

ÉDOUARD, ouvrant le paravent et apercevant Pinchon.

Allons, encore un autre; impossible de s'en aller; ils me feront rester là jusqu'au soir.

(Il se cache derrière le paravent.)

SCÈNE IX.

Les précédens; PINCHON.

PINCHON.

C'est ça; vous êtes là à causer toutes les deux, et vous ne savez pas ce qui arrive.

Mᵐᵉ PINCHON.

Qu'est-ce donc?

PINCHON.

Monsieur Édouard qui est perdu... Dis donc, ma femme, tu ne sais pas où est notre jeune maître?

(Suzette se retire vers le fond, auprès de la porte de l'appartement à gauche.)

Mᵐᵉ PINCHON.

C'te question! Est-ce que tu me l'avais donné à garder? Mais comme te voilà fait! comme ta cravate est arrangée! (Elle la lui arrange.)

PINCHON.

Dam, tu n'étais pas là pour me la mettre. Je te disais donc qu'on ne trouve pas monsieur Édouard au château; et Bertrand, qui déjà ne l'a pas vu à sa noce, est inquiet de lui, et le cherche partout pour lui présenter sa femme, parce qu'il veut que ce soit lui qui tantôt ouvre le bal, et c'est trop juste.

SUZETTE.

Ah, mon Dieu

Mme PINCHON, à Suzette.

Hé bien! qu'as-tu donc? Comme te voilà pâle!

SUZETTE.

Oui, je souffre, je souffre beaucoup; mais je te remercie; je vous remercie tous deux : nous ne nous quitterons plus; vous seuls êtes mes véritables amis.

PINCHON.

Eh! mais sans doute, vous et votre mari; cela va sans dire, car les amis de ma femme sont toujours les miens.

Mme PINCHON.

N'est-ce pas? Tu vois que je l'élève dans les bons principes.

SUZETTE.

Venez, venez; sortons de ces lieux; allons retrouver tout le monde.

PINCHON.

C'est ça. Allez toutes les deux; moi, je reste ici, parce que j'attends Bertrand, qui doit venir m'y retrouver.

SUZETTE, à part.

Grands dieux! (Haut.) Je reste alors; je reste aussi. (A part.) Que devenir, et comment le renvoyer?

(Elle passe du côté du paravent.)

PINCHON, examinant l'intérieur du pavillon.

Savez-vous que c'est gentil ce pavillon! c'est joliment décoré! C'est donc là le présent de noces de monsieur le comte? ça et les trente arpens qui en dépendent.

Mᵐᵉ PINCHON.

Oui, sans doute.

PINCHON, passant entre les deux femmes.

Et rien avec? rien de plus?

SUZETTE, avec impatience.

Non, vraiment.

PINCHON.

Eh bien! ce n'est guère, et je croyais qu'à cause de Bertrand, il ferait mieux les choses, parce que certainement, après ce qu'il lui doit, après ce dont j'ai été le témoin...

Mᵐᵉ PINCHON.

Quoi! qu'est-ce que c'est? qu'est-ce que tu as vu?

PINCHON.

Rien, rien, madame Pinchon; c'est quelque chose qui nous regarde, nous autres hommes; quelque chose que je sais.

Mᵐᵉ PINCHON.

Et comment alors se fait-il que je ne le sache pas? tu as donc des secrets pour moi? j' n'ai donc plus ta confiance?

PINCHON.

Mais si, madame Pinchon; mais ce n'est pas mon secret, c'est celui de Bertrand.

Mᵐᵉ PINCHON, montrant Suzette.

Eh bien, alors, voilà sa femme qui a droit de le connaître, parce que certainement tu ne voudrais pas troubler leur ménage. Il faut donc qu'elle sache tout, et moi aussi.

PINCHON.

Mais, ma femme...

M͏ᵐᵉ PINCHON.

C'est dans l'ordre, c'est convenable.

PINCHON.

Mais je te dis...

M͏ᵐᵉ PINCHON.

Et puis, je le veux.

PINCHON.

Alors, si c'est comme ça, je vais te le dire, mais Bertrand se fâchera.

M͏ᵐᵉ PINCHON.

Ça nous regarde; va toujours.

PINCHON.

C'est donc, il y a deux ans, quand j'ai été à Strasbourg pour la succession de ton oncle; monsieur Édouard y était en garnison, et Bertrand y était parti quelques jours après pour le rejoindre, parce que monsieur le comte lui avait dit : « Ne quitte pas mon fils, veille sur lui; je te le confie. » Je vois donc, un matin, Bertrand entrer dans mon auberge pâle et défait. « J'arrive, me dit-il; je viens, dans un « café, d'en apprendre de belles : demain monsieur « le comte n'aura plus de fils. »

(Pendant le récit de Pinchon, Édouard se montre hors du paravent, et écoute avec la plus grande attention.)

SUZETTE.

O ciel!

PINCHON.

Oui, mademoiselle, monsieur Édouard devait se battre le lendemain avec un monsieur de la ville, un monsieur qui avait déjà eu quinze duels, qui n'avait jamais manqué son homme, et qui était toujours sûr de son coup; et tout cela pour une petite danseuse à qui, depuis deux ans, monsieur Édouard faisait la cour.

(Édouard, en ce moment, se retire encore derrière le paravent.)

Mme PINCHON.

Depuis deux ans! quelle indignité! C'était de mon temps.

PINCHON.

Quoi! qu'est-ce que c'est?

Mme PINCHON.

Ça ne te regarde pas; va toujours, et achève ton récit.

PINCHON.

« Pinchon, me dit Bertrand, ce duel a lieu demain
« matin : il faut l'empêcher aujourd'hui, et sans qu'on
« le sache, parce que ça ferait du tort à notre jeune
« maître. Par bonheur, ni lui ni personne ne connaît
« encore mon arrivée à Strasbourg : j'aurai besoin de
« toi. Attends-moi là; je reviens dans une heure. »

Mme PINCHON.

Hé bien?

PINCHON.

Hé bien! savez-vous ce qu'il fait pendant ce temps-là? il se rend au café où se tenait ce grand monsieur, le regarde de travers, lui marche sur le pied, en reçoit un soufflet, et revient tout triomphant. « Maintenant, me dit-il, partons; c'est mon affaire; ça me regarde; c'est toi qui seras mon témoin. »

Mme PINCHON.

Toi, Pinchon!

PINCHON.

Moi-même; et je tremble encore d'y penser. Dieu, ma femme, que c'est terrible un duel!

<small>Air : Ces postillons.</small>

> A trente pas l'un sur l'autre on s'avance,
> Et Bertrand marchait tout joyeux,
> En fredonnant un petit air de romance,
> Quand retentit soudain un coup... puis deux...
> Je ne vis rien, car je fermais les yeux.
> Tel fut mon trouble en ce moment funeste,
> Qu'en entendant un des témoins, je crois,
> Qui s'écriait : « Il est mort, je l'atteste, »
> J'ai cru que c'était moi.

Mais c'était l'autre, le grand. Je vois aussi Bertrand étendu sur le gazon, qui m'appelait en souriant, et me montrait sa pauvre jambe. « Pinchon, qu'il me dit, n'en parle à personne. » Personne ne l'a su. On a cru que c'était un accident; et voilà, mademoiselle, ce qui fait que mon pauvre Bertrand a une jambe de bois.

<small>ÉDOUARD, qui, pendant ces derniers mots, s'est avancé hors du paravent.</small>

Grand Dieu!

<small>SUZETTE, avec un cri d'effroi.</small>

Ah!

<small>(Édouard rentre et se cache.)</small>

<small>Mme PINCHON.</small>

Quoi! qu'est-ce que c'est? d'où vient ce bruit?

<small>SUZETTE.</small>

Rien, rien, c'est moi; je n'ai pu retenir un cri de surprise et d'admiration. Oh! le meilleur des hommes! Tu avais raison, je l'aime maintenant, je l'aime d'amour.

Mᵐᵉ PINCHON.

Eh bien! tu l'entends; tu pourras lui dire à lui-même.

(Pinchon et sa femme vont au-devant de Bertrand. Pendant ce temps, Édouard ouvre le paravent, qui est près de la croisée; il est pâle, hors de lui, et dit à voix basse à Suzette) :

Suzette, aimez-le; adieu pour toujours.

(Il s'élance par la croisée.)

SCÈNE X.

Les précédens; BERTRAND.

Mᵐᵉ PINCHON.

Ah! Bertrand, le voilà.

BERTRAND.

Oui, milzieux! tout est prêt, et tout sera presque aussi bien que si mademoiselle Suzette l'avait commandé. Une table de cinquante couverts sous la grande allée de tilleuls, et cela rien que pour les fiançailles. Voilà déja tous nos convives qui arrivent; ainsi, partons.

PINCHON.

Et M. Édouard?

BERTRAND.

Je ne l'ai pas vu; mais je ne suis plus inquiet, parce que son père lui-même est tranquille, et m'a dit : « Je sais où il est. » C'est quelque affaire qui lui sera survenue; il reviendra plus tard, je l'espère.

SUZETTE, à part.

J'espère bien que non.

Mme PINCHON.

Ce cher Bertrand! Tiens, cousin, je t'en prie, laisse-moi t'embrasser.

BERTRAND.

Bien volontiers, morbleu! avec la permission du cousin.

Mme PINCHON.

Moi, je le donne sans permission, (avec attendrissement) parce que tu es un honnête homme.

PINCHON, pleurant de joie.

Un brave et digne garçon.

BERTRAND, les regardant avec étonnement.

Air : Ce luth galant.

Qu'avez-vous donc? d'où vient c' l'air attendri?
Ils pleur'nt tous deux... Eh quoi! Suzette aussi!
(Courant à elle.)
Qui peut causer ces pleurs qu'en vain vos yeux retiennent?
Je n' veux rien d' vos plaisirs, qu'à vous seule ils reviennent.
Mais me v'là marié,
Vos chagrins m'appartiennent,
Et j'en veux la moitié.

Mme PINCHON.

Des chagrins! elle en avait; elle n'en a plus.

BERTRAND.

Est-ce vrai, mademoiselle Suzette?

SUZETTE.

Air de la Robe et les Bottes.

Je n'en ai qu'un, un seul qui m'inquiète.

BERTRAND.

Lequel?

ACTE II, SCÈNE XI.

SUZETTE.

D'où vient que, même entre nous deux,
Vous m'appelez toujours m'amzell' Suzette?

BERTRAND.

C'est que j' n'ose pas dire mieux.
C'est p't-être aussi dans mon intérêt même;
Car votre nom, quand je l' prononce, hélas!
Me rappelle quelqu'un que j'aime,
Le mien quelqu'un qu' vous n'aimez pas.
Oui, votre nom m' rappelle quelqu'un que j'aime
Le mien quelqu'un qu' vous n'aimez pas.

SUZETTE.

C'est ce qui vous trompe; je suis votre femme, je suis fière d'en porter le nom.

BERTRAND.

Qu'entends-je! il serait possible!

SUZETTE.

Silence. Voici M. le comte.

SCÈNE XI.

LES PRÉCÉDENS; M. DE BREMONT, ÉDOUARD, *en costume de voyageur.*

M. DE BREMONT.

Nous voulions, mon cher Bertrand, assister à la fête d'aujourd'hui; mais un ordre supérieur nous force de retourner à l'instant même à Paris.

BERTRAND.

Comment, il se pourrait!... Comment, mon général, un jour comme celui-ci! Et mon capitaine sur lequel je comptais!

ÉDOUARD.

C'est impossible, Bertrand; le devoir m'ordonne de partir, de rejoindre mon régiment; et tu sais mieux que personne que quand le devoir commande...

BERTRAND.

C'est juste; je ne dis plus rien.

ÉDOUARD.

Si je ne reste pas à tes fiançailles, je ne renonce pas pour cela au présent de noces que j'ai le droit de te faire. Voici, avec la permission de mon père, une donation de la ferme que tiennent Pinchon et sa femme. Désormais elle t'appartient, elle est à toi.

PINCHON, à sa femme.

Le cousin serait notre propriétaire!

BERTRAND.

Y pensez-vous, mon capitaine? à nous, 4,000 livres de rente? ah ça, milzieux! avez-vous perdu la tête?

ÉDOUARD, bas, et lui serrant la main.

Et toi, as-tu perdu la mémoire? Souviens-toi de Strasbourg, accepte, et tais-toi.

M. DE BREMONT.

Viens, viens, mon ami, viens, mon fils; je suis content de toi. Dans quelques années, je vous le ramène colonel.

Mme PINCHON.

Et marié; ce qui vaut encore mieux.

ACTE II, SCÈNE XI.

FINAL.

Air : Ah! quel plaisir d'être soldat (de la Dame Blanche)!

Mme PINCHON.

Ah! quel plaisir d'être marié!
A votre hymen, je pense,
Tout le village sera prié;
Que d'époux de ma connaissance
Avec nous diront de moitié :
Ah! quel plaisir! le v'là marié!

PINCHON, BERTRAND, SUZETTE.

Ah! quel plaisir d'être marié!

ÉDOUARD.

(A Suzette.)

Adieu, Bertrand; adieu, madame.

BERTRAND, à Suzette.

Mes vœux sont-ils réalisés?
Puis-je enfin vous nommer ma femme?
Ou mes sens sont-ils abusés?
Eh quoi! vous vous taisez.

(Suzette lui remet la clef.)

Ah! ah! quel bonheur d'être marié!

(Pendant ce temps, M. de Bremont entraîne Édouard vers la porte. Mme Pinchon l'arrête pour lui faire ses adieux; Édouard prend la main de Pinchon, et salue affectueusement Mme Pinchon.)

ENSEMBLE.

PINCHON ET SA FEMME, SUZETTE ET BERTRAND.

Ah! quel bonheur d'être marié!

ÉDOUARD.

Partons, que tout soit oublié.

M. DE BREMONT.

Il te reste mon amitié.

(Bertrand est aux pieds de Suzette, qui vient de lui remettre la clef; M. de Bremont et Édouard s'éloignent; Pinchon et sa femme regardent avec attendrissement Bertrand et Suzette. La toile tombe.)

FIN DU MARIAGE DE RAISON.

TABLE

DES PIÈCES CONTENUES DANS CE VOLUME.

	Pages.
Le Parrain.	1
Rodolphe.	45
La Belle-Mère.	91
Le Médecin de dames.	149
Les Premières Amours.	207
Le Charlatanisme.	263
Simple Histoire.	325
Le Mariage de raison.	385

FIN DE LA TABLE.

www.ingramcontent.com/pod-product-compliance
Lightning Source LLC
Chambersburg PA
CBHW060222230426
43664CB00011B/1518